Europa – politisches Einigungswerk und gesellschaftliche Entwicklung

Stefan Immerfall

Europa – politisches Einigungswerk und gesellschaftliche Entwicklung

Eine Einführung

2., erweiterte und aktualisierte Auflage

Stefan Immerfall
Pädagogische Hochschule Schwäbisch Gmünd
Schwäbisch Gmünd, Deutschland

ISBN 978-3-658-21183-7   ISBN 978-3-658-21184-4   (eBook)
https://doi.org/10.1007/978-3-658-21184-4

Die Deutsche Nationalbibliothek verzeichnet diese Publikation in der Deutschen National-
bibliografie; detaillierte bibliografische Daten sind im Internet über http://dnb.d-nb.de abrufbar.

Springer VS
© Springer Fachmedien Wiesbaden GmbH, ein Teil von Springer Nature 2006, 2018
Das Werk einschließlich aller seiner Teile ist urheberrechtlich geschützt. Jede Verwertung, die
nicht ausdrücklich vom Urheberrechtsgesetz zugelassen ist, bedarf der vorherigen Zustimmung
des Verlags. Das gilt insbesondere für Vervielfältigungen, Bearbeitungen, Übersetzungen,
Mikroverfilmungen und die Einspeicherung und Verarbeitung in elektronischen Systemen.
Die Wiedergabe von Gebrauchsnamen, Handelsnamen, Warenbezeichnungen usw. in diesem
Werk berechtigt auch ohne besondere Kennzeichnung nicht zu der Annahme, dass solche
Namen im Sinne der Warenzeichen- und Markenschutz-Gesetzgebung als frei zu betrachten
wären und daher von jedermann benutzt werden dürften.
Der Verlag, die Autoren und die Herausgeber gehen davon aus, dass die Angaben und Informa-
tionen in diesem Werk zum Zeitpunkt der Veröffentlichung vollständig und korrekt sind.
Weder der Verlag noch die Autoren oder die Herausgeber übernehmen, ausdrücklich oder
implizit, Gewähr für den Inhalt des Werkes, etwaige Fehler oder Äußerungen. Der Verlag bleibt
im Hinblick auf geografische Zuordnungen und Gebietsbezeichnungen in veröffentlichten Karten
und Institutionsadressen neutral.

Gedruckt auf säurefreiem und chlorfrei gebleichtem Papier

Springer VS ist ein Imprint der eingetragenen Gesellschaft Springer Fachmedien Wiesbaden GmbH
und ist ein Teil von Springer Nature
Die Anschrift der Gesellschaft ist: Abraham-Lincoln-Str. 46, 65189 Wiesbaden, Germany

Vorwort zur überarbeiteten 2. Auflage

Als die erste Auflage dieses Versuchs, die soziologische Perspektive in der Europaforschung stärker in ihr Recht zu setzen, veröffentlicht wurde, schien die Welt für das europäische Einigungswerk noch einigermaßen in Ordnung. Natürlich: es gab Krisen, aber Krisen sind schließlich das Lebenselixier, aus dem der europäische Fortschritt seine Dynamik schöpft. Zehn Jahr später würde das niemand mehr behaupten. Britische Buchmacher, die zugegebenermaßen bei der Brexit-Abstimmung daneben lagen, berechnen aktuell für nicht weniger als drei Mitgliedsländer (Griechenland, Italien und Schweden) Austrittswahrscheinlichkeiten von deutlich über 10 Prozent.

Dieses Lehrbuch war bei der ersten Auflage skeptischer als der Mainstream der Europaforschung, und ist heute vermutlich weniger skeptisch. Die Europäische Union hat sich als weitaus widerstandsfähiger erwiesen, als von ihren Befürwortern befürchtet und ihren Gegnern erhofft. An den grundsätzlichen Argumenten des Buches hat sich jedoch nichts geändert: (1) Es gibt eine Wechselwirkung von politischer Vergemeinschaftung der Union und der sozialen Konvergenz und Divergenz seiner Gesellschaften. (2) Die gesellschaftliche Integration stellt eine Grenze für die politische Integrationsfähigkeit dar, die nur um die Gefahr für das Ganze missachtet werden kann. Ohne eine „Europäisierung" der Gesellschaften Europas und ohne einen „europäischen" Bürger* wird die „Europäisierung von oben", der Aus- und Neubau europäischer Institutionen und die Übertragung weiterer Souveränitätsrechte auf Grund laufen. Der Band untersucht beispielhaft – wohlfahrtsstaatlich, bildungspolitisch, politisch-soziologisch – wie weit eine so verstandene Europäisierung gediehen ist.

---

* Wo nicht eigens hervorgehoben, sind immer beide Geschlechter gemeint.

Die erste Auflage hat durchweg freundliche Rezensionen gefunden. Allerdings wurde gefragt, ob es denn die politische Integration nicht auch künftig ohne die Bürger und ohne ihre Gesellschaften voranschreiten könne, so wie das in der Vergangenheit zweifellos geschehen sei. Wo seien denn die Wirkwege, welche einem solchem Voranschreiten entgegenstünden?

Mittlerweile hat der Brexit einen solchen Wirkweg leider aufgezeigt. Dennoch ist die Frage berechtigt, zumal zuzugestehen ist, dass die Hypothese von der gesellschaftlichen Grenze der europäischen Integration diese Grenze nicht präzise vermessen kann. Um zumindest direkte und indirekte Mechanismen zwischen gegenläufigen gesellschaftlichen Entwicklungen und politischen Einigungsprozessen genauer aufzuzeigen, wurde nun ein neues Kapital („Die Europäische Union als Krisengemeinschaft") eingefügt.

Wiederum hat ein Forschungssemester, das mir meine Heimathochschule, die Pädagogische Hochschule Schwäbisch Gmünd, gewährt hat, die konzentrierte Arbeit an diesem Buch ermöglicht. Es führte mich unter anderem nach Wien an das Institut für europäische Integrationsforschung und nach Oslo an das ARENA Centre for European Studies. Für Einladung und Kommentare ist Gerda Falkner, Erik Oddvar Eriksen und John Erik Fossum besonderer Dank abzustatten. Mein guter Freund und Kollege Max Haller hat mit seiner kritischen Durchsicht zu, wie ich hoffe, weniger Fehlern in dieser Auflage beigetragen. Für wertvolle Korrekturhilfen danke ich Maraike Hechler.

Vilshofen, Niederbayern, Dezember 2017
Stefan Immerfall

Vorwort zur 1. Auflage

Vielleicht ist es beim Thema Europa noch schwieriger als bei anderen, nüchtern zu bleiben. Selbst wissenschaftliche Abhandlungen neigen hier oft zu voreiligem Pathos oder aber zu ungerechtfertigtem Ressentiment. Noch überwiegen – zumindest in Deutschland – der emotionale Appell und die affektive Zustimmung, aber das muss nicht so bleiben. Von beiden Haltungen sollte sich die Soziologie der europäischen Integration fernhalten. Aus dieser Überzeugung heraus ist die vorliegende Einführung geschrieben. Sie möchte einen kurzen, exemplarischen Überblick zur gesellschaftlichen Entwicklung Europas und zum entstehenden europäischen Herrschaftszusammenhang geben.

Die Arbeit an dem Buch wurde lange vor der augenblicklichen Krise begonnen, und der Autor ist nicht so vermessen zu behaupten, er habe diese in dieser Form vorausgesehen. Wer sich aber mit den gesellschaftlichen Grundlagen der Europäischen Union beschäftigt, dem werden unvermeidlich die gesellschaftlichen Grenzen des politischen Zusammenwachsens deutlich. Diese Grenzen sind ebenso wenig fix wie die Grenzen der EU. Gänzlich ignoriert werden können sie aber nur um den Preis, das Ganze aufs Spiel zu setzen.

Nach Abschluss eines Manuskripts ist es immer eine mit Erleichterung gepaarte Freude, einige der in seinem Zusammenhang entstandenen geistigen Schulden abzutragen. Als sehr gewinnbringend hat sich ein längerer Aufenthalt am Wissenschaftszentrum Berlin (WZB) herausgestellt. Dafür gilt mein Dank Jürgen Kocka, Dagmar Simon, Jens Alber und den anregenden Mitarbeiterinnen und Mitarbeitern der Abteilung „Ungleichheit und soziale Integration". Teile der Argumentation wurden an der Emory University in Atlanta, der Europäischen Hochschule in Florenz und der Indiana University in Bloomington erprobt. Für die entsprechenden Einladungen bedanke ich mich bei Regina Werum, Colin Crouch und Clem Brooks. Jan Delhey, Brigitte Geissel, Max Haller, Martin Heidenreich und Helmar Schöne haben nützliche Hinweise und notwendige Ermutigungen gegeben; Susann Bartsch und Stephanie Pfletschinger zuverlässig Korrektur gelesen und Frank Engelhardt und Katrin Schmitt vom VS Verlag das Buchprojekt hervorragend betreut.

Das Manuskript wurde fernab von Europa in meiner Zeit als Austauschprofessor an der Grand Valley State University in Grand Rapids, Michigan (USA) abgeschlossen. Der grüne und vor allem sommerlich ruhige Campus und die Gastfreundschaft des Soziologiedepartment boten ideale Bedingungen. Diese Möglichkeit haben vor allem Hermann Kurthen und Devereaux Kennedy eröffnet. Ich freue mich, dass die Vereinbarung zwischen meiner Gast- und meiner Heimathochschule, der Pädagogischen Hochschule Schwäbisch Gmünd, auf diese Weise bereits Früchte gezeigt hat.

Allendale, Michigan, Juli 2006
Stefan Immerfall

Inhalt

Abbildungs- und Tabellenverzeichnis XI

1 Einleitung: Fragestellungen einer Soziologie der Europäischen Integration 1

2 Mythos und Geschichte 7
2.1 Kulturgeographische Demarkationen 7
2.2 Interne Differenzierungen Europas 10
2.3 Europa in der Außen- und Binnenwahrnehmung 15
2.4 Fazit 17

3 Die EU – das real existierende Europa 19
3.1 Geschichtlicher Hintergrund 19
3.2 Die wichtigsten Akteure und Entscheidungsverfahren 30
3.3 Fazit 33

4 Das Europäische Sozialmodell – Vergangen vor seiner Zeit? . . . 35
4.1 Gibt es das Europäische Sozialmodell? 36
4.2 Die EU und das Europäische Sozialmodell 49
4.3 Können die Europäischen Wohlfahrtsstaaten überleben? 54
4.4 Fazit 60

5 Auf dem Weg zu einem einheitlichen Bildungsraum?	63
5.1 Die (west-)europäische Bildungslandschaft	63
5.2 Aktuelle Leitlinien bildungspolitischer Reformen	70
5.3 Auf dem Weg zu einem einheitlichen europäischen Bildungsraum?	73
5.4 Fazit	77
6 Die Europäisierung der parteipolitischen Konfliktlinien	79
6.1 Parteifamilien und Zusammenschlüsse	80
6.2 Parteipolitische Konfliktstrukturen	87
6.3 Europa als Wahlkampfthema	96
6.4 Fazit	98
7 Bürger und Eliten – ungedeckte Hoffnungen, vermeidbare Enttäuschungen	99
7.1 Die europäische Integration im Wertehaushalt der Bürger	99
7.2 Welche Zustimmung braucht Europa?	105
7.3 Überzeugung statt Bindung?	110
7.4 Fazit	112
8 Die Europäische Union als Krisengemeinschaft	115
8.1 Die Finanzkrise und der Euro	115
8.2 Die Flüchtlingskrise	121
8.3 Gemeinsamkeiten, Unterschiede und Lehren aus Euro- und Migrationskrise	124
8.4 Fazit	126
9 Die gesellschaftlichen Grenzen Europas und die Grenzen der Union	131
Literaturverzeichnis	143

Abbildungs- und Tabellenverzeichnis

Abbildung 1	Das Dreieck der soziologischen Integrationsforschung	3
Abbildung 2	Historische Strukturgrenzen Europas: kulturelle Dimensionen	12
Abbildung 3	Historische Strukturgrenzen Europas: ökonomische Dimensionen	13
Abbildung 4	Zentrale Dimensionen innereuropäischer Differenzierung	14
Abbildung 5	Die Expansion (und Kontraktion) der Europäischen Gemeinschaft	23
Abbildung 6	Das Institutionelle Dreieck der Europäischen Union	31
Abbildung 7	Sozialbudget – Entwicklung und Ausgaben nach ausgewählten Funktionen, 1950 bis 2016	38
Abbildung 8	Vier Familien von Wohlfahrtsstaaten (1993–1998)	48
Abbildung 9	Mittelwerte sozialstaatlicher Ausgaben in 17 wohlhabenden Demokratien, 1975–2001	57
Abbildung 10	Die langfristige Entwicklung sozialer Rechte in den OECD-Ländern	59
Abbildung 11	Sozialleistungen nach Funktionen in Ländergruppen	59
Abbildung 12	Dauer des gemeinsamen Pflichtschulbesuches	67
Abbildung 13	Zusammensetzung des Europarlaments (1999–2014)	85
Abbildung 14	Die vier grundlegenden sozialen Spannungslinien Westeuropa	89
Abbildung 15	Europäisierung und Amerikanisierung von Parteiensystemen (1845–2012)	91
Abbildung 16	Traditionelle Konfliktlinien und Parteien in Westeuropa (1975–1997)	95

Abbildung 17 Netto-Zustimmung zur Mitgliedschaft in der EU 101
Abbildung 18 Emotionale Reaktion auf ein Scheitern der EU 105
Abbildung 19 Schulden weltweit (in Industrie-
und Schwellenländern) 117
Abbildung 20 Asylantragszahlen EU28 (insgesamt)
und Deutschland (1998 bis 2016) 123

Tabelle 1 Die vertragliche Entwicklung der Europäischen Union 24
Tabelle 2 Die Entwicklung der Sozialquoten im Vergleich 42
Tabelle 3 Soziale Absicherung der Erwerbspersonen im Vergleich 43
Tabelle 4 Verweildauer in den Bildungsbereichen nach Jahren 65
Tabelle 5 Die europäischen Parteienzusammenschlüsse 84
Tabelle 6 Wandel im Wählerverhalten in Westeuropa (1950–2010) 93

Einleitung: Fragestellungen einer Soziologie der Europäischen Integration

1

Europa ist ein altes und neues Unterfangen. Manches ist schon in Umrissen erkennbar, anderes erst im Entstehen begriffen, vieles noch völlig unklar. Die Geschichte der Europäischen Union lässt sich zweifellos als grandioser Erfolg schreiben: Was 1951 mit dem Zusammenschluss von sechs armen, noch vom Krieg gezeichneten und einander misstrauisch gegenüber stehenden Ländern mit der Europäischen Gemeinschaft für Kohle und Stahl begann, entwickelte sich zu einer attraktiven, wohlhabenden und mittlerweile beinahe den gesamten europäischen Kontinent umfassenden Gemeinschaft. Aber genauso lässt sich das europäische Integrationsprojekt als Fehlschlag kennzeichnen: Zerstritten in der Außenpolitik, wirtschaftspolitisch uneins, von einem gemeinsamen Sozialstaat weiter entfernt denn je, spielt die Europäische Union im globalen Machtkonzert nur eine untergeordnete Rolle.

Diese beiden so unterschiedlichen (und natürlich überzeichneten) Perspektiven sind jede für sich durchaus nachvollziehbar. Zu welcher man oder frau neigt, hängt davon ab, welche europäischen Entwicklungstrends für wahrscheinlich, möglich und wünschenswert gehalten werden. Aber auch die eigene Lebenswirklichkeit und das soziale Umfeld, welche wiederum von der Europäischen Union beeinflusst werden, werden die persönliche Sichtweise prägen. Umgekehrt wirkt der Blick der Bürgerinnen und Bürger auf das Selbstverständnis der Europäischen Union zurück.

Dies sind Beispiele für Zusammenhänge, für die sich die Soziologie der europäischen Integration interessiert[1]. Sie geht von Wechselverhältnis zwischen der Gestalt Europas und dem Erfolg und Misserfolg der Europäischen Union und

---

1   Zu den verschiedenen Ansätzen der soziologischen Europaforschung s. Lepsius (1997), Schäfers (1999), Bach (2000), Immerfall (2001), Delhey (2005), Guiraudon/Favell (2011), Saurugger (2016), Trenz (2016: chpt. 1).

© Springer Fachmedien Wiesbaden GmbH, ein Teil von Springer Nature 2018
S. Immerfall, *Europa – politisches Einigungswerk und gesellschaftliche Entwicklung*, https://doi.org/10.1007/978-3-658-21184-4_1

der Passung der Strukturen, Institutionen und Einstellungsmuster der Einzelgesellschaften aus. Ihre grundlegende Frage gilt den gesellschaftlichen Grundlagen der europäischen Integration, d. h. dem Verhältnis von gesellschaftlicher und politischer Integration. Das umfasst die Analyse europäischer Gemeinsamkeiten, die Untersuchung gemeinsamer und gegenläufiger gesellschaftlicher Entwicklungen und die Frage nach dem Wechselverhältnis zwischen der Lebenswirklichkeit und den Verhaltensorientierungen der Bevölkerungen und der europäischen Institutionenbildung.

Mit dieser, mit der sozialen (gesellschaftlichen) Seite der europäischen Integration (und Desintegration!) beschäftigt sich diese Einführung. Zu drei Fragen vereinfacht: Was ist „europäisch" an Europa? Kommt es zu einer „Europäisierung" der Gesellschaften Europas? Bringt der europäische Herrschaftsverband den „europäischen" Bürger hervor?

Diese drei Fragen spannen das „Dreieck der soziologischen Integrationsforschung" auf (s. Abbildung 1). Ihr erster Blick gilt den Traditionen, Entwicklungen und Verflechtungen der einzelnen Gesellschaften. Begünstigen oder hemmen diese den europäischen Einigungsprozess? Gibt es mehr Konvergenz oder Divergenz? Was macht eine europäische Gesellschaft aus – so sie denn sichtbar wird? Zweitens richtet sich der Blick nationenübergreifend auf Europa als Ganzes. Dabei wird untersucht, wie aus – und im Konflikt mit – den es bildenden Gesellschaften, Regionen und Staaten eine neue Herrschaftsordnung entsteht. Welchen Konstruktionskriterien und Entwicklungsprinzipien folgt die europäische Regimebildung? Wie rechtfertigen die sie betreibenden Eliten ihr Handeln, und welche Folgen haben ihre Entscheidungen für die Mitgliedsgesellschaften? Beide Blickwinkel müssen drittens eine Beobachtung zweiter Ordnung mit einschließen, nämlich wie die relevanten Entwicklungen von den verschiedenen Bevölkerungsgruppen – nicht nur von den Eliten – wahrgenommen und bewertet werden. Denn die Interpretationen der Wirklichkeit haben stets reale Folgen, unabhängig davon, wie angemessen oder unangemessen sie sein mögen. Auch für die europäischen Institutionen gilt es, die öffentliche Meinung zu bedenken. Zunehmende europäische Integration ist womöglich ohne – aber sicherlich nicht dauerhaft gegen – die Bürger zu machen.

Mit dieser Einführung wird versucht, die zahlreich vorliegenden Lehrbücher zur politischen und zur wirtschaftlichen Integration um eine soziologische Perspektive zu ergänzen, vielleicht auch ein wenig auszubalancieren. Mehrere Gründe sprechen dafür, gerade jetzt diesen Versuch zu unternehmen. Zum einen wurden in den letzten Jahren wichtige Überblickstexte zu komplementären Fragen vorgelegt, namentlich zur europäischen Gesellschaftsgeschichte (Ambrosius/Hubbard 1986; Kaelble 1987; Tomka 2013), zum Gesellschaftsvergleich (Immerfall 1995; Immerfall/Therborn), zur Werteentwicklung (Gerhards 2005), zur euro-

Abbildung 1 Das Dreieck der soziologischen Integrationsforschung

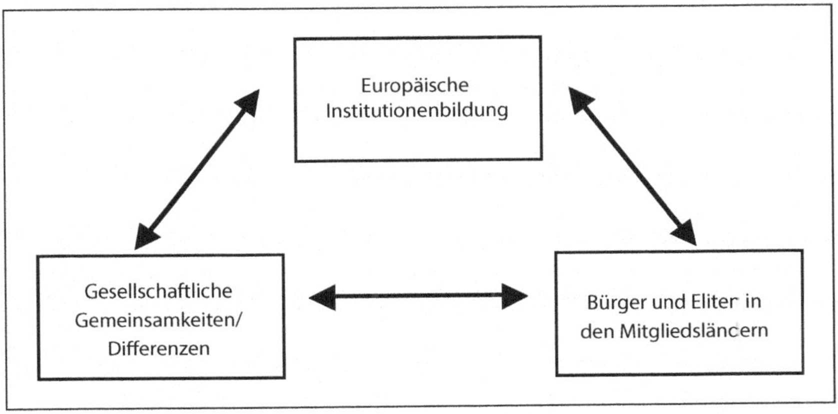

```
                    ┌─────────────────┐
              ┌────▶│   Europäische   │◀────┐
              │     │Institutionenbildung│    │
              │     └─────────────────┘    │
              ▼                            ▼
    ┌──────────────┐                ┌──────────────┐
    │ Gesellschaftliche│◀──────────▶│ Bürger und Eliter in │
    │ Gemeinsamkeiten/ │            │ den Mitgliedsländern │
    │   Differenzen    │            │                      │
    └──────────────┘                └──────────────┘
```

päischen Sozialstruktur (Crouch 2016; Steuerwald 2016) und zum gesamteuropäischen Modernisierungspfad (Therborn 2000). Zum anderen hat sich in wichtigen Bereichen der europäischen Vergesellschaftung die Datenlage so sehr verbessert, dass jüngst zusammenfassende Monographien zu zentralen Bereichen erschienen sind. Darauf können insbesondere die Kapitel 4, 5 und 6 zurückgreifen, die den Kern dieses Buches ausmachen. Ein weiterer Ansporn liegt im Wandel des Gegenstands selber: „Mit der Involvierung der Leute setzt die Europäisierung der bisher national gedachten Gesellschaften Europas ein" (Vobruba 2005: 8). Mit anderen Worten: Die herkömmliche Integrationspolitik, die sich notfalls darauf verlassen konnte, dass sich die Bürger nicht einmischen, stößt an ihre Grenzen. Damit kommt auch der Soziologie der europäischen Integration eine neue Verantwortung zu.

Der vorliegende Grundriss hat nicht den Anspruch, die gesellschaftlichen Grundlagen Europas und der europäischen Integration erschöpfend zu behandeln. Diese Aufgabe lässt sich – von fortbestehenden Datenlücken und Theoriemängeln ganz abgesehen – meiner Einschätzung nach ohnehin nur in einem Gemeinschaftswerk bewältigen. Der mit diesem Buch verbundene Anspruch ist weitaus bescheidener: Es soll eine knappe Bestandsaufnahme des soziologischen Wissens über die Antriebskräfte und Mechanismen der europäischen Integration exemplarisch vorgenommen werden. Exemplarisch heißt, dass nur drei ausgewählte Vergesellschaftungsbereiche behandelt werden. Exemplarisch heißt ferner, dass nur selten alle Gesellschaften, sondern nur möglichst typische zur Sprache kommen. Die mittel- und osteuropäischen Mitgliedsländer müssen etwas stiefmütterlich werden, zumal sie über weite Strecken anderen Entwicklungspfaden folgen mussten. Oft fehlt es auch schlicht an der Datengrundlage oder am Wissen des Autors.

Was das Buch will, ist, eine nützliche erste Grundlage für alle sein, die sich mit Europa in übergreifender Perspektive beschäftigen müssen oder wollen. Vor allem will es eine Frage aufgreifen, die in politik- oder wirtschaftswissenschaftlichen Einführungen naturgemäß kaum zur Sprache kommt: Wie ist es um den gesellschaftlichen Unterbau des politischen Einigungswerks bestellt?

Europa wird dabei nicht als eine festgefügte Größe verstanden, sondern erstens als ein – auch ideologisches – Konstrukt, zweitens als ein konfliktreich gewachsenes Gefüge von Werten, Traditionen und Lebensformen und drittens als eine wachsende wirtschaftliche und politische Gemeinschaft.

1. Europas Geographie ist weniger gegeben als vielmehr gemacht. Europa ist eine räumlich unscharfe, historisch gemachte Größe, die mit wechselnden Wertungen verbunden wird. Man kann auch sagen, Europa ist eine kulturgeographische Sinnprojektion und auch ein ideologisches Konstrukt. Dieses Konstrukt wird von interessierter Seite gerne beschworen. Gerade in Europa wird mit Raum und Geschichte Politik gemacht, und mit vermeintlichen Besonderheiten und Unterschieden zu anderen Kontinenten werden Maßnahmen gerechtfertigt oder abgelehnt. Die geschichtliche Rückschau verbindet sich dabei häufig mit einer folgenreichen geographischen Abgrenzung. Jenseits imaginierter Landkarten lässt sich aber womöglich doch so etwas wie eine „europäische Identität" nachweisen. Dieses Wechselspiel von Identität und Ideologie ist Gegenstand von Kapitel 2. Es entschlüsselt einige der zu dieser Konstruktion verwendeten Elemente, indem es Europa in seiner kulturhistorischen Herkunft und in seiner – realen oder „imaginierten" – Geographie ins Zentrum stellt.

2. Dem historischen Konstrukt „Europa", wie es „eigentlich" ist oder doch sein sollte, steht – bisweilen recht unvermittelt – das „real existierende Europa" gegenüber, die EU mit ihren Marktordnungen und ihrem Institutionendickicht. Mit der EU hat Europa erstmals in seiner Geschichte eine institutionelle Verkörperung gefunden. Dieses Europa wird in Kapitel 3 behandelt. Natürlich ist damit keine umfassende Darstellung des politischen Systems der EU beabsichtigt, zumal es hier an guten Lehrbüchern nicht mangelt. Es sollen nur einige wenige Grundzüge der EU deutlich werden, welche für die Einordnung aktueller Entwicklungen und Probleme unerlässlich sind. Im Vordergrund steht dabei, dass die Europäische Union sich zu einem Herrschaftszusammenhang verfestigt, der nun seinerseits die ihn formenden Nationalstaaten beeinflusst.

3. „Europa" steht schließlich für eine ungewöhnlich große gesellschaftliche Vielfalt. Auch wenn es übergreifende Gemeinsamkeiten gibt, so stechen doch immer wieder die Unterschiede hervor. Diese Vielfalt begünstigt manchmal das politische Einigungswerk, manchmal steht sie ihm jedoch auch entgegen.

Diese gesellschaftliche Vielfalt wird anhand von drei zentralen Bereichen untersucht: Sozialstaat (Kapitel 4), Bildung (Kapitel 5) und Parteiensystem (Kapitel 6). Der Wohlfahrtsstaat gilt als eine der zentralen europäischen Besonderheiten überhaupt; das Bildungswesen hat sich als zentraler Integrationsmechanismus der Nationalstaaten erwiesen, und auch die EU räumt der Schaffung eines „einheitlichen europäischen Bildungsraums" höchste Priorität ein; ohne ein europäisches Parteiensystem scheint eine europäische Gesellschaft kaum denkbar. Drei Fragen stehen bei den jeweiligen Darstellungen im Vordergrund: Lassen sich europäische Gemeinsamkeiten erkennen? Führen die aktuellen Entwicklungen zueinander hin oder voneinander weg? In welchem Wechselverhältnis stehen die beobachteten Entwicklungen mit dem politischen Herrschaftszentrum der EU?

Schließlich verknüpft die Einführung die gesellschaftlichen Entwicklungen mit den Sichtweisen der verschiedenen Akteure. Kapitel 7 analysiert die institutionelle Verkörperung Europas durch die EU im Blickwinkel der einfachen Bürger wie der nationalen und der europäischen Eliten: Welches Bild machen sich die verschiedenen Gruppen von „Europa", welche Hoffnungen und Befürchtungen?

Kapital 8 untersucht, ob gesellschaftliche Unterschiede die europäischen Antworten auf aktuelle Krisen – Euro- und Migrationskrise – erschwert, womöglich sogar verschärft haben.

Das Schlusskapitel fragt nochmals nach der Natur der europäischen Integrationsdynamik, aber auch nach möglichen Alternativen. Es bietet eine Zusammenfassung der bisherigen Argumente, aber auch einen spekulativ gehaltenen Ausblick.

Mythos und Geschichte 2

Was ist Europa? Antworten auf diese Frage füllen ganze Bibliotheken. Auch wenn mittlerweile Übereinstimmung herrscht, dass es keine eindeutigen Abgrenzungskriterien gibt, wird diese Frage auch in Zukunft Gelehrte wie Politiker beschäftigen, denn jede Antwort legt andere Handlungsempfehlungen nahe. Stets geht es darum, Europa von anderen Kontinenten und Großräumen abzuheben. Man bedient sich dabei verschiedener geographischer, historischer, kultureller und auch ökonomischer Dimensionen.

In diesem Kapitel wird nach der Stichhaltigkeit der geschichtlich-geographischen und der mentalen Besonderheiten Europas gefragt, mit denen seine Abgrenzung von anderen Großräumen begründet wird.

2.1 Kulturgeographische Demarkationen

Geographisch ist Europa der zweitkleinste Kontinent, abgegrenzt durch den Atlantik im Westen, das Mittelmeer im Süden, die Arktis im Norden und den Ural im Osten. Zum Osten hin ist aber selbst die geographische Grenze wenig trennscharf, so dass Europa eigentlich nur die westliche, in sich indes außergewöhnlich reich gegliederte und mit einer langen Küstenlinie versehene Fortsetzung der asiatischen Landmasse ist. Hieraus lässt sich kein Honig saugen, und tatsächlich war es wohl eher umgekehrt: „Europa wurde nur deswegen zu einem geographischen Begriff, weil es vorher zu einem historischen Begriff geworden war" (Morin 1988: 60).

Dieser historische Begriff und die Bestimmung dessen, was dazu gehört und was nicht, ist nichts Feststehendes (Delanty 1995; Malmborg/Stråth 2002). Seine begriffliche Färbung hat mehrfach gewechselt. Bereits die Herkunft des Namens „Europa" liegt im Dunklen. Mit der phönizischen Prinzessin, die Zeus in Gestalt eines Stieres nach Kreta entführt hat, hat er wohl weniger zu tun; diese Sage spiegelt vermutlich die minoische Besiedlung Kretas wider. Vermutlich ist die griechische Bezeichnung Ευρωπη semitischen Ursprungs und bedeute „dunkel" oder „Abendland". Denn von der Lage der griechischen Halbinsel im östlichen Mittelmeer aus gesehen befindet sich dieses unbekannte Gebiet in Richtung untergehender Sonne. Die Griechen nahmen an, dass diese Landmasse ebenso von einem Meer umgeben und abgeschlossen sein würde, wie die ihnen besser vertraute im Osten („Asien") und im Süden („Libyen" bzw. „Afrika"). Nach der griechischen Einteilung war das Mittelmeer jedenfalls ein Europa verbindendes und nicht abgrenzendes Element. Das gilt erst recht für das römische Imperium, dem das Mittelmeer sein mare nostrum war.

Es war die lateinische Kirche, die im Chaos des Frühmittelalters die letzten Reste antiker Strukturen bewahren konnte. Ihre Schwungkraft richtete sich, nach der Spaltung zwischen West- und Ostkirche 1054 einerseits und der Ausbreitung des Islam andererseits, nach Norden und nach Westen. Mit den Kriegen gegen den Islam und den Kreuzzügen wurde das Mittelmeer allmählich zur Abgrenzung und Europa zunehmend mit Christentum gleichgesetzt. Ungeachtet der osmanischen Expansion hielt diese Gleichsetzung angesichts der vielen Kriege der allerchristlichen Mächte untereinander der geschichtlichen Realität nur bedingt stand. Mit der Reformation zerbrach die mit dem erwähnten Schisma von 1054 verbundene katholische Einheit endgültig. Europa wurde zunehmend als ein System von Territorialstaaten begriffen, wie es sich nach dem westfälischen Frieden von 1648 herausbildete. Aufklärungsphilosophen wie Voltaire und Kant stellten dieses zwar in Einzelstaaten zergliederte, aber durch ähnliche Prinzipien verbundene Gebiet als Zivilisationsprojekt dem despotischen Osten gegenüber. Sie hofften auf eine friedliche Verbindung, eine Hoffnung, die entgegen der kriegerischen Realität nie ganz aufgegeben wurde und in der Selbstbeschreibung der europäischen Integration wieder aufgegriffen wurde.

Historisch und kulturell wurde Europa so durch das griechisch-römische Erbe, die gemeinsamen Wurzeln in der jüdisch-christlichen Religion, durch Renaissance, Reformation und Aufklärung geprägt (Gerhard 1985). Der Dualismus von weltlicher und geistlicher Gewalt wurde nicht einseitig zugunsten einer weltlichen oder geistlichen Herrschaft aufgelöst. Diese Tatsache stärkte die Position der europäischen Untertanen gegenüber ihrer jeweiligen Herrschaft, denn sie konnten glaubhaft „drohen", zu einem „Wettbewerber" – einem anderen Staat – abzuwandern. Der „Staat", der „Nationalstaat" zumal, wie er uns heute geläufig ist, ist ein europäisches, aber kein unvermeidbares Produkt der historischen Entwicklung, keine bewusste Entscheidung irgendwelcher „Staatsgründer" und auch keine ökonomische oder geopolitische Notwendigkeit. Die Entwicklung von Staaten war im Wesentlichen (ungewolltes) Nebenprodukt des nach innen (gegen widerspenstige Untertanen) und nach außen (gegen konkurrierende Herrscher) betriebenen Kriegshandwerkes. Ihre Ausformung verdankt sich dem Versuch, die regional und historisch jeweils effektivste Form der Gewaltanwendung zu organisieren, um Kriege vorzubereiten und Ressourcen zu beschaffen und den hierzu oft notwendigen innerstaatlichen Kompromissen (Tilly 1990). So gebar ausgerechnet eine Militarisierung des Staates die Zivilisierung der Regierung.

In Europa erwies sich allerdings eine mittlere Kombination aus „Zwang" und Kapitalakkumulation" als besonders erfolgreich. Ab 1300 verschob sich dank mehrerer glücklicher Umstände die Anreizstruktur vieler europäischer Staaten von Raub und Tribut hin zu berechenbaren Steuern (North 1988). In einem florierenden Gemeinwesen bringen Steuern den staatlichen Machthabern auf Dauer mehr ein. Diesem allmählichen Vordringen wirtschaftlicher und politischer Freiheiten verdankt Europa seine Vorrangstellung, die noch 1600 im Vergleich zu China und Indien völlig undenkbar schien (Therborn 2013: 43–51). Doch Europa wurde zur Wiege der industriellen Revolution (und des Kolonialismus) und ist immer noch eine beeindruckende Zusammenballung wirtschaftlicher Leistungskraft und hohen Lebensstandards. Die Führer vieler außereuropäischer Staaten der Gegenwart waren hingegen viel stärker als ihre frühneuzeitlichen Vorgänger in der Lage, mittels einer nach innen gerichteten Militärmaschinerie Forderungen ihrer Untertanen zu missachten.

Eine lang andauernde Vorherrschaft durch einen einzigen, weltlichen oder geistlichen Herrscher hat Europa im Gegensatz zu anderen Kontinenten nach dem Untergang des römischen Imperiums bezeichnenderweise nie mehr geduldet. Die entsprechenden Versuche von Karl dem Großen, Ludwig XIV. und Napoleon bis hin zu Adolf Hitler scheiterten. Den EU-Beitritt der mittel- und osteuropäischen Länder als „Rückkehr nach Europa" zu bezeichnen, dient daher eher Begründungszwecken, als dass damit eine geschichtliche Wahrheit ausgedrückt würde (Petersson/Hellström 2003). Die europäischen Territorialstaaten haben sich in der Regel gegeneinander bestimmt. Zum gemeinsamen Handeln fanden sie sich dann partiell zusammen, wenn es um die Abwehr gemeinsamer Bedrohungen ging, sei es von außen oder von innen.

Bereits diese knappe Skizze verdeutlicht, dass es ein kulturgeographisch klar abgrenzbares Europa nicht gibt. Mit Hartmut Kaelble (1987) und Max Haller (1988) kann Europa allenfalls als eine Verdichtung sozial- und strukturgeschichtlich ähnlicher Merkmale verstanden werden. Kaelble (1987) führt mehrere Besonderheiten in der politischen und sozialen Entwicklung Europas wie die nordwesteuropäische Familie oder den europäischen Wohlfahrtsstaat an, die uns später noch beschäftigen werden. Haller (1988) sieht Europa als eine Makro-Region, als eine Region von Regionen, die in besonderer Weise miteinander verflochten sind. Seine Bevölkerung, die ethnisch nahe verwandt sei, zeichne sich durch ein ähnliches, historisch gewachsenes Bewusstsein ihrer Identität aus. Das geographische Gebiet, das der mentalen Konstruktion „Europa" am ehesten entsprechen sollte, ist zweifellos Nordwesteuropa. Wieder und wieder taucht diese Großregion in den verschiedensten Typologien als europäisches Zentrum auf: Der Sozialgeograph Terry Jordan (Murphy/Jordan-Bychkov/Bychkova Jordan 2014) etwa bedient sich einschlägiger sozioökonomischer, linguistischer und historischer Indikatoren, um den Kulturraum „Europa" empirisch zu erfassen und einzugrenzen. Zusammengenommen sollen sie so etwas wie „Europaheit" messen. Trägt man diese Merkmale auf einer Karte ab, erkennt man einen nordwesteuropäischen Kern, zu dessen Rändern hin die so gemessene „Europaheit" abflacht. Um diesen nordwesteuropäischen Kern gruppierte sich auch die politische Integration.

2.2 Interne Differenzierungen Europas

Obgleich die europäischen Staaten unterschiedlichen historischen Pfaden folgten, konvergierten diese schließlich im Nationalstaat. Diese Konvergenz darf aber nicht über die Unterschiede der Nationalstaatsbildung hinwegtäuschen. Die jeweiligen Nationalstaatsentwicklungen prägen auch immer das Bild, das man sich von Europa machte (Malmborg/Stråth 2002). „Europa" ruft daher in Frankreich, Großbritannien oder Schweden unterschiedliche Assoziationen hervor (Menéndez-Alarcón 2004).

Viele Autoren machen aus der Not, dass es eine allgemein geteilte Bestimmung nicht gibt, gewissermaßen eine Tugend, indem sie die Vielgestaltigkeit zum Wesensmerkmal Europas machen (De Madariaga 1951; Morin 1988; Barzini 1993). Auch die Kulturpolitik der EU bekennt sich zur Vorstellung einer Einheit und Ganzheit in Vielfalt (Sassatelli 2002). Das Europmotto lautet denn auch – wohl in Abgrenzung zum Wappenspruch der Vereinigten Staaten (E pluribus unum – aus vielen eines) – „In varietate concordia – in Vielfalt geeint".

Jeder Vorschlag zur internen Differenzierung Europas hebt bestimmte Gegebenheiten hervor und sieht von anderen als weniger wichtig ab. Für den geschichtlichen Raum „Europa" kann allenfalls als unbestritten gelten, dass sich das Zusammenspiel politischer, wirtschaftlicher und kultureller Entwicklungen einerseits zu mannigfaltig voneinander abgrenzbaren Räumen verdichtet hat. Geläufig ist die historisch-kulturelle Gliederung in West-, Mittel- und Osteuropa, eine Unterteilung, die historischen Strukturgrenzen, z. B. provinzialrömischen und konfessionellen, folgt. Solche räumliche Gliederungen können auch sozioökonomische Unterschiede ausdrücken, z. B. in der frühneuzeitlichen Agrarverfassung und der industriellen Entwicklung. Neben dieser sozialräumlichen Vielfalt ist andererseits eine gewisse Einheitlichkeit der europäischen Kultur unverkennbar, die nicht zuletzt dem Kulturerbe aus der indogermanischen Vorzeit, der römischen Kulturüberlagerung und dem Christentum sowie der Diffusion großer europäischer Ideen geschuldet ist.

Aus dem Wechselspiel zwischen grenzziehenden und grenzüberschreitenden Entwicklungen und Ereignissen hat Europa seine außerordentlich vielfältige Gestalt angenommen. Historische Soziologen wie Max Weber, Otto Hintze, Reinhard Bendix, Stein Rokkan oder Immanuel Wallerstein[2] haben versucht, die makrogeschichtliche Grundzüge der Raumstruktur Europas nachzuzeichnen. Als prägend für spätere Entwicklungen werden gemeinhin folgende historische Grenzziehungen angesehen (Abbildungen 2 und 3):

- die Grenzen des römischen Imperiums als Vermittler der griechisch-römischen Kultur, hier mit der Jahreszahl 476, dem endgültigen „Untergang" des römischen Reiches, markiert;
- die römisch-byzantinische Reichsteilung von 395, 1054 im Großen Abendländischen Schisma kulminierend, welches die abendländische Christenheit in lateinische und orthodoxe Kirche spaltet;
- der breite mitteleuropäische Städtegürtel der römischen Expansion, den Alpenpässen und dem Rhein entlang folgend, als Bollwerk wirtschaftlicher Freiheit und politischer Autonomie;
- die entgegengesetzten Veränderungen in der europäischen Landwirtschaft um 1500, mit der Gutsherrschaft im Osten („zweite Leibeigenschaft") und neuen, weniger drückenden Formen der Grundherrschaft im Westen;
- ab 1517 die Trennung der europäischen Christenheit (Reformation);
- im „langen" 16. Jahrhundert schließlich der beginnende „atlantische Kapitalismus" in Nordwesteuropa, welcher die Grundlagen für die „Industrielle Revolution" legt.

Es versteht sich, dass die Jahresangaben nur Merkposten und die eingezeichneten Linien in den Abbildungen 2 und 3 keine festen Barrieren darstellen. (Als geistige Stützen wurden auch die politischen Grenzen von 1989 eingezeichnet.) Offenbar weist die historische Strukturkarte überwiegend Grenzlinien auf, die entweder in Süd-Nord-Richtung oder in West-Ost-Richtung verlaufen. Sie zeichnen zum einen – überwiegend horizontal verlaufend – das Ergebnis der Reformation bzw. der Entfernung von Rom – dem Zentrum der lateinischen Zivilisation bzw. der lateinischen Christenheit – nach (Linien 1 und 5). Zum anderen geben West-Ost-

---

2   Vgl. zusammenfassend Immerfall (1992: Kapitel 3); zu den historisch gewachsenen Strukturgrenzen s. prägnant Geiss (1993), aus sozialgeographischer Sicht Lichtenberger (2005).

Abbildung 2   Historische Strukturgrenzen Europas: kulturelle Dimensionen

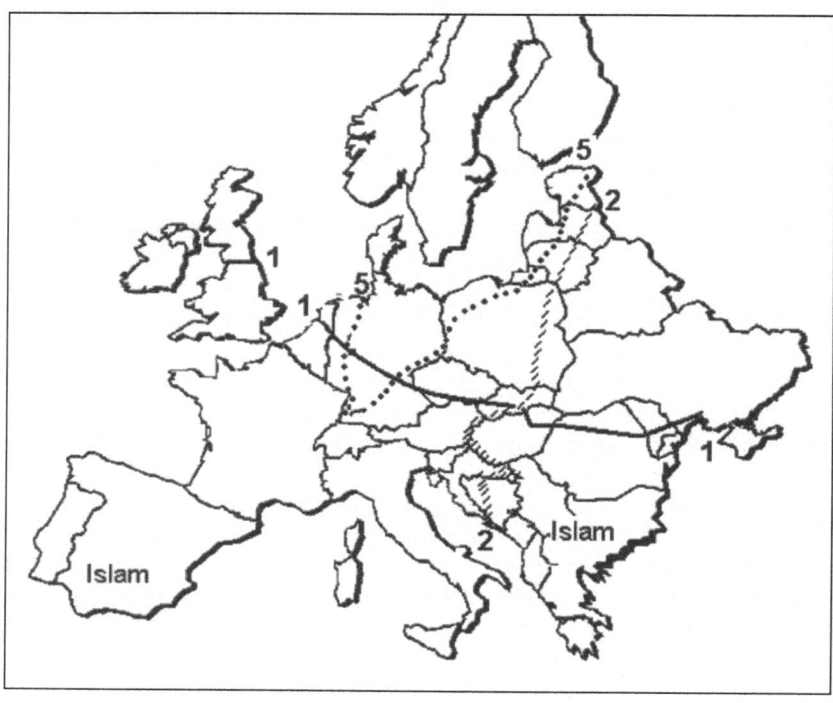

Erläuterungen siehe Abbildung 3.

Grenzen die jeweilige Entfernung zum europäischen Städtegürtel bzw. die entweder kommerzielle oder agrarische Grundlage der Wirtschaft wieder (Linien 3 und 6). Man könnte daher die Süd-Nord-Achse auch als „kulturelle Dimension" und die West-Ost-Achse als „ökonomische Dimension" bezeichnen. Wie Stein Rokkan (2000) herausgearbeitet hat, spezifizieren sie die Bedingungen für kulturelle Integration („Nationenbildung") einerseits, für territoriale Konsolidierung und Ausdehnung politischer Herrschaftsräume („Staatenbildung") andererseits.

Sollte sich diese Interpretation als zutreffend erweisen, müssten einige Konturen der „geopolitisch-geoökonomischen Karte" bis heute in der Gestalt Europas durchschimmern. Dies scheint in der Tat der Fall zu sein, wie man sich an der Einteilung von Max Haller (1988; ähnl. Crouch 2016: 21–24) und seinem Vorschlag zur Binnengliederung Europas vergegenwärtigen kann (siehe Abbildung 4). Max Haller unterscheidet drei Dimensionen des intra-europäischen Vergleichs: Die in-

Interne Differenzierungen Europas 13

Abbildung 3 Historische Strukturgrenzen Europas: ökonomische Dimensionen

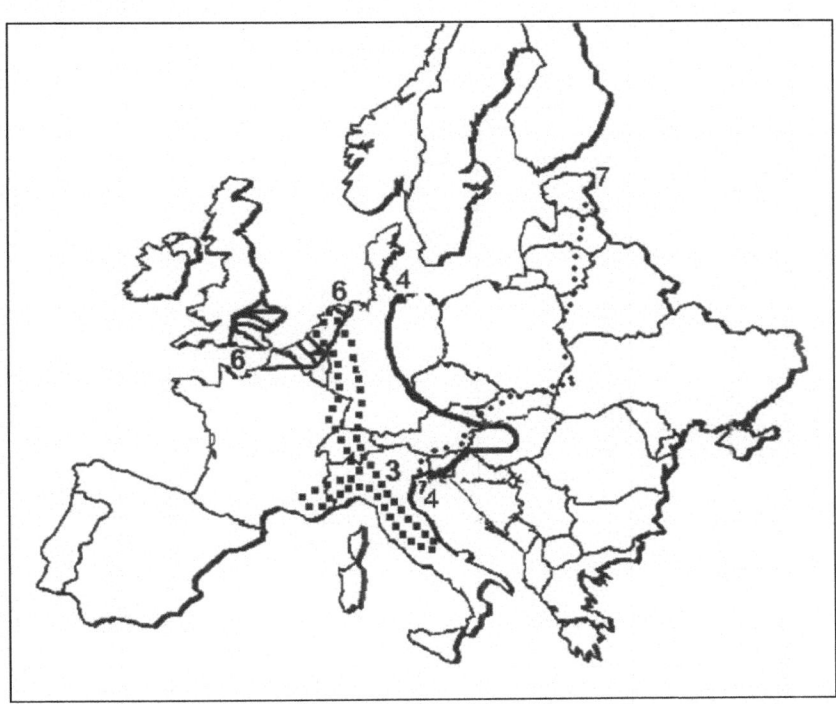

1. 476: Einfluss mediterraner Antike; 2. 1054: Abendländisches Schisma; 3. Mitteleuropäischer Städtegürtel; 4. 1500: Grenze der Agrarverfassung; 5. 1517: Glaubensspaltung; 6. Atlantischer Kapitalismus; 7: Hajnal-Linie.

Quelle: Immerfall (1995: 38)

tergesellschaftliche, die interkulturelle und die intersystemische Ebene in Hallers Einteilung fasst Länder nach dem Niveau der sozioökonomischen Entwicklung respektive nach ethnisch-religiösen und nach Unterschieden im politischen System zusammen. Nach der Epochenwende von 1989 ist es natürlich besonders spannend zu diskutieren, inwiefern die letzte Differenzierung noch Aussagekraft beanspruchen kann. Max Haller aber würde argumentieren, dass sich in ihr langfristige historische Prägungen spiegeln. Der Staatssozialismus basierte z. T. auf kulturellen Erbschaften und hinterlässt seinerseits soziale Spuren, die nicht in wenigen Jahren getilgt werden können. Zudem sollte man annehmen, dass beispielsweise die Besonderheiten Zentral- und Osteuropas im europäischen Vergleich

Abbildung 4 Zentrale Dimensionen innereuropäischer Differenzierung

		Intergesellschaftliche Vergleiche			
		Hochentwickelte Gesellschaften		Weniger entwickelte Gesellsch.	
Intersystemvergleiche		Kapitalistische Länder	Sozialistische Länder	Kapitalistische Länder	Sozialistische Länder
Interkulturelle Vergleiche	Germanisch-protestantischer Kulturkreis	Norwegen Schweden GB Dänemark	DDR		
	Romanisch-katholischer Kulturkreis	Niederlande Schweiz BRD Österreich Belgien Frankreich Italien		Irland Spanien Portugal	
	Slawisch-orthodoxer Kulturkreis		CSSR	Griechenland	Rumänien Polen UdSSR (europ. Teil) Bulgarien (Jugoslawien)
	Andere Kulturkreise	Finnland			Ungarn Albanien

Quelle: Haller (1988: 13)

nicht ohne Rückwirkung für die Integrationsdynamik der EU als Ganzes bleiben (Immerfall 2005).

Weiter fällt an Hallers Karte auf, dass nicht alle Felder belegt sind. Dies könnte auf ein überzufälliges Zusammenspiel der drei Dimensionen hinweisen. Erinnert sei hier an Max Webers „Protestantismusthese", die eine Entsprechung der protestantischen Arbeitsethik und der kapitalistischen Wirtschaftsgesinnung behauptet. Des Weiteren lässt sich eine ganze Reihe von Ländern in Hallers Typologie nicht „sauber" verorten. Dies deutet entweder auf eine mangelnde Trennschärfe des Schemas hin, oder die inkonsistente Einordnung spiegelt die besonderen und schwierigen Konstellationen der betreffenden Länder wider. Wer dächte hier nicht an das blutige Schicksal jenes Landstriches, der hier noch als „Jugoslawien" eingefügt werden konnte?

2.3 Europa in der Außen- und Binnenwahrnehmung

Was ist Europa für Sie? Diese Frage haben Józef Niznik und seine Mitarbeiter (1992; Fells/Niznik 1992) einigen Hundert Studenten in neun Ländern, europäischen wie außereuropäischen, gestellt. Ihre Antworten deuteten darauf hin, dass Europa als geistiges Konstrukt tatsächlich zu existieren scheint – und zwar in den Köpfen von Europäern und Nicht-Europäern gleichermaßen. Als hauptsächlicher Vorzug Europas wurden der Reichtum und die nationalen und regionalen Unterschiede herausgestellt. Man will die Abschaffung von Grenzen, aber man will keinen griechischen Salat mit holländischem Käse. Die Antworten reichten von Idealisierung bis Distanz, aber die europäischen Befragten ließen keinen Zweifel daran, dass sie sich als „europäisch" betrachteten, und gleichzeitig wurden sie von den außereuropäischen Befragten als solche wahrgenommen. Eine geographische oder kulturelle Gemeinsamkeit kann diese Antworten nicht erklären; eher erscheint Europa als gemeinsame Geschichte, als eine Gemeinsamkeit von Konflikten und als Schaffung gemeinsamer künstlerischer, politischer und sozialer Werte (Fells/Niznik 1992: 206).

Ähnliches, wenngleich weniger tiefschürfend, dafür jedoch repräsentativ, ergibt sich auf der Grundlage von Eurobarometer-Umfragen (Sobisch/Immerfall 1997; Westle 2003; Immerfall/Boehnke/Baier 2010). Knapp die Hälfte der Bürger der Europäischen Union fühlt sich „oft" oder zumindest „manchmal auch als Europäer". Was aber ist Europa? Zumindest eine hartnäckige geistige Realität scheint es zu besitzen, denn nur sieben Prozent der Befragten glauben nicht, es gebe einen „typisch europäischen" Lebensstil. Aber welcher? Auch darauf gibt uns die Umfrage eine, wenngleich wenig greifbare Antwort: „Frieden", Demokratie', „Kultur", „Lebensstandard". Eine beträchtliche Mehrheit in jedem Land unterstützt die Aussage, dass „Demokratie immer das beste politische System ist". Ähnlich viele unterstützen Grundrechte wie Meinungs- und Religionsfreiheit, Gleichheit vor dem Gesetz und Persönlichkeitsschutz. Es gibt allerdings auch kontroverse Bereiche, wie etwa beim Thema Asyl und Einwanderung.

Solche allgemeinen, demokratischen und politisch-kulturellen Einstellungen mögen die Lebensfähigkeit demokratischer Gemeinwesen begünstigen. Sie sind auch keineswegs selbstverständlich (Gerhards 2010). Eine Grundlage für europäische Identifikation können sie für sich genommen nicht abgeben. Zwar sieht die Mehrheit der Europäer untereinander weniger ausgeprägte Grenzen als gegenüber außereuropäischen Kulturräumen. Doch es sind gerade die ausschließlich national Orientierten, die diese Außenabgrenzung am schärfsten vornehmen (Westle 2003: 140–147). Wenn es eine europäische Wertegemeinschaft gibt, müsste sie sich auch in einer besonderen Wertschätzung niederschlagen, welche die EU-Bürger einander entgegenbringen. In der Tat ist das Vertrauen in die europäischen Nachbarn in den vergangenen Jahrzehnten gewachsen, und die Bürger vertrauen einander mehr als anderen Nationen. Das gilt aber nur eingeschränkt für die südeuropäischen und die neuen osteuropäischen Mitglieder. Und weitaus stärker ist das Vertrauen in einige Nicht-EU-Bürger und Nicht-Europäer wie den Schweizern und den Amerikanern (Immerfall/Priller/Delhey 2010).

Offenbar ist für zwischengesellschaftliche Vertrauensbeziehungen die Zugehörigkeit zu Europa oder der EU kein wesentliches Kriterium. Bedeutsam ist hingegen, ob es sich um relativ wohlhabende Nationen mit demokratischen Strukturen und einem gut ausgebauten Gemeinwesen handelt. Auch liegen kleinere Länder im Allgemeinen höher im Kurs als große (Delhey/Newton 2005). Ein „Raum des Vertrauens", der sich mit irgendwelchen europäischen Grenzen decken würde, ist nicht sichtbar. Dagegen spricht auch ein weiterer Befund: die jeweils eigenen Landsleute genießen fast immer deutlich mehr Vertrauen als die EU-Nachbarn.

Weitere Antworten auf die Frage, ob es so etwas wie eine spezifisch europäische Wertegemeinschaft gibt, erhalten wir durch die Analysen des World Value Survey, der seit 1981 europa- und weltweit dem soziokulturellen Wandel nachgeht. 2010–2004 fand die mittlerweile sechste Erhebungswelle statt, die knapp 60 Länder umfasste; die siebte Welle ist in Planung. Lässt sich auf dieser und ergänzender Grundlage[3] (West-)Europa hinsichtlich seiner Werte von anderen, industriell vergleichbaren Großräumen wie den USA oder Japan abgrenzen? Eine grobe Zusammenfassung scheint – zumindest für Westeuropa – vier Besonderheiten nahe zu legen (vgl. Therborn 2013; Luijkx et al. 2017):

In Westeuropa kam es zu einem Abklingen des Nationalismus. Das Gefühl nationalen Stolzes, das Bekenntnis zur eigenen Armee und die Bereitschaft, für das eigene Land zu kämpfen – all das ist weit geringer ausgeprägt als etwa in den USA.

1. Anders als die USA, aber auch als der gesamte Nahe und Mittlere Osten, hat Europa einen Prozess der konsequenten Laizisierung und Säkularisierung durchgemacht. Der Wandel hin zu post-materialistischen Werten scheint weiter fortgeschritten zu sein, wenngleich sich Anzeichen mehren, dass traditionelle Tugenden wieder an Ansehen gewinnen.

---

3 Neben dem World Value Survey (www.worldvaluessurvey.org/) in regelmäßigen Abständen und mit wissenschaftlichen Standards durchgeführte, internationale Vergleichsstudien sind der European Values Study (http://www.europeanvaluesstudy.eu/), das International Social Survey Programme (http://www.issp.org/) und der European Social Survey (www.europeansocialsurvey.org/).

2. Die Auffassungen zur Familie und zur Stellung der Frau in der Gesellschaft sind – freilich mehr in Wort als in der Tat – durch Gleichberechtigung gekennzeichnet.

3. Freiwillige, vom Staat unabhängige Vereinigungen wie Parteien, Vereine, Gewerkschaften, Nicht-Regierungs-Organisationen sind Ausdruck einer solchen lebendigen Bürgergesellschaft. Dies teilt Europa mit den USA, wenngleich dort solche bürgerschaftlichen Vereinigungen eine noch größere und der Staat eine geringere Rolle als in Europa spielen.

Ein genauerer Blick auf die geographische Verteilung der Wertemuster zeigt aber, dass (West-)Europa nicht homogen ist. Die Verteilung folgt nicht unbedingt den sozioökonomischen Trends oder den geläufigen Einteilungen nach dem Süd-Nord- oder dem Ost-West-Gradienten. Es ist auch nicht so, dass sich die unterschiedlichen Werte in Europa über die Zeit angleichen würden. Historische Kontexte und nationale Entwicklungen scheinen einflussreicher zu sein als die Zugehörigkeit zu einem „europäischen Kulturraum".

2.4 Fazit

Die vorgelegten Belege können uns keine trennscharfen Kriterien an die Hand geben, anhand derer die gesellschaftlichen Grenzen Europas genau bestimmt werden könnten. Sie zeigen aber doch:

Zum einen kann Europa nicht essentialistisch bestimmt werden; es gibt keine unverbrüchliche Wesenseinheit „Europa", weder in geographischer, noch in politischer oder geschichtlicher, aber auch nicht in kultureller Hinsicht. Europa war zu keinem Zeitpunkt ein einheitlicher Raum oder eine kulturelle Einheit, die sich auf eine geteilte Zivilisation zurückführen ließe. Europa historisch als Fackelträger der römisch-griechisch-jüdischen Kultur zu deuten, ist schon deswegen nicht überzeugend, weil diese sich um das Mittelmeer konzentriert hat. Europa als christliches Abendland hingegen wirft die Frage nach dem Stellenwert Griechenlands auf und vernachlässigt – wie Henri Pirenne (1985) überzeugend dargelegt hat – den Einfluss islamischer Kultur.

Dieser Unschärfe ungeachtet ist Europa eine hartnäckige geistige Realität. Auf den mentalen und kognitiven Karten vieler Europäer und Nicht-Europäer ist „Europa" trotz aller inhaltlicher Unschärfen fest verzeichnet. Europa stellt eine „geistige Tatsache" dar. Auf diese geistige Tatsache können sich die immer wieder neu vorgenommenen Versuche berufen, eine europäische Einheit historisch und kulturell zu verankern. Es ist aber unredlich, diesen – auf einer sehr allgemeinen

Ebene erkennbaren – Gemeinsamkeiten Anweisungen über die Gestalt und Grenzen der Europäischen Union entnehmen zu wollen.

Und drittens schließlich zeigt sich immer wieder die Dynamik, die Europa durch seine Vielfalt erfahren hat. Mit Blick auf diese Geschichte verbietet sich jede Vorstellung eines einheitlichen europäischen Staates

Die EU – das real existierende Europa

3.1 Geschichtlicher Hintergrund

Die Idee der freiwilligen politischen Vereinigung Europas weist weit in die Vergangenheit zurück (Gehler 2010: II). Beispielhaft sei auf die Paneuropa-Bewegung des multinationalen Grafen Richard von Coudenhove-Kalergi verwiesen, welche in der Zwischenkriegszeit eine gewisse Bedeutung erlangte. Seine Schriften „Pan-Europa" (Wien 1923) und, bereits im Schweizer Exil 1938, „Kommen die Vereinigten Staaten von Europa" erwiesen sich zwar insofern als weitsichtig, als sie die deutsch-französische Rivalität als größtes Hindernis für eine kontinentaleuropäische Einigung erkannten. Breitere Bevölkerungsschichten wurden jedoch nicht erreicht. Mit dem Einmarsch der Deutschen Wehrmacht in Österreich (11./12. März 1938) wurde auch das Zentralbüro der Paneuropa-Union in der Wiener Hofburg zerstört.

Institutionell praktisch werdende Schritte zum Zusammenschluss europäischer Nationalstaaten wurden erst nach dem Zweiten Weltkrieg unternommen. Die verheerenden Folgen dieses Krieges trugen mit dazu bei, dass eine zunächst idealistisch anmutende Idee folgewirksam aufgegriffen wurde. Denn im Europa der Nachkriegszeit waren nationalistische Ideen und nationalstaatliche Ambitionen zunächst einmal diskreditiert. Zudem war dieses Europa auch kein Kontinent mehr, der weiterhin beanspruchen konnte, das Machtzentrum der Welt zu sein. Er war in Ost- und Westeuropa gespalten, und seine militärische und wirtschaftliche Abhängigkeit von den Vereinigten Staaten trug mit dazu bei, die westliche Hälfte zusammenzuschweißen. Überdies entsprach die Errichtung internationaler Organisationen ganz dem Trend der Zeit. Die Vereinten Nationen (1945) und mit ihr eine Vielzahl spezialisierter Unterorganisationen waren gegründet worden, die „Bretton-Woods-Zwillinge" IWF (Internationaler Währungsfonds) und Weltbank (1944), parallel dazu das Allgemeine Zoll-Handelsabkommen (GATT), die

OEEC (1948, später OECD), der Brüsseler Pakt (1949, später WEU) und die NATO (1949) kamen wenig später hinzu. Die geneinsame, christlich katholische Grundierung führender Politiker wie Robert Schumann (französischer Außenminister), Konrad Anderen (deutscher Bundeskanzler) oder Alcide De Gasperi (italienischer Ministerpräsident) dürfte die Verwirklichung der Idee einer Europäischen Gemeinschaft zusätzlicher erleichtert haben.

Trotz dieser begünstigenden Faktoren der Zeitströmung gab es – und gibt es – erhebliche Meinungsverschiedenheiten darüber, wie die europäische Einigung aussehen sollte. Von Beginn an standen Föderalisten und Inter-Gouvernementalisten einander gegenüber. Die Föderalisten wollten einen europäischen Bundesstaat, die Inter-Gouvernementalisten hingegen die Zusammenarbeit zwischen weiterhin souverän entscheidenden Nationalstaaten. Mit dem Scheitern der europäischen Verteidigungsgemeinschaft 1952 zeichnete sich zunächst ein Sieg der Inter-Gouvernementalisten ab. Dieser Sieg bedeutete jedoch nicht das Ende der Debatte. In einer wissenschaftlichen Theoriegestalt wird sie bis heute weiterhin als Neofunktionalismus bzw. Neorealismus ausgetragen (Wiener/Diez 2004). Führt die Zusammenarbeit in spezifischen Aufgabenbereichen zu einer immer weiter fortschreitenden Integration und damit letztlich doch zu einer politischen Union? Oder werden die Nationalstaaten weiterhin die Herren der Verträge bleiben? Dies ist bis heute nicht entschieden; und aus dieser Offenheit zieht die Europäische Union einerseits ihre Flexibilität und ihre immer wieder überraschende Fähigkeit, ihre Krisen zu bewältigen. Andererseits tut sich ein solches Gebilde ohne klaren Bauplan und Endziel schwer, positive Emotionen zu wecken, auch wenn sich die Gemeinschaft zu Beginn noch überzeugend als Friedensmacht präsentierten konnte.

Der 1951 in Paris unterzeichnete Vertrag zur Gründung der Europäischen Gemeinschaft für Kohle und Stahl (EGKS) war eine Idee des französischen Planungskommissars Jean Monnet sowie des französischen Außenministers Robert Schuman und des deutschen Kanzlers Konrad Adenauer. Ihr gemeinsames Anliegen war, die französisch-deutsche Kohle- und Stahlproduktion unter eine gemeinsame Aufsichtsbehörde zu stellen, so dass ein zukünftiger Krieg zwischen diesen beiden Ländern unmöglich werden sollte. Großbritannien war eingeladen worden, sich an der europäischen Initiative zu beteiligen, lehnte aber ab. Die Abwesenheit Großbritanniens trug dazu bei, dass bei den tatsächlichen Mitgliedsstaaten föderalistische Vorstellungen erneut Auftrieb bekamen. Dies schlug sich in der Hohen Kommission der EGKS nieder, die erhebliche Autorität zugesprochen bekam.

Das Momentum der europäischen Idee führte zur Gründung der Europäischen Wirtschaftsgemeinschaft (EWG) und der Europäischen Atomgemeinschaft (EAG). Die EAG, später EURATOM genannt, sollte über Förderung der Atomenergie Europas Status in der Welt untermauern, hat sich aber als weniger folgenreich erwiesen. Die Römischen Verträge, welche die Gründung von EWG und EAG feierlich besiegelten, wurden am 25. März 1957 von den gleichen sechs Ländern – Belgien, Bundesrepublik Deutschland, Frankreich, Italien, Luxemburg und den Niederlanden – unterzeichnet, die bereits die EGKS gegründet hatten. Die Ziele waren in der Präambel des Vertrages niedergelegt: ein enger Zusammenschluss der europäischen „Völker" (nicht der europäischen „Staaten"!), der wirtschaftliche und soziale Fortschritt sowie die stetige Verbesserung der Lebens- und Beschäftigungsbedingungen, die Wahrung von Frieden und Freiheit. Die EWG war daher primär eine ökonomische Gemeinschaft, mit nichtsdestotrotz impliziten politischen Zielen. Gegenüber der EGKS war – ironischerweise auf Drängen der kleineren Staaten, die ihre politische Majorisierung durch die größeren Mitgliedsstaaten befürchteten – der konföderative Charakter deutlich verstärkt worden. Das neu eingeführte, inter-gouvernementale Element stellte der Ministerrat dar.

Zusammenfassend lässt sich für den Beginn der Europäischen Gemeinschaft festhalten, dass Friedenserhaltung und -sicherung im Vordergrund standen, namentlich der Ausgleich zwischen Deutschland und Frankreich. Wirtschaftsbeziehungen dienten als strategisches Mittel, die politische Integration voranzutreiben, stellten aber kein Endziel dar. Was das Endziel sein sollte, wurde (und wird) bewusst offen gehalten, weil es ohnehin wandelbar ist, aber auch um möglichst viele Interessen an das Integrationsprojekt zu binden. Diese Vorgehensweise wird nach Jean Monnet als „Methode Monnet" bezeichnet (Wessels 2001). Jean Monnet stellt denn bis heute so etwas wie der „Säulenheilige" der EU dar. Und schließlich war von Beginn an schon eine Teilung in mehr und weniger integrationswillige Länder erkennbar.

Ein kurzer Blick auf die weitere Geschichte der Gemeinschaft lässt für den Abschnitt etwa zwischen 1958 und den frühen 80er Jahren den Vorrang des Inter-Gouvernementalismus erkennen. Obgleich dem europäischen Parlament in der Haushaltsordnung von 1977 nochmals neue Haushaltsrechte zugestanden wurden, war eine föderalistische Entwicklung durch drei Faktoren beeinträchtigt.

Da war zum einen die Unmöglichkeit, zu – wie auch immer qualifizierten – Mehrheitsentscheidungen zu kommen, obwohl eine solche Abstimmungsmöglichkeit in den Römischen Verträgen eigentlich vorgesehen war. Die „Politik des leeren Stuhls" des französischen Staatschefs de Gaulle, durch die sämtliche Entscheidungen blockiert waren, wurde im Luxemburger Kompromiss gelöst, der im Endeffekt bei „wesentlichen Interessen" jedem Mitgliedsland ein Vetorecht zubilligte. Einen zweiten Faktor stellt die Erweiterung der EG im Jahr 1973 auf neun Mitglieder dar. Der Beitritt Großbritanniens, Irlands und Dänemarks belegte zwar einerseits die Attraktivität der Gemeinschaft, stärkte jedoch andererseits den inter-gouvernementalen Trend in der Gemeinschaft. Eine dritte Entscheidung zu dessen Gunsten datiert auf das Jahr 1974. Dem Vorschlag des französischen Präsidenten Giscard d'Estaings folgend, beschlossen die Staatsund Regierungschefs der EG, in Zukunft halbjährlich als Europäischer Rat zu tagen. Obgleich dieser Rat bis zu den 80er Jahren einer vertraglichen Grundlage entbehrte, besaß er doch von Anfang an für grundlegende Politikziele der Gemeinschaft weitreichende Bedeutung.

Die 80er Jahre waren durch mehr Dynamik gekennzeichnet. Sie sahen die Vergrößerung der Gemeinschaft durch Griechenland (1981), Spanien und Portugal (1986), gleichzeitig jedoch auch entscheidende Schritte zur politischen und wirtschaftlichen Vertiefung (siehe Abbildung 5 und Tabelle 1). 1985 wurde die Einheitliche Europäische Akte (EEA, ratifiziert 1987) verabschiedet, die eine Reform des institutionellen Systems, eine Erweiterung der Gemeinschaftskompetenzen sowie einen rechtlichen Rahmen für die außenpolitische Zusammenarbeit enthielt. Die Gemeinschaftskompetenz wurde auf neue Felder wie Technologie, Umwelt, Forschung und Währungsfragen erweitert. Die Befugnisse des Europäischen Parlaments wurden um das Kooperationsverfahren, das es ihm erlaubt, Legislativvorschläge der Kommission zu beeinflussen (Art. 189c EWGV), erweitert.

Die weitaus folgenreichste Bestimmung der EEA aber war, die Errichtung eines Binnenmarktes ohne Grenzen für Personen, Güter, Dienstleistungen und Kapital bis zum 31. Dezember 1992 vorzusehen. Mitgliedsstaaten, die sich den gemeinschaftlichen Standards entziehen, können vor den europäischen Gerichtshof gebracht werden. In den meisten Fällen, die die Umsetzung dieses Programms betreffen, ist nun erstmals eine qualifizierte Mehrheitsentscheidung vorgesehen. Selbst Margaret Thatcher hat diesem Artikel zugestimmt, um den Binnenmarktprozess nicht zu gefährden. Darüber hinaus sieht Artikel 118 eine Harmonisierung von Arbeits-, Gesundheits- und Sicherheitsbestimmungen vor und gibt der Kommission die Verantwortung, einen „sozialen Dialog" zwischen Arbeit und Unternehmen einzuführen. Dieser Artikel spricht sich zudem für eine „harmonische Entwicklung" der Regionen aus und führt zu diesem Zweck einen Strukturfond ein. Auf der Basis der EEA verabschiedeten 1989 Jacques Delors, der damalige Kommissionspräsident, und die Chefs der Zentralbanken der Mitgliedsstaaten einen Report, der in drei Stufenschritten in die volle Wirtschafts- und Währungsunion münden sollte.

Dieser Plan wurde von den Entscheidungen des Maastricht-Gipfels im Dezember 1991 überholt, der einen weiteren Meilenstein in der Entwicklung der Gemeinschaft darstellt. Der zustande kommende Vertrag muss vor dem Hintergrund der dynamischen Entwicklung nach dem Mauerfall und dem Zusammenbruch des Sozialismus gesehen werden. Nicht zuletzt sollte das größere, weil wiedervereinigte und – wie man damals glaubte – wirtschaftlich und militärisch stärkere

Geschichtlicher Hintergrund

Abbildung 5 Die Expansion (und Kontraktion) der Europäischen Gemeinschaft

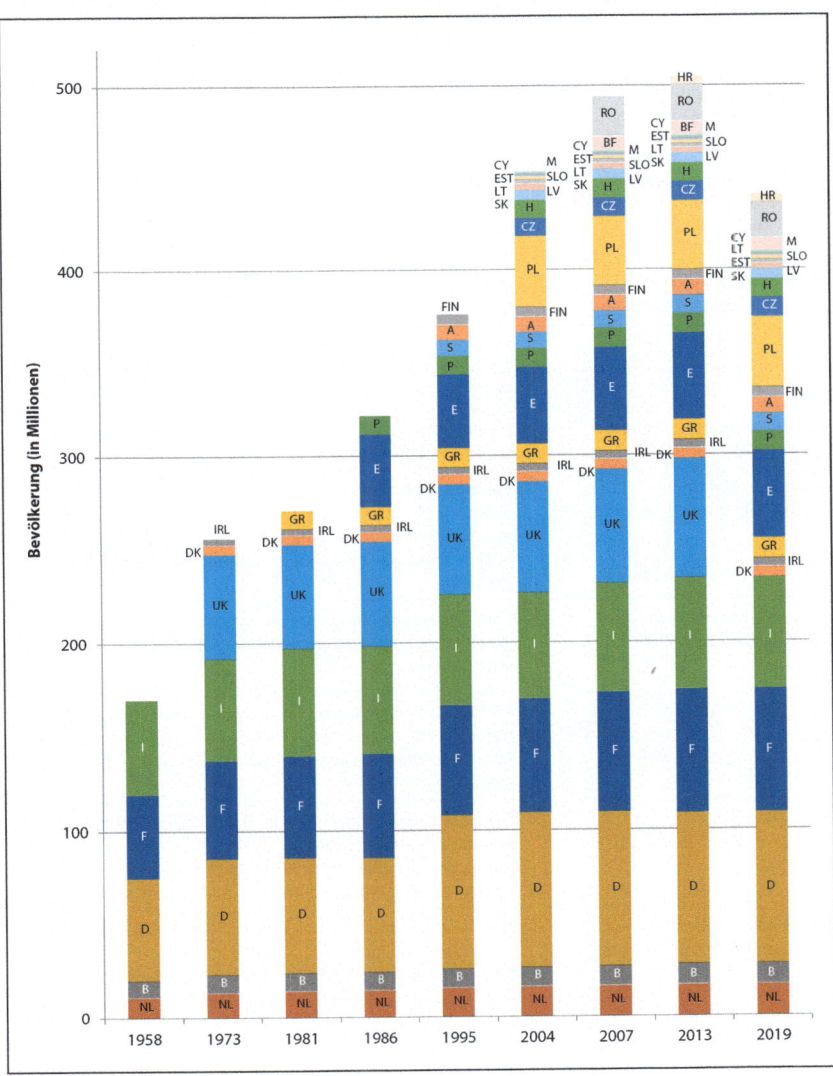

Tabelle 1 Die vertragliche Entwicklung der Europäischen Union

Vertrag	Wichtige Ziele
Europäische Gemeinschaft für Kohle und Stahl (April 1951/Juli 1952; ausgelaufen am 23. Juli 2002)	• Gemeinsamer Markt für Kohle, Eisenerz und Stahl
Gründung der Europäischen Atomgemeinschaft (EURATOM) (März 1957/Januar 1958)	• Entwicklung der Kernindustrien und ihrer friedlichen Nutzung
Gründung der Europäischen Wirtschaftsgemeinschaft (März 1957/Januar 1958)	• Zollunion (Handelshemmnisse abbauen, gemeinsamer Außenzoll); • Vergemeinschaftung der Agrarpolitik
Fusionsvertrag (April 1965/Juli 1967)	• Einsetzung einer gemeinsamen Kommission und eines gemeinsamen Rates der drei Europäischen Gemeinschaften EGKS, EWG und Euratom
Einheitliche Europäische Akte (Februar 1986/Juli 1987)	• Freier Binnenmarkt wird errichtet; EG erhält die dazu notwendigen Kompetenzen
Vertrag von Maastricht (Februar 1992/November 1993)	• Europäische Union wird mit den drei Säulen EG, Gemeinsame Außen- und Sicherheitspolitik (GASP) sowie Justiz und Inneres errichtet; Unionsbürgerschaft soll Freizügigkeit im gesamten EU-Raum gewährleisten; Einführung einer einheitlichen Währung
Vertrag von Amsterdam (Oktober 1997/1. Mai 1999)	• Kommission und Ministerrat sollen erweiterungstauglich gemacht werden, u. a. durch mehr qualifizierte Mehrheitsentscheidungen; • Parlament erhält Verfahren der Mitentscheidung (zentrale Rechtsakte können ohne seine Zustimmung nicht mehr in Kraft treten); • Schritte zu einer europäischen Sicherheits- und Verteidigungsidentität
Vertrag von Nizza (Februar 2001/Februar 2003)	• Neugewichtung der Stimmen im Rat; Stärkung der Stellung des Kommissionspräsidenten; • Charta der Grundrechte proklamiert; • System der verstärkten Zusammenarbeit wird flexibler
Vertrag von Lissabon (13. Dezember 2007/1. Dezember 2009)	• Europäische Union erhält eigene Rechtspersönlichkeit unter nationalem und internationalem Recht; • EU-Außenminister wird eingeführt; Ratspräsidentschaft wird verlängert und gestärkt; • Charta der Grundrechte wird nun verbindlich; Mitwirkungsrechte des EU-Parlaments und der EU-Bürger werden gestärkt; • nationale Parlamente erhalten mehr Einfluss auf die Entscheidungsprozesse der EU; • Zuteilung der Kompetenzen zwischen der Union und den Mitgliedsstaaten wird präzisiert, Subsidiaritätsprinzip ausgedehnt

Hinweis: In Klammern: Datum der Unterzeichnung/Datum des Inkrafttretens.

Deutschland in Europa fest eingebunden bleiben. Dies sollte durch den Verzicht auf die DM sinnfällig werden. Der Vertrag von Maastricht errichtete eine „Europäische Union" und die Selbstverpflichtung für diejenigen Länder, die sich dafür qualifizierten, eine gemeinsame Währung bis 1999 einzuführen. Ab 1.1.1999 war der Euro die offizielle Währung der EU[4]. Zum „Anfassen" gab es die Euro-Münzen und Banknoten dann zum 1.1.2002.

Bei der Euro-Einführung handelte es sich um eine Währungsunion in Form einer Währungsumstellung. Es war keine Währungsreform, denn es änderte sich „nur" die Rechnungseinheit, nicht der Realwert: Für die D-Mark betrug der Umstellungskurs 1 Euro zu 1,95583 DM. Bei einer Währungsreform wie in Deutschland 1923 (Reichsmark in Rentenmark), 1948 (Reichsmark in DM) und auch 1990 (Mark[Ost] in DM) wurde hingegen weitgehend wertlos gewordenes Geld durch eine neue Währung ersetzt. Die neue Währung enthielt freilich nicht nur die DM, sondern setzte sich anteilig aus (zunächst) 11 Währungen zusammen.

Mit der Währungsunion verloren die Euro-Länder ihre währungspolitische Souveränität, die im Wesentlichen an die in Frankfurt errichtete Europäische Zentralbank (EZB) überging. Die gemeinsame Währung, so die Hoffnung seiner Befürworter, würde die Union endlich ein greifbares Symbol für seine Bürger darstellen. Sie würde wie eine Lokomotive wirken und die weitere Vereinheitlichung der Wirtschafts- und Finanzpolitik nach sich ziehen. Die Skeptiker hingegen betonten, dass die künftigen Euroländer einen zu heterogenen Währungsraum darstellen, der im Krisenfall nicht über die notwendige innere Anpassungsfähigkeit verfügen würde. In Deutschlands wurde zudem befürchtet, dass die Europäische Zentralbank keine Preisstabilität würde durchsetzen können.

Der Maastricht Vertrag sollte ferner der mangelnden Geschlossenheit in der Außen- und Sicherheitspolitik und den undurchsichtigen Entscheidungs- und Abstimmungsverfahren entgegenwirken. Das Subsidiaritätsprinzip wird in Art. 5 Abs. 2 EGV verankert, wonach gemeinschaftliche Rechtsvorschriften nur dann gerechtfertigt sind, wenn die Mitglieder das Problem nicht selbstständig lösen können. Zur weiter bestehenden EG als dem wirtschaftlichem Standbein kommen eine zweite und eine dritte „Säule" hinzu: Die „zweite Säule" betrifft eine gemeinsame Außen- und Sicherheitspolitik (GASP), die dereinst zu einer gemeinsamen Verteidigung führen soll. Die „dritte Säule" betrifft die Zusammenarbeit in der Justiz- und Innenpolitik (ZJI). Sie dürfte sich in absehbarer Zeit auf Abstimmungen bei Grenzkontrollen und in der Flüchtlings- und Asylpolitik beschränken. Ein Hoher Vertreter beim Ministerrat soll nun für bessere Koordination sorgen, bei-

---

4   Von den damals fünfzehn Mitgliedsstaaten haben drei – Großbritannien, Dänemark und Schweden – den Euro nicht eingeführt; Griechenland hatte sich zunächst nicht qualifiziert.

spielsweise in der Balkanpolitik. Visa-, Asyl- und Immigrations-Angelegenheiten werden in die Gemeinschaftszuständigkeit überführt, auf Drängen Deutschlands indes unter Einstimmigkeitsvorbehalt. Das Europaparlament erhielt wesentlich mehr Kontrollrechte. Das Kodezisionsverfahren, das dem Parlament in einigen Bereichen das Recht einräumt, gemeinsam mit dem Rat Rechtsakte gleichberechtigt zu erlassen (Art. 189b EGV) wurde ausgeweitet. Des Weiteren kann eine neue Kommission nicht mehr ohne Zustimmung des Parlaments eingesetzt werden. Ein neuer Kohäsionsfond wurde geschaffen, der den ärmeren EU-Ländern in ihrer Entwicklung helfen und die schon vorhandenen Maßnahmen ergänzen soll. Im Sozialprotokoll ist ein extensiveres Sozialprogramm vorgesehen, an dem sich Großbritannien jedoch erst nach dem Wahlsieg Labours im Jahr 1997 beteiligte.

Zur gleichen Zeit erlebte die EU ihr wohl größtes Versagen in der Außen- und Sicherheitspolitik: beim Auseinanderbrechen Jugoslawiens. Im Sommer 1991 hatte der Außenminister Luxemburgs, das damals die Ratspräsidentschaft innehatte, – an Churchill erinnernd – noch erklärt, der Jugoslawienkrieg stelle Europas „finest hour" dar. Doch allzu schnell wurde deutlich, wie wenig in der Lage die Europäische Union war, den Bürgerkrieg zu beenden oder auch nur zu begrenzen. Der trauriger Höhepunkt war 1994 erreicht, als holländische UN-Friedenstruppen nicht fähig waren, das Massaker der serbischen Armee an 7 500 bosnischen Zivilisten in Srebrenica zu verhindern. Erst das Eingreifen der USA beendete schließlich den Krieg. Der Friedensschluss wurde denn auch nicht in Brüssel oder Straßburg, sondern in Dayton, Ohio unterzeichnet.

Trotz gegenteiliger Beschwörungen hat der Maastrichter Vertrag die institutionelle und prozedurale Unübersichtlichkeit der EU noch weiter erhöht. Die Reform der Reform ließ deshalb nicht lange auf sich warten: Mit dem Nizza-Vertrag sollte die Union endlich erweiterungsfähig gemacht werden. Die Höchstzahl der Parlamentarier wurde auf 732 festgelegt[5]. Im Ministerrat wurden neue Abstimmungsformeln eingeführt, die das Gleichgewicht zwischen den Mitgliedsstaaten zugunsten der bevölkerungsstärkeren veränderten: Die vier bevölkerungsreichsten Mitgliedsländer erhalten in der erweiterten Union je 29 Stimmen (statt bisher zehn), die beiden kleinsten vier (Luxemburg) bzw. drei Stimmen (Malta) statt bisher zwei. Eine qualifizierte Entscheidung muss 72,3 Prozent der Stimmen der Mitgliedsländer auf sich vereinen, zudem müssen die zustimmenden Länder 62 Prozent der EU-Bevölkerung repräsentieren.

Eine zufriedenstellende Vereinfachung der europäischen Entscheidungsabläufe war mit solch komplizierten Regeln kaum erreicht. Unklar blieben weiterhin

---

5   Maximal 750 nach dem Verfassungsvertrag von 2004.

Geschichtlicher Hintergrund

sowohl die genaue Abgrenzung der Zuständigkeiten zwischen der Europäischen Union und den Mitgliedsstaaten als auch die Rolle der nationalen Parlamente in der Architektur Europas. Nachdem sich die Führer der Mitgliedsländer in den Verhandlungen des „post-Nizza-Prozesses" offenbar außerstande sahen, Legitimation, Transparenz und Effizienz der Union entscheidend voranzubringen, wurde ein neuer Weg der Entscheidungsfindung beschritten: Auf dem Gipfel von Laeken (14. und 15. Dezember 2001) wurde dazu die Einsetzung eines Konvents zur Zukunft Europas beschlossen. Dieser Konvent aus Regierungsvertretern, EU-Kommission und Abgeordneten der nationalen und des EU-Parlaments sollte Vorschläge zur überfälligen EU-Reform erarbeiten, wobei sich der Ministerrat von vornherein das letzte Wort vorbehielt.

Am 28. Februar nahm das – bald als „europäischer Verfassungskonvent" bezeichnete – Gremium unter Vorsitz des ehemaligen französischen Staatspräsidenten, Giscard d'Estaing seine Arbeit auf. Eine Analogie zum amerikanischen Konvent zu Philadelphia von 1787 liegt nahe, führt aber in die Irre (Bischof et al. 2005). Es gibt in der Europäischen Union kein Staatsvolk, das sich qua demokratisch gewählter Verfassungsversammlung konstituieren könnte, weshalb die offiziellen Dokumente daher ehrlicherweise von einem „Verfassungsvertrag" und nicht von einer „Verfassung" sprachen. Die Debatten wurden zunächst ergebnisoffen und für die Öffentlichkeit ungewöhnlich zugänglich geführt. Erst in der Schlussphase, als es darum ging, dem Ministerrat einen zustimmungsfähigen Entwurf zu präsentieren, wurde der sach- und konsensorientierte Beratungsstil eingeschränkt (Göler/ Maurer 2004). Nach fast 18-monatiger Arbeit legte der Konvent am 20. Juni 2003 seinen Vorschlag für eine europäische Verfassung schließlich vor.

Angesichts der unterschiedlichen Interessen der Mitgliedsländer und den divergierenden europäischen Leitbildern konnte nur ein komplizierter Kompromiss erwartet werden, der auf die bestehenden Machtbalancen im EU-Gefüge Rücksicht nimmt. Wie schwierig dies ist, zeigte sich sogleich auf dem Gipfel von Brüssel (12./13. Dezember 2003), als die Einigung über den Verfassungsentwurf an Polen und Spanien scheiterte. Polen wollte an seinem Stimmengewicht gemäß dem Vertrag von Nizza festhalten, Spanien fürchtete um sein Veto-Potential, das es bislang so erfolgreich in Subventionen umgemünzt hatte. Erst nach zähen Nachverhandlungen konnte sich ein zweiter Verfassungsgipfel am 17./18. Juni 2004 einigen. Gegenüber dem Konventsentwurf wurde insbesondere die Stimmengewichtung nochmals neu austariert, außerdem wurde die Kommission doch nicht verkleinert, wie ursprünglich vorgesehen, und schließlich die Anzahl der deutschen EU-Parlamentarier von 99 auf 96 verringert.

Am 29. Oktober 2004 unterzeichneten die Staats- und Regierungschefs der (damals) 25 EU-Mitgliedsstaaten den Verfassungsvertrag, und zwar an dem Ort, an dem schon die Europäischen Gründungsverträge besiegelt worden war, im Saal der Horatier und Curiatier im Capitol in Rom. Damit begann der auf zwei Jahre angelegte Ratifikationsprozess, der nach den Regeln der einzelnen Nationalstaaten stattfand – d. h. in einigen Staaten wurden die Bevölkerungen in Volksabstimmung befragt, in anderen – wie Deutschland – nicht.

Der Verfassungsvertrag enthält eine Reihe von Bestimmungen, die die Verfahrenseffizienz steigern sollen. Die Befugnisse des nun hauptamtlichen Ratspräsidenten werden erweitert, und seine Amtsdauer wird verlängert. Ein Außenminister, der zugleich einer der Vizepräsidenten der Kommission ist, soll die Union nach außen vertreten. Eine Ausdehnung der qualifizierten Mehrheitsentscheidungen ist vorgesehen, wenngleich in den Bereichen der Sicherheits- und Verteidigungspolitik, der Steuer- und Sozialpolitik das Einstimmigkeitsprinzip weiter bestehen bleibt und für die Wirtschaft- und Finanzpolitik statt der allgemeinen 55 Prozent-Mehrheit die Zustimmung von 72 Prozent der EU-Staaten erforderlich ist.

Andere Bestimmungen sollen das demokratische Defizit der EU verkleinern. Nicht mehr nur das Europäische Parlament, sondern auch der Ministerrat soll nun öffentlich tagen, wenn Gesetzesvorschläge beraten oder beschlossen werden[6]. Neu eingeführt wurde eine europäische Bürgerinitiative, die es einer Gruppe von EU-Bürgerinnen und -Bürgern (mindestens eine Million Bürger, die aus einer „erheblichen Anzahl von Mitgliedstaaten" stammen (Art. I-47 EVG) ermöglichen soll, die Ausarbeitung europäischer Rechtsvorschriften einzuleiten. Neu am Verfassungsvertrag ist ferner, dass die Grundrechtscharta ins Primärrecht eingeführt wird, was bislang am britischen Widerstand scheiterte. Dies könnte möglicherweise dem EuGH ein neues Einfallstor für seine bekanntermaßen integrationsfreundliche Rechtsprechung eröffnen (siehe nächsten Abschnitt). Das Europaparlament erhält mehr Mitsprache in Fragen der inneren Sicherheit und der Gemeinsamen Außenpolitik. Seine Budgethoheit umfasst nun auch den Agrarsektor, mit etwa 45 % der weitaus größten Einzelposten im EU-Etat. Es kann mit einem Misstrauensvotum die Kommission zum Rücktritt zwingen, und der vom Rat vorgeschlagene Präsident der Kommission bedarf seiner Zustimmung. Die Anzahl seiner Mitglieder steigt auf 750, mit einem Minimum von sechs und einem Maximum von 96 Sitzen pro Staat.

Über den Verfassungsvertrag wurde ob seiner Länge (349 Seiten), seinen bisweilen skurrilen Bestimmungen, v. a. aber seiner Kompliziertheit viel gelästert. Entscheidend jedoch ist die Frage, ob er seinem selbst gesteckten Ziel gerecht wird, die EU handlungsfähiger, entscheidungsfreudiger, transparenter und demokratischer zu machen. Zumindest Fortschritte sind unverkennbar. So sind die Zuständigkeiten zwischen der Union und ihren Mitgliedern nun klarer geregelt. Eine

---

6   Siehe http://video.consilium.europa.eu/en/webcasts

weitere Ausdehnung der Kompetenzen der Union ist nach dem Subsidiaritätsprinzip eigens begründungspflichtig. Bei vermuteten Verstößen können die nationalen Parlamente Stellungnahmen abgeben und notfalls beim Europäischen Gerichtshof klagen.

Weiter verkompliziert wurde hingegen das Verfahren der qualifizierten Mehrheitsentscheidung. Die erforderliche Doppelmehrheit beträgt nach dem in Brüssel erzielten Kompromiss nun 55 Prozent der Mitgliedstaaten (damals waren dies 15, nach den Erweiterungen mit Bulgarien und Rumänien [2007] und Kroatien [2013] sind dies 16 Mitgliedstaaten) sowie 65 Prozent der EU-Gesamtbevölkerung. Andererseits muss die Blockademinderheit mindestens vier Staaten umfassen. Zudem können Ratsmitglieder, die mindestens drei Viertel der notwendigen Blockademinderheit hinter sich haben (entweder in Anzahl der Staaten oder der Bevölkerung), eine weitere Diskussion verlangen und damit Beschlüsse zumindest verzögern.

Der Vertrag über eine Verfassung für Europa sollte ursprünglich am 1. November 2006 in Kraft treten, doch lehnten ihn die Bürger in den EU-Kernländern Frankreich und den Niederlanden im Mai und Juni 2005 ab (zu den Gründen s. Haller 2009: 445–453). Die gescheiterten Referenden zwangen die Staats- und Regierungschefs zu einer „Denkpause": wie mit der Ablehnung durch die Bevölkerungen umgehen? Anfang 2007 beschlossen sie, die entscheidenden Elemente des Verfassungsvertrags zu retten, dies aber nur als Änderungen bestehender Verträge und nicht als neuen Vertrag zu interpretieren. Mit diesem „Trick" wurde die Notwendigkeit neuer Referenden (außer in Irland) umgangen. Wie es scheint, sind nicht nur die Bevölkerungen gegenüber den Versprechungen des europäischen Einigungswerks misstrauischer geworden; auch die Eliten vertrauen den Bürgern nicht mehr. Der so entstandene „Vertrag von Lissabon" (auch EU-Reformvertrag genannt) beinhaltet die oben beschriebene Neuerungen und gab der Europäischen Union eine eigene Rechtspersönlichkeit, welche die alte Säulenkonstruktion ablöste. Genau genommen besteht er zwei Teilen: einem kurzen Vertrag über die Europäische Union (EUV oder EU-Vertrag), mit dem Grundsätzen der Union und einem umfangreichen Vertrag über die Arbeitsweise der Europäischen Union (AEUV oder AEU-Vertrag) der Aufbau, Kompetenzen und Organe der Europäischen Union beschreibt. In Art. 50 EUV wurde erstmals die Möglichkeit eines EU-Austritts erwähnt.

Dass der Austrittsmechanismus tatsächlich einmal ausgelöst werden könnte, konnte sich damals wohl niemals vorstellen. Nun aber verlässt mit dem Vereinigten Königreich erstmals ein Mitglied – noch dazu eines der wohlhabendsten und militärisch wichtigsten – die Union, weil es für sich außerhalb eine bessere Zukunft verspricht als innerhalb. Der Austritt dürfte, wie in Abbildung 5 angedeutet, 2019 offiziell vollzogen werden.

3.2 Die wichtigsten Akteure und Entscheidungsverfahren

Schon der Blick auf die Entstehung und die Entwicklung der Europäischen Union veranschaulicht, dass wir es mit einem äußert komplizierten Gebilde zu tun haben müssen. In dieser Einführung geht es nicht darum, ihre institutionelle Gestaltung und die – nach den jeweiligen Vertragsbereichen unterschiedlichen – Entscheidungsabläufe im Einzelnen nachzuzeichnen. Für unsere Zwecke genügt ein kurzer Blick auf die wesentlichen Institutionen und Befugnisse, wie sie sich nach dem Vertrag von Lissabon darstellen. Die Konfiguration Europäische Union lässt sich zunächst als Dreieck beschreiben, wobei der Europäische Gerichtshof eine exzentrische Position einnimmt (Abbildung 6).

Zentrales Lenkungsorgan der EU – vor allem hinsichtlich grundsätzlicher Linien – ist der Europäische Rat. Er besteht aus den Staats und Regierungschefs der Mitgliedsländer und trifft sich mehrmals im Jahr. Der Ministerrat weist keine permanente Mitgliedschaft auf, sondern besteht aus den jeweils zuständigen Fachministern. Ein Großteil der Arbeit wird aber durch den ständigen Ausschuss der permanenten Repräsentanten erledigt. Dieser besteht aus Beamten in Botschafterrang, die Kommissionsvorschläge prüfen und mit ihren nationalen Behörden Kontakt halten. Der Ministerrat fasst seine Beschlüsse auf der Basis der Vorschläge der Kommission und in Abstimmung mit dem europäischen Parlament, dem Sozial- und Wirtschaftsausschuss und den anderen zuständigen Gremien der Gemeinschaft. Die meisten Ratsbeschlüsse werden, wie in 3.2 dargestellt, mittels „qualifizierter Mehrheit" gefasst, wobei es zu einer formalen Abstimmung nur selten kommt. Da der Rat letztlich über die Politik der Gemeinschaft entscheidet, ist er de facto ihre gesetzgebende Versammlung; seine legislativen Rechte sind jedoch dadurch begrenzt, dass er Richtlinien und Direktiven nicht initiieren kann.

Dieses Vorschlagsund Initiativrecht liegt bei der Kommission, die so das supranationale Element der Gemeinschaft und ihren integrativen Motor darstellt. Sie ist als „Hüter der Verträge" dafür verantwortlich, dass die Verträge und das Gemeinschaftsrecht eingehalten und von den Mitgliedsstaaten respektiert werden. Notfalls beschreitet sie den Klageweg vor dem Europäischen Gerichtshof. Sie überwacht die Implementation der Gemeinschaftspolitiken und repräsentiert die Gemeinschaft bei Vertragsverhandlungen mit Nicht-Mitgliedsstaaten. Diese Implementation variiert in den einzelnen Mitgliedsstaaten erheblich (Zhelyazkova/Cansarp/Schrama 2016). Dies hat auch damit zu tun, dass nur Verordnungen der EU unmittelbar in jedem Mitgliedstaat gültig sind, während Richtlinien (Direktiven) – die zahlenmäßig bei weitem überwiegen – erst in nationales Recht gegossen werden müssen, bevor sie Rechtswirksamkeit erlangen. Wie die Mitgliedsstaaten dies tun, steht ihnen weitgehend frei. EU-Recht muss also im Regelfall erst durch die nationalen Parlamente umgesetzt und von den nationalen Verwaltun-

Die wichtigsten Akteure und Entscheidungsverfahren

Abbildung 6 Das Institutionelle Dreieck der Europäischen Union

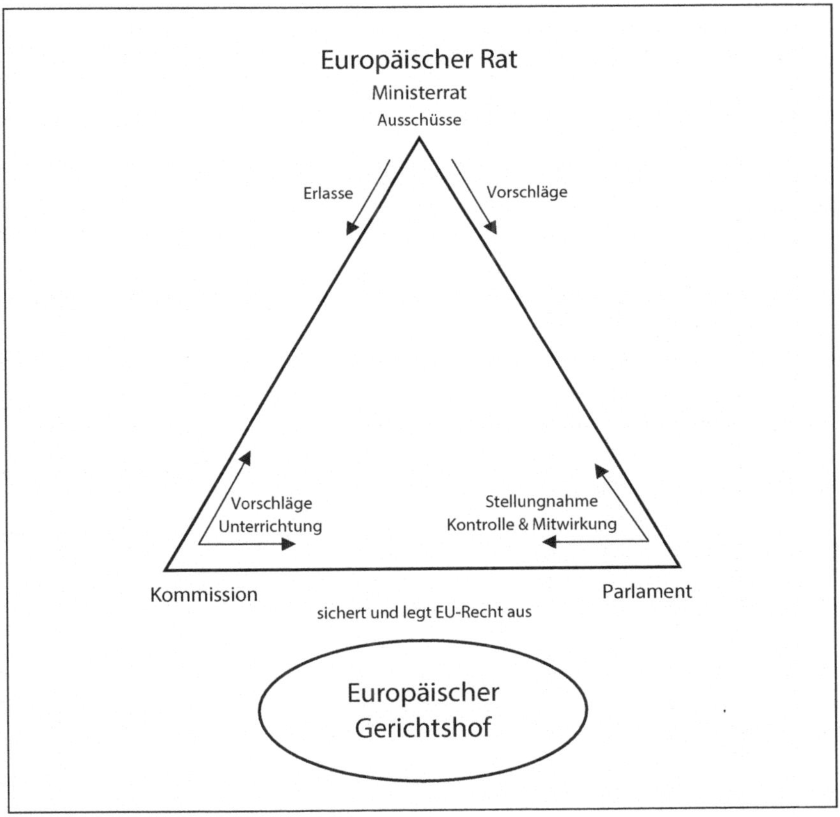

Europäischer Rat
Ministerrat
Ausschüsse

Erlasse — Vorschläge

Kommission — Vorschläge / Unterrichtung — Stellungnahme / Kontrolle & Mitwirkung — Parlament

sichert und legt EU-Recht aus

Europäischer Gerichtshof

gen ausgeführt werden. Dies trägt erheblich dazu bei, dass der tatsächliche Einfluss der EU-Gesetzgebung nur unzureichend sichtbar wird.

Weil sich die EU der nationalen Bürokratien bedienen kann, ist sie ein vergleichsweise schlankes Herrschaftssystem. Direkt für die Europäische Union arbeiten etwa 60 000 Personen, davon rund 35 000 für die Kommission. Diese vergleichsweise geringe Zahl wird oft als Beweis für eine besonders effiziente EU-Bürokratie aufgeführt. Es müssen aber nicht nur die nationalen Beamten berücksichtigt werden, die in unzähligen Ausschüsse und Sitzungen in Brüssel, Straßburg und den anderen Stätten der europäischen Entscheidungsfindung mitwirken (Bach 2005), sondern auch die „EU-Stellvertreter Bürokratie" (Haller 2009: 238), also jene Teile der nationalen Verwaltungen, die die sich überwiegend oder ausschließlich mit EU-Agenden beschäftigen.

Bislang ist der EU nicht gelungen, eigene Steuern durchzusetzen. Ihre Einnahmen fliesen ihr vielmehr von Mitgliedsländern zu. Für den Haushalt gelten Obergrenzen, die im mehrjährigen Finanzrahmen festgelegt sind. Für 2018 sind 144,7 Milliarden Euro geplant, die „Mittel für Verpflichtungen" betragen sogar 160,11 Milliarden. Die Mittel für Verpflichtungen geben an, bis zu welcher Höhe die EU im jeweiligen Jahr Ausgaben beschließen kann. Größte Netto-Zahler sind traditionell die Niederlande, Schweden, Deutschland und das Vereinigte Königreich. Deutschland zahlte 2015 beispielsweise – rein fiskalisch betrachtet – 176 EUR mehr in den Gemeinschaftshaushalt pro Kopf ein, als es aus ihm erhielt (zum Vergleich: die Netto-Position Bayerns im Länderfinanzausgleich betrug 2017 466 EUR pro Kopf).

Das repräsentative Element der Gemeinschaft scheint das europäische Parlament zu sein. Scheint, weil es in mehrfacher Hinsicht in dieser Funktion beeinträchtigt ist, obgleich seine Mitglieder seit 1979 direkt, wenn auch auf der Basis unterschiedlichen nationalen Wahlrechts gewählt werden (Nohlen 2004). Es ist keine „normale" Legislative. Das Parlament hatte im legislativen Prozess zunächst eher eine beratende Rolle gespielt. Schritt für Schritt sind ihm jedoch neue Befugnisse und weitere Verfahrens- und Zustimmungsrechte zugefallen. Auch seine Haushaltsbefugnisse wurden erweitert und umfassen nach dem Reformvertrag mit dem Agrarbereich endlich auch den größten Ausgabenblock. Allerdings sind die grundlegende Schwerpunkte und Höchstbeträge im mehrjährigen Finanzrahmen vorgegeben, der vom Europäischen Rat beschlossen wird. Die Kommission kann es nur als Ganzes wählen bzw. ihr als Ganzes das Misstrauen aussprechen und ihr Präsident wird vom Europäischen Rat „unter Berücksichtigung" des Ergebnis der Europawahlen vorgeschlagen, wenngleich diese Kleiderordnung in der Europawahl 2014 ein wenig verwischt wurde. Im Wahlkampf hatten die Spitzenkandidaten der Sozialdemokraten und der Konservativen, Martin Schulz und Jean-Claude Juncker, den Eindruck erweckt, als entscheide ihr Abschneiden über den künftigen Kommissionspräsidenten. Im Unterschiede zu den (meisten) nationalen und teilweise auch den regionalen Parlamenten verfügt das Europaparlament somit über keine regierungsbildende Funktion. Dennoch ist festzuhalten, dass im Laufe der Zeit – mit Ausnahme des Initiativrechtes – das europäische Parlament mit jenen Rechten ausgestattet wurde, die für die parlamentarische Ausprägung der Demokratie konstitutiv sind (Kielmansegg 2015: 153).

Damit ist das Institutionengefügt der Europäischen Union noch keineswegs erschöpft. Besonders müssen der Europäische Gerichtshof (Luxemburg) und die die Europäische Zentralbank (Frankfurt/Main) hervorgehoben werden. Der Europäischen Gerichtshof (EuGH) als das judikative Element der Gemeinschaft interpretiert und setzt die Anwendung des Gemeinschaftsrechts durch. Seine Rolle im Integrationsprozess wurde häufig unterschätzt. Der Gerichtshof nutzt bei der Interpretation des Gemeinschaftswerkes erhebliche Spielräume – und zwar in der Regel zugunsten einer Ausweitung von Gemeinschaftsbefugnissen.

Zuletzt schien es, als würde sich der EuGH in seiner aktivistisch integrationsfreundlichen Rechtsprechung etwas zurückhalten. So wurde das Gutachten des Europäischen Gerichtshofs (EuGH) vom 16. Mai 2017 zum Freihandelsabkommen der EU mit Singapur von seinen Kritiker begrüßt, da es für das Abkommen eine Mitbeteiligung der EU-Mitgliedstaaten zugestanden habe. Ein genauerer Blick in das Gutachten zeigt aber, dass die EU der Beteiligung mitgliedstaatlicher Parlamente nur in einem ganz engen Bereich (Portfolioinvestitionen und internationale Schiedsgerichtsbarkeit, soweit Mitgliedstaaten direkt verklagt werden können) bedarf. Die genannten Sachbereiche können in künftigen umfassenden Freihandelsabkommen problemlos ausgeklammert werden.

Eine immer stärkere Rolle fiel im Zuge der seit 2007 andauernden Finanzkrise der Europäischen Zentralbank zu. Beispielsweise hat sie seit 2014 auch die Bankenaufsicht inne. Eine Fülle neuer Regelwerke und Instrumente wurde zur Bewältigung der Eurokrise geschaffen, die eine unterschiedene Anzahl von Euro- und Nicht-Euro-Staaten betroffen. Darauf geht Kapitel 6 ein.

Weitere Akteure sind u. a. der Wirtschafts- und Sozialausschuss, der Ausschuss der Regionen, der Europäische Rechnungshof, die Europäische Agentur für die Grenz- und Küstenwache (Frontex) und weitere zahlreiche Institutionen, über deren Standorte meist heftig gerungen wird, so z. B. das Inspektionsbüro für Veterinär- und Pflanzenschutzkontrolle im irischen Grange oder das Zentrum für die Förderung der Berufsbildung in Saloniki.

3.3 Fazit

Bereits diese kurze Übersicht macht deutlich, dass das im Grunde genommen geteilte, wenn auch vage Ziel der europäischen Einigung weiterhin heftige Auseinandersetzungen über das Was, Wie und Wieweit der Integration hervorrufen dürfte. Auch nach dem Reformvertrag bleibt die EU eine komplizierte Gemengelage föderativer und zwischenstaatlicher Elemente. Keiner ihrer inneren Widersprüche wird in Zukunft verschwinden.

Diese betreffen zu einem die Handlungsfähigkeit der Union. Während die Balance zwischen „Erweiterung" und „Vertiefung" nach der Osterweiterung noch gut bewältigt werden konnte, rückten mit der Finanzkrise die Mitgliedsländer und auch die Europäische Zentralbank in einem Maße in das Zentrum des Handelns, das dem im Reformvertrag gefundenen institutionellen Gleichgewicht zwischen den EU-Organen im Grunde widerspricht. Es wirft zudem die Frage nach dem Verhältnis zwischen den neun EU-Staaten ohne Euro und den 19 Staaten auf, die den Euro als offizielle Währung besitzen.

Ein zweites Problem betrifft die potenzielle Widersprüchlichkeit zwischen den Zielen der Schaffung eines gemeinsamen Marktes auf der einen Seite und der regionalen Harmonisierung auf der anderen Seite. Die Frage ist, ob sich die Unterschiede zwischen den nationalen Volkswirtschaften durch den Binnenmarkt weiter verschärfen werden.

Ein drittes Problem ist das „demokratische Defizit", an dem die Gemeinschaft laboriert und das ihre Glaubwürdigkeit und Verankerung in der Bevölkerung zu beeinträchtigen droht. Diese, keineswegs vollständige, Liste von Herausforderungen soll in den folgenden Kapiteln vertieft werden.

Das Europäische Sozialmodell – Vergangen vor seiner Zeit?

4

Das Europäische Integrationsprojekt wollte nie nur eine wirtschaftliche Veranstaltung sein. Als Jacques Delors, der wohl einflussreichste Kommissionspräsident, Mitte der 1980er Jahre den gemeinsamen Binnenmarkt auf den Weg brachte, sollte dies gleichzeitig ein Hebel für den Ausbau der sozialen Dimension sein (Bornschier 2000). Eine Gemeinschaft ohne „soziale Dimension" war für ihn nicht vorstellbar. Auch im Entwurf der Verfassung der Europäischen Union wird die Idee des Europäischen Sozialmodells zu Legitimationszwecken herangezogen, obwohl dies in der französischen Abstimmungsdebatte bestritten wurde. Dies wurde auch in den Vertrag von Lissabon übernommen. Nicht bloß von einer „Marktwirtschaft" ist dort die Rede, sondern von einer „sozialen". Die Union „bekämpft soziale Ausgrenzung und Diskriminierungen und fördert soziale Gerechtigkeit und sozialen Schutz, die Gleichstellung von Frauen und Männern, die Solidarität zwischen den Generationen und den Schutz der Rechte des Kindes" (Art. 3 Abs. 3 EUV).

Viele Kontinental- und Nordeuropäer sehen in ihren Wohlfahrtsstaaten wie selbstverständlich ein gesellschaftliches Merkmal, das sie über alle Unterschiede hinweg eint und gegen andere Wirtschaftsmodelle – v. a. dem amerikanischen – abgrenzt[7]. Die Idee des Europäischen Sozialmodells speist sich aus der Überzeugung, dass es eine Balance zwischen wirtschaftlicher Leistungsfähigkeit und sozialer Gerechtigkeit gibt. Wirtschaftswachstum und sozialer Fortschritt sind demnach nicht nur gleichzeitig möglich, sondern bedingen einander. Um die Balance zu erreichen, soll der wirtschaftliche Konkurrenzkampf durch Mechanismen des sozialen Ausgleichs eingehegt werden (Scharpf 1999: 159).

---

7   Für eine prägnante Übersicht über die zentralen Abschnitte der Geschichte des Wohlfahrtsstaates in Europa seit 1945 siehe Hartmut Kaelble (2012); eine faktenreiche Übersicht mit Stand 2005 bieten Bahle, Kohl und Wendt (2010); aktuelle Lehrbücher zum Wohlfahrtsstaatsvergleich sind Schmid (2010) und Dallinger (2016).

Was aber wären die Merkmale eines solchen Modells? Existiert es überhaupt, hat es zumindest früher existiert? Diese Frage soll in Abschnitt 4.1 beantwortet werden. Abschnitt 4.2 fragt nach der möglichen Europäisierung: Kommt es zu einer Angleichung, und welchen Einfluss nimmt die EU auf die Reichweite und die Ausgestaltung sozialer Rechte? Der letzte Abschnitt betrachtet die Aussichten europäischer Wohlfahrtsstaaten in einer diesen möglicherweise feindlich gewordenen Umwelt.

4.1 Gibt es das Europäische Sozialmodell?

Ein Sozial- oder Wohlfahrtsstaat kann zunächst als die Institutionalisierung von Sozialpolitik verstanden werden, also als ein System, das den Einzelnen gegen wichtige Risikobereiche der Industriegesellschaft schützt. Darüber hinaus verbinden sich mit dem Sozialstaat auch wirtschafts- und reformpolitische Absichten verschiedenster Art. Man kann ihn deshalb auch im engeren und im weiteren Sinne definieren.

Im engeren Sinne sichert der Sozialstaat gegen die vier klassischen Risiken ab: gegen Unfall, Alter, Krankheit und Invalidität. Der bekannteste Indikator, der zu seiner Messung herangezogen wird, ist die Sozialleistungsquote. Sie misst den Anteil öffentlicher Sozialleistungen am Bruttoinlandsprodukt. Der Zähler umfasst – nach der OECD-Klassifikation – öffentliche Aufwendungen für die Sicherung des Einkommens, öffentliches Gesundheitswesen, Familiengeld und Sozialhilfe. Andere Abgrenzungen rechnen auch Ausgaben für Wohnung, Bildung und sozialpolitisch motivierte Steuerbegünstigungen hinzu. Schließlich ist noch daran zu erinnern, dass Sozialleistungen auch privat erbracht – z. B. unentgeltlich in der Familie – oder eingekauft werden. So ist das im internationalen Vergleich sehr teure Gesundheitswesen der USA überwiegend privat finanziert.

Im weiteren Sinne versteht man den Sozialstaat als einen Staat, der sich für mehr soziale Gerechtigkeit einsetzt. Die Bedürfnisbefriedigung ist somit nicht nur materiell zu sehen, sondern schließt auch die Chance der Selbstverwirklichung ein. Diese zweite Bedeutung entspricht der Idee des Europäischen Sozialmodells. Es geht um die soziale Teilhabe der Staatsbürger an der Gesellschaft (Marshall 1992) und um die Verbesserung der Lebenslage von sozial schwachen oder gefährdeten Bevölkerungsschichten (Weisser 1978). So ist in den Artikeln 20 und 28 des Grundgesetzes die Bundesrepublik auf den sozialen Rechtsstaat verpflichtet. Damit wird eine Verbindung rechtsstaatlicher und sozialstaatlicher Verfassungsprinzipien angestrebt. Zum Rechtsstaat gehören die Freiheitssicherung des Einzelnen, die Rechtsgleichheit und Rechtssicherheit der Bürger, die Verfassungs- und Gesetzmäßigkeit der staatlichen Gewalt und nicht zuletzt die Gewaltenteilung. Zugleich ist der Staat als Sozialstaat auf das Ziel einer gerechten Sozialordnung verpflichtet, bei der die Bürger vor individuellen Lebensrisiken geschützt, soziale Gegensätze gemildert und unsoziale Folgen der Wirtschafts- und Eigentumsordnung ausgeglichen werden sollen.

Das System der sozialen Sicherung kann nach drei grundlegenden Prinzipien gestaltet werden: dem Versicherungs-, dem Versorgungs- und dem Fürsorgeprinzip. Beim Versicherungsprinzip wird die Sicherung individuell nach dem versicherungstechnischen Äquivalenzprinzip organisiert, d. h. Beiträge und Leistungen sollen sich entsprechen. Dieses Prinzip kann aus Gründen der Solidarität jedoch auch modifiziert werden. Prinzipiell ist die auf Gegenseitigkeit beruhende soziale Sicherung auch über die Privatwirtschaft organisierbar. Im Gegensatz dazu steht nach dem Versorgungsprinzip den betroffenen Personen ein nach Art und Höhe unabhängig von den geleisteten Beiträgen normierter Anspruch zu. Nach dem Fürsorgeprinzip wiederum wird bei Eintritt eines Schadensfalles der betreffenden Person ebenfalls ohne vorhergehende Beitragsleistungen Unterstützung gewährt, der Leistung geht jedoch die Bedürftigkeitsprüfung voraus. Das in der Bundesrepublik bestehende System der sozialen Sicherung ist in der Hauptsache nach dem Versicherungsprinzip organisiert. Nur für bestimmte Bevölkerungsgruppen, die der Allgemeinheit „besondere Dienste" erweisen (Beamte) oder besondere Opfer auf sich genommen haben (Kriegsopfer, Vertriebene) gilt das Versorgungs-, für besondere Notsituationen das Fürsorgeprinzip (Sozialhilfe), deren Mittel von den Gemeinden aufgebracht werden müssen. Dieses System ist nach Risiken, Berufen und Regionen vielfältig gegliedert, und seine Trägerschaft wird von den Versicherten und Beitragszahlern in gemeinsamer Selbstverwaltung ausgeübt. Im Zentrum steht dabei das Arbeitsverhältnis.

Größte Position im Sozialbudget, das die Bundesregierung regelmäßig vorlegen muss und in dem die Kosten der sozialen Sicherung nach den einzelnen Ausgabeposten aufgeschlüsselt sind, sind mit einem Anteil von etwa 40 Prozent die zusammengerechneten Posten „Alter und Hinterbliebene", gefolgt von „Gesundheit" mit gut 30 Prozent. Der erste Posten ist im europäischen Vergleich unter-, der zweiten überdurchschnittlich (Abbildung 7). Negativ für die gesetzliche Rentenversicherung wirkte sich die damalige Entscheidung der Regierung Kohl aus, einen Teil der Sozialasten der Vereinigung ihren Beitragszahlern aufzubürden.

Der Vergleich zwischen 1960 und 2015 zeigt, dass besonders die Gesundheitskosten prozentual und absolut gestiegen sind. Die mit der Massenarbeitslosigkeit und dem Wirtschaftsumbruch in Ostdeutschland zunächst dramatisch gestiegenen Ausgaben für Beschäftigung, Berufliche Bildung, Mobilität und Arbeitslosigkeit sind mit der verbesserten Wirtschaftslage hingegen wieder zurückgegangen. Damit rückt die Stabilisierung der Sozialleistungsquote auf unter 30 Prozent des Bruttoinlandsprodukts wieder in den Bereich des Möglichen.

Abbildung 7 Sozialbudget – Entwicklung und Ausgaben nach ausgewählten Funktionen, 1950 bis 2016

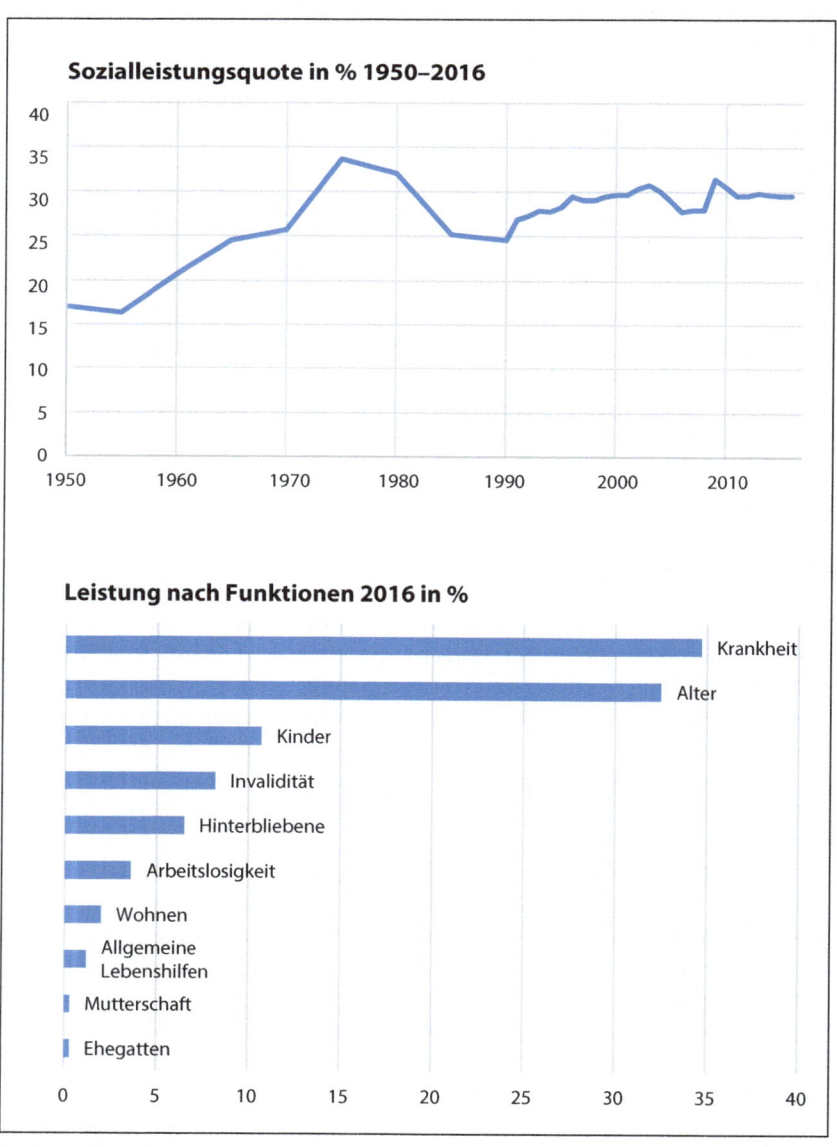

Quelle: Sozialbericht 2017.

Die Gestaltungsprinzipien der Bundesrepublik sind aber nur eine mögliche Form des Wohlfahrtsstaates. Wie noch zu zeigen sein wird, hat sich dieser in den verschiedenen Gesellschaften sehr unterschiedlich entwickelt. Lassen sich dennoch gemeinsame Eigenheiten der (EU-)europäischen Wohlfahrtsstaaten bestimmen? Dies soll in (a) zeitlicher, (b) quantitativer und (c) ideengeschichtlicher Hinsicht überprüft werden. Selbst wenn europäische wohlfahrtsstaatliche Gemeinsamkeiten und Ähnlichkeiten festgestellt werden sollten, stellt sich die Frage (d), wie stark diese Ähnlichkeiten sind.

a) Zunächst ist festzuhalten, dass der Wohlfahrtsstaat eine europäische Erfindung ist. Zwar kann der Sozialstaat als ein generelles Strukturphänomen des Modernisierungsprozesses betrachtet werden und findet sich deshalb in allen industriellen Gesellschaften. Er ist als Reaktion auf die „soziale Frage" des 19. Jahrhunderts entstanden. Da diese Frage und die mit ihr verbundenen Arbeiterbewegungen in Europa aber sehr viel schärfer auftraten als anderswo, wurde hier zu allererst der Sozialstaat als Instrument sozial- und wirtschaftspolitischer Gestaltung und gesellschaftlicher Konfliktbegrenzung entworfen. Beides – das industrieintensive europäische Beschäftigungsmuster und die damit verbundene Stärke der (reformistischen) Arbeiterbewegung – sind keinesfalls universale Modernisierungsmerkmale (Therborn 2003; Lipset/Marks 1996).

Weitere historische Umstände für den europäischen Weg der Sozialpolitik kommen hinzu. Da sind die früher schon bestehenden Traditionen öffentlicher Sicherheit, vor allem aber die „spezifisch europäische Tradition des bürokratischen Interventionsstaates mit selbst zugeschriebener Gemeinwohlorientierung" (Aust/Leitner/Lessenich 2002: 282). In Europa hatte sich ein bürokratischer Anstaltsstaat entwickelt, der dem Bürger verordnend und gestaltend gegenübertrat. Unter dem Einfluss christlich-konservativer und sozialistischer Bewegungen hat sich dieser Anstaltsstaat auch sozialpolitisch ausgedehnt. Hartmut Kaelble (1997) führt als historisch prägenden Umstand ferner die europäische Familie an. Das europäische Familienleben schloss eine frühere Ablösung von der Herkunftsfamilie ein, was einerseits die Mobilitätsbereitschaft förderte, andererseits auch soziale Absicherungen außerhalb des Familienverbandes nötig machte.

In den meisten westeuropäischen Ländern wurden die ersten staatlichen Sozialversicherungen schon vor oder kurz nach der vorletzten Jahrhundertwende aufgelegt. In der Aufbauphase zwischen 1880 und dem Ersten Weltkrieg wurden erstmals Systeme für Kranken-, Unfall- und Alterssicherung eingeführt. Die frühen Sozialversicherungsprogramme hatten noch stark experimentellen Charakter. Sie betrafen fast ausschließlich die Arbeiterschaft, doch auch hier nur eine Minderheit von vielleicht einem Viertel, und dürfen in ihrer Wirksamkeit keinesfalls überschätzt werden.

In der Ausbauphase in der Zwischenkriegszeit kamen zum einen neue Risikoabsicherungen hinzu. An erster Stelle ist hier die Arbeitslosenversicherung zu nennen, die in Deutschland 1927 eingeführt wurde und die einerseits einen entscheidenden Bruch mit wirtschaftsliberalen Vorstellungen darstellte, andererseits die Bürokratie vor erhebliche versicherungsmathematische, administrative und technische Probleme stellte. Ein weiteres neues Risiko, das nun versicherungsfähig wurde, war das der Berufsunfähigkeit. Daneben wurden in der Ausbauphase neue Bevölkerungsgruppen von der sozialen Sicherung erfasst, so die Familienmitglieder in der Renten- und Krankenversicherung.

Am Ende der Zwischenkriegszeit hatten fast alle westeuropäischen Länder eine staatliche Altersversorgung eingeführt, Unfall- und Krankenversicherung waren meistens obligatorisch. In den skandinavischen Ländern war es sogar noch vor dem Zweiten Weltkrieg zum Aufbau von Volksversicherungssystemen gekommen. Schon um die Jahrhundertwende hatten Dänemark (1891) und Schweden (1913) eine allgemeine und steuerfinanzierte – also nicht nur wie die bismarcksche Sozialgesetzgebung (1883, 1884, 1889) auf Arbeiter beschränkte und stark einkommensdifferenzierte – Rentenversicherung eingeführt. „In den meisten außereuropäischen Industriegesellschaften begann dagegen diese Vorgeschichte des Wohlfahrtsstaates erst in den 1930er Jahren oder sogar erst im Zweiten Weltkrieg und danach" (Kaelble 1997: 38).

In der Expansionsphase seit den fünfziger Jahren kam es zu einer vielfältigen Reorganisation, zu einer dramatischen Leistungssteigerung und zu einer Ausdehnung auf fast alle Bevölkerungsschichten. In Großbritannien wurde unter der Labour-Regierung von Clemens Attley 1948 die National Insurance eingeführt, auf Plänen beruhend, die von Lord Beverdige (1879–1963) 1942 ausgearbeitet worden waren. Sie fasste Kranken-, Arbeits-, Unfall- und Arbeitslosenversicherung mit Mutterschafts- und Familienbeihilfen in einem einheitlichen System der Volksversicherung zusammen und richtete einen unentgeltlichen, staatlichen Gesundheitsdienst ein. In Deutschland kam es 1957 zur Dynamisierung der Rente, die zum Teil erhebliche Leistungssteigerungen mit sich brachte und die Altersversorgung an der wirtschaftlichen Entwicklung partizipieren ließ. Wohn- und Kindergeld wurden eingeführt, die Sozialversicherung auch auf Selbstständige ausgedehnt und Pflegebedürftigkeit besser abgesichert.

Diese zwei bis drei Jahrzehnte gelten als die „klassische Phase" des europäischen Wohlfahrtsstaates (Raphel 2004). Doch es wurde auch Kritik laut, etwa an seiner das männliche Erwerbsmodell einseitig begünstigenden Ausgestaltung (Langan/Ostner 1991; Orloff 1993; O'Connor 2005). Vor allem aber kam es seit Mitte der siebziger Jahre in fast allen westlichen Staaten zu einer Stagnation. Einerseits war die Einnahmeseite von der Wirtschaftskrise negativ betroffen, andererseits stiegen die Ausgaben, und zwar nicht nur mit der Zahl der Arbeitslosen, sondern mit der im Verhältnis zu den Erwerbstätigen zunehmenden Zahl älterer Menschen. Für kostenträchtige neue Programme war da kein Platz. Stieg die Sozialquote im OECD-Durchschnitt zwischen 1960 und 1973/74 von 13 auf 25 und wuchs damit doppelt so schnell wie die Wirtschaft, so blieb in der darauf folgenden Periode ihr Anteil bei 27 Prozent des BIP bis 1990 fast konstant um nach der Jahrtausendwende wieder leicht zu sinken.

Eine neue Bedrohung für den europäischen Wohlfahrtsstaat stellt die Finanz- und Schuldenkrise seit 2008 dar. Sie wurde zwar nicht von steigenden staatlichen Sozialausgaben, sondern von der Finanzindustrie ausgelöst, könnte aber interessierte Akteure in Europa einen Anlass bieten, „die hohen europäischen Sozialausgaben als den optimale[n] Steinbruch für den Abbau der öffentlichen Ausgaben Europa" (Kaelble 2012: 84) zu missbrauchen (dazu Kapitel 8).

b) Der zeitliche Vorsprung West- und Nordeuropas im Aufbau der sozialen Sicherungssysteme wird auch im Ausmaß der Sozialausgaben und im Anteil der abgesicherten Bevölkerung sichtbar. Tabelle 2 zeigt, dass die Sozialquoten der meisten westeuropäischen Länder auf hohem Niveau stagnieren, auf höherem jedenfalls als die angelsächsischen. Wenn auch die Unterschiede innerhalb Westeuropas deutlich sind, so weisen die USA doch eine deutlich niedrigere Sozialquote auf. Dieser Befund bedarf aber einer zweifachen Ergänzung: Erstens besitzen die neuen mittel- und osteuropäischen Mitgliedsländer deutlich niedrigere Sozialleistungsquoten als die alten. Würde man zweitens die nicht-öffentlichen Sozialleistungen einbeziehen, die von Unternehmen und Haushalten erbracht werden, und auch die sozialpolitisch relevanten Begünstigungen und Belastungen berücksichtigen, würden die für die USA ausgewiesenen Werte steigen. Denn niedrige (öffentlich finanzierte) sozialstaatliche Leistungen sind keineswegs mit der Befreiung von sozialen Lasten gleichzusetzen; werden Risiken nicht über den Staat abgesichert, fallen trotzdem Kosten an, die anders, nämlich in aller Regel weniger gleich, verteilt sind (Albers 2002).

Tabelle 3 fasst einige Indizes zusammen, die die soziale Sicherheit von Erwerbspersonen wiedergeben sollen. Die beiden Indizes können zwischen 0 und 1 schwanken. Der Index für Beschäftigungsschutz setzt sich aus der Gesetzgebung für Beschäftigungssicherheit, dem Schutz gegen Massenentlassungen und dem betriebsbedingten Kündigungsschutz zusammen. Der Index für Arbeitslosenschutz ist umso höher, je höher das Arbeitslosengeld ist, je länger es bezahlt wird und an je weniger Bedingungen es geknüpft ist. Die Tarifvertragsdichte gibt an, wie viel Prozent der Beschäftigungen tarifvertraglichen Regelungen unterliegen. Die Gewerkschaftsdichte schließlich besagt, wie hoch der Anteil der Beschäftigten ist, der gewerkschaftlich organisiert ist. Auch diese Zahlen deuten darauf hin, dass das Sozialschutzniveau in Westeuropa höher und die Rolle der Sozialpartner

Tabelle 2 Die Entwicklung der Sozialquoten im Vergleich

	1960	1970	1980	1990	1997	2013
Belgien	14,2	18	25,6	26,72	25,1	30,1
Dänemark	11,1	16,4	29,4	29,01	30,8	33,0
Deutschland	16,1	16,8	25,4	24,51	27,7	29,0
Finnland	9,6	13,1	18,9	25,15	29,5	31,1
Frankreich	13,9	14,6	23,5	26,91	29,6	33,9
Griechenland			11,5	20,0	24,3	26,0
Großbritannien	11	13,8	18,4	19,7	21,9	28,1
Irland	9,4	11,5	17,6	19,38	17,9	22,0
Italien	12,7	16,3	18,4	24,02	26,8	29,8
Niederlande	11	19,8	29,0	29,49	25,9	31,2
Norwegen	9,4	15,5	18,8	27,16	26,55	25,0
Österreich	14	18,8	23,8	25,13	26,3	29,8
Schweden	12,4	18,8	29,8	32,18	33,7	30,0
Schweiz	10,2	12,9	18,0	20,6	21,6	24,3
USA	6,3	9,6	13,8	14,73	16,5	18,8
			1985	**1990**	**1996**	
Polen			17,0	18,7	25,1	19,4
Ungarn				18,4	22,3	20,9
Slowak. Rep.				15,9	20,9	18,3
Lettland					19,2	14,6
Tschech. Rep.				16,0	18,8	20,2
Estland				13,1	17,1	14,8
Bulgarien				16,5	13,2	17,6
Russland					10,4	

Quelle: Europa in Zahlen (2003); ILO, International Inquiries into the Cost of Social Security 2003, Wirtschaftskammer Österreich, Internationale Daten, 2015. Sozialquote in Prozent des Bruttoinlandsprodukts.

Tabelle 3 Soziale Absicherung der Erwerbspersonen im Vergleich

	Index Beschäftigungsschutz	Index Arbeitslosenschutz	Tarifvertragsdichte	Gewerkschaftsdichte
Belgien	0,56	0,82	> 90	54
Niederlande	0,8	0,89	88	23
Frankreich	0,61	0,54	90–95	10
Italien	0,81	0,18	90	38
Dänemark	0,53	0,91	83	76
Schweden	0,94	0,63	> 90	88
Finnland	0,64	0,91	> 70	79
Deutschland	0,86	0,77	67	26
Österreich	–	–	98	39
Spanien	–	–	81	16
Portugal	–	–	87	30
Großbritannien	0,25	0,11	36	30
USA	0,14	0,1	15	14

Quelle: Estevez-Abe/Iversen/Soskice (2001: 165, 168), Schulten (2004: 171, 166).

bedeutsamer ist als vor allen Dingen in den USA. Zugleich werden erneut die Unterschiede zwischen den einzelnen westeuropäischen Ländern sichtbar[8].

c) Was lässt uns – neben dem zeitlichen Vorsprung und dem quantitativen Ausbau – in ideengeschichtlicher Hinsicht von einem „europäischen Modell" des Sozialstaates sprechen? Zum einem bestand die europäische Erfindung des Sozialstaates in der Pflichtversicherung, die bis zur Volksversicherung gehen kann. D. h. die Wahlfreiheit, Mitglied einer Solidargemeinschaft sein zu können oder zu müssen, ist beschränkt. Auch Personenkreise, die sich von einer Solidargemeinschaft keine Vorteile versprechen, z. B. weil sie besonders wohlhabend sind, werden in der Regel herangezogen. Andererseits werden individuelle Lebenschancen auf der Basis individueller Rechte stabilisiert und verteilt, eine Kollektivierung findet nicht statt (Flora 1986: 30).

---

8   Vgl. hierzu jetzt auch das „soziale Scoreboard", das Trends und Fortschritte in allen EU-Mitgliedsstaaten in verschiedenen sozialen Bereichen laufend dokumentieren und vergleichen will [https://composite-indicators.jrc.ec.europa.eu/social-scoreboard; 20.12.2017].

Diese Kombination unterscheidet den „besonderen europäischen Weg" (Kaelble 1987: 80) von dem der USA ebenso wie von dem Japans und der ehemaligen Sowjetunion. Soziale Teilhabe wird weder vom Staat verordnet, wie das in den sozialistischen Gesellschaften der Fall gewesen ist, noch allein dem Markt überlassen. Es handelt sich um eine spezifische Eingriffsform des Staates in das Marktgeschehen, die eine starke Statuskomponente beinhaltet (Offe 2005): Den Marktteilnehmern kommen je nach ihrer Position bestimmte Rechte und Pflichten zu, die staatlich abgesichert sind. Diese Rechte und Pflichten beschränken zwar die Vertragsfreiheit der Bürger, vermindern andererseits aber ihre Marktabhängigkeit. Die Marktregulierung erstreckt sich über den engen Bereich des Sozialversicherungswesens und der Sozialschutzgesetzgebung hinaus auch auf Bereiche des Tarifrechts, des Banken- und Finanzwesens oder des Verbraucherschutzes.

Als weiteres Merkmal nennt Kaelble (1997: 38), dass nie eine außereuropäische Gesellschaft wohlfahrtsstaatlichen Modellcharakter entwickelt hat. Es waren immer europäische Wohlfahrtsstaaten, die im Guten wie im Schlechten als Vorbilder dienten. Während der Vorgeschichte des modernen Wohlfahrtsstaates spielten die deutsche Sozialversicherung oder die englische Gartenstadt die Rolle dieses Modells. In der Zeit nach dem Zweiten Weltkrieg waren es zunächst der englische und dann vor allem die skandinavischen Wohlfahrtsstaaten – namentlich Schweden –, die internationales Modell, lange Zeit in positivem Sinne, in den 1980er Jahren auch in negativem Sinne, waren.

d) Freilich sind nach wie vor große Unterschiede in den nationalen Systemen der sozialen Sicherheit erkennbar. Ab wann sind Ähnlichkeiten noch ähnlich? Lässt sich trotz großer institutioneller Vielfalt zwischen den europäischen Sozialstaaten eine Familienähnlichkeit erkennen (Castles 1993; Aust/Leitner/Lessenich 2000; Obinger/Walschal 2001)?

Betrachten wir verschiedene Dimensionen nationaler Unterschiede, so stellen wir fest, dass die am Aufbau des Sozialstaates jeweils beteiligten historischen Kräfte zu einer großen Heterogenität in Leistungsumfang, Organisation, Reichweite und Finanzierung geführt haben. Zunächst kann man hier, was das Wachstumstempo betrifft, zwischen Pionieren, Nachzüglern und Innovatoren unterscheiden. Als Pioniere gelten Deutschland, Österreich und Italien, als Nachzügler die Schweiz, Island und Finnland. Der große Innovator in der ersten Phase war Deutschland, in der zweiten Großbritannien und in der dritten Schweden.

Bereits diese Reihenfolge weist darauf hin, dass einfache Erklärungsmuster, die z.B. ausschließlich auf die Stärke der Arbeiterbewegung abheben, der Entstehung und Entwicklung des Sozialstaates nicht gerecht werden. Auch gemessen an der Sozialleistungsquote stellen wir weiterhin erhebliche Länderunterschiede fest. Vor allem betrifft dies den Süd-Nord-Vergleich. Immerhin scheint es zu einer allmählichen Angleichung zu kommen. Die Nachzügler erhöhen ihre Ausgaben allmählich, während die Spitzenreiter ihren Anteil von um oder knapp unter 30 Prozent des BIP halten.

Schließlich ist die Art der Finanzierung weiterhin unterschiedlich. In Deutschland, den Niederlanden, Österreich, Norwegen und der Schweiz wird das Sozialbudget im Dreierbund von Staat, Arbeitgeber und Arbeitnehmer zu gleichen Teilen finanziert. In Belgien, Frankreich, Italien und Finnland finanziert hauptsächlich der Arbeitgeber, in Dänemark, Großbritannien und Schweden trägt der Staat den größeren Anteil. Es ist jedoch darauf hinzuweisen, dass die arbeitgeberfinanzierten Abgaben Lohnnebenkosten darstellen und somit die Beschäftigung verteuern.

Wie lässt sich nun die außerordentliche Vielfalt an Institutionen, Finanzierungsmodi und Ordnungsvorstellungen der verschiedenen Wohlfahrtsstaaten zusammenfassen? Im Anschluss an bereits vorliegende Einteilungen (u. a. von Titmus) ist hier insbesondere die Typologie von Esping-Andersen (1990) bekannt geworden. Historisch untersucht er die jeweils länderspezifische Interaktion zwischen den dominanten politischen Kräften und der Ausbildung wohlfahrtsstaatlicher Institutionen. Die Einteilung selbst beruht auf dem Ausmaß, in dem Arbeit „de-kommodifiziert" ist. Dekommodifikation meint, dass Arbeit teilweise ihren Warencharakter verliert. Mit anderen Worten: Inwiefern hängt das Einkommen einer Familie nicht mehr ausschließlich von dem auf dem Arbeitsmarkt erzielten Einkommen ab? Welche anderen sozialstaatlichen Einkommensquellen hat sie? Wie stark sind Erwerbssuchende gezwungen, jede Art von Arbeit anzunehmen, weil es keine anderen Möglichkeiten des Lebensunterhaltes gibt?

Esping-Andersen (1990) unterscheidet drei grundlegende Typen:

1) Am weitesten lässt sich der sozialdemokratische Wohlfahrtsstaat von der Idee umfassender Gleichheit und Solidarität leiten. Ihm sind in erster Linie die skandinavischen Länder zuzuordnen, namentlich Schweden, zum Teil werden auch die Niederlande unter diese Konfiguration gefasst. Dieser Typus stellt eine Arbeits-Bürger-Gesellschaft dar. Er verbindet einen umfassenden Anspruch auf Arbeit mit einer weitgehenden Versorgung aller Staatsbürger. Sozialleistungen werden in hohem Maße als öffentliche, persönliche Dienstleistungen angeboten. Historisch ist er durch eine Koalition der Arbeiterbewegung mit den Kleinbauern entstanden.
2) Im Gegensatz zu den umfassenden Ansprüchen auf Gleichheit, die notfalls durch Umverteilung erzielt werden soll, stellt der konservative Wohlfahrtsstaat ein Status-Erhaltungs-System dar. Ihm sind die meisten kontinentaleuropäischen Staaten zuzurechnen, an erster Stelle Deutschland und Österreich, fer-

ner die Beneluxländer, Frankreich und Italien. Er stellt ein korporatistisches (verhandlungsorientiertes) System dar, das transferorientiert ist, d.h. – wie oben ausgeführt – überwiegend auf dem Versicherungsprinzip beruht. Für Notfälle ist zwar gesorgt, ansonsten sollen die Marktkräfte nicht über Gebühr beeinflusst werden. Historisch erklärt sich seine Gestalt durch eine Bindung der Mittelklassen an den Staat.

3) Der liberale Wohlfahrtsstaat schließlich ist eine Ausgleichsinstanz letzten Ranges. Er wird deshalb auch als „residual" bezeichnet, da er nur bei einer „unverschuldeten Notlage" des Einzelnen eingreift. Daher sind Sozialleistungen oft an den Nachweis individueller Notlagen gebunden („means-tested"). Ansonsten wird erwartet, privat(-wirtschaftlich) vorzusorgen. Diese Denkweise ist kennzeichnend für die angelsächsischen Länder der neuen Welt (USA, Kanada, Australien). Auch Japan und in jüngerer Zeit wohl auch Großbritannien fallen darunter, auf dem Kontinent nur die Schweiz. Historisch konnte in diesen Ländern eine Koalition zwischen der Arbeiterbewegung und der Mittelklasse nicht erreicht werden. Andererseits hat sich die Mittelklasse im Unterschied zum konservativen Wohlfahrtsstaat eher auf die Marktkräfte als auf den Staat verlassen.

Diese Einteilung ist nicht nur wegen ihrer Heuristik attraktiv, sie will auch die unterschiedlichen Funktionslogiken der einzelnen Typen verständlich machen, und sie liefert schließlich auch eine Voraussage für die Zukunft der einzelnen Wohlfahrtsstaatstypen (Esping-Andersen 1990, 1999). Demnach werden wir weiterhin bedeutende nationale Variationen erwarten dürfen. Übergreifende Trends, wie z.B. die Ausdehnung des Dienstleistungssektors, nehmen eine typenspezifische Verlaufsform. Im schwedischen Modell hat die postindustrielle Entwicklung eine stark wohlfahrtsstaatliche Schlagseite, die durch einen hohen Steuersatz finanziert werden muss. Ferner ist es durch einen hohen Anteil erwerbstätiger Frauen gekennzeichnet. Vor diesem Hintergrund erscheint ein Konfliktszenario nicht unwahrscheinlich, bei dem sich die Beschäftigten im privaten Sektor – vorwiegend Männer – für einen Abbau des, insbesondere von Frauen ausgefüllten, staatlichen Wohlfahrtssektors aussprechen.

Das konservative „deutsche" Modell hat eine sehr viel geringere Ausdehnung postindustrieller Dienstleistungen hervorgebracht. Im Ergebnis ist die Arbeitswelt hier weniger polarisiert. Der Anteil schlechter Jobs (Junk-Jobs) ist geringer, auf der anderen Seite ist der Arbeitsmarkt dualistisch strukturiert. Einem Kernsegment von gut bezahlten und relativ stabilen Arbeitsplätzen steht eine relativ große Anzahl von gering qualifizierten Arbeitsplätzen gegenüber. Außerdem haben Frauen vergleichsweise ungünstige Chancen. Dies dürfte die Auseinandersetzungen über die Rechte der Frauen erneut beleben.

Im dritten, im liberalen „US-amerikanischen" Modell hat ein dynamischer Beschäftigungszugewinn stattgefunden. Das Schichtungssystem scheint jedoch stark dualistisch ausgeprägt zu sein, mit einer breiten gehobenen Schicht und einer noch breiteren, durch instabile Beschäftigungsverhältnisse gekennzeichneten Basis. Mittelschicht-Frauen haben hier gute Aufstiegsmöglichkeiten. Auch die Chancen von ethnischen Minderheiten (besonders von solchen asiatischer Herkunft) haben sich verbessert. Die schlechten Jobs werden nicht zuletzt von hispanischen Minderheiten ausgefüllt. Wenig ausgebildete Schwarze in den urbanen Zentren bleiben außen vor, so dass ethnisch geladene Konflikte weiterhin auftreten werden.

Esping-Andersens Typologie stellt einen Meilenstein der vergleichenden Wohlfahrtsforschung dar, der freilich auch seine Grenzen hat. Das gilt stärker noch für die südeuropäischen Länder, weshalb man hier eine eigene Kategorie vorgeschlagen hat, den mediterranen Wohlfahrtsstaat (Ferrera 1996; Arts/Gelisen 2002), um dessen weiterhin starke familiäre Basis deutlich zu machen. Unter Einbezug dieses „lateinischen Modells" zeigt sich, dass sich die Einteilung auch in einer Cluster-Analyse bewährt. In dieser Cluster-Analyse werden die einander etwa hinsichtlich Sozialausgaben, Einkommenssteuer oder Bildungsausgaben besonders ähnlichen Länder schrittweise zu Gruppen verbunden. Das Ergebnis entspricht im Großen und Ganzen Esping-Andersens Erwartung (siehe Abbildung 8).

Noch schwerer fällt die Einordnung der 2004 und 2007 beigetretenen Länder Mittel- und Osteuropas (Hacker 2010; Polese/Morris/Kovács 2015). Trotz gemeinsamer staatssozialistischer Vergangenheit, welche, Arbeitslosigkeit definitorisch nicht kannte und in der die soziale Sicherung stark betrieblich orientiert war, folgen die zehn Länder durchaus eigenständigen Entwicklungspfaden, wenngleich überall der Wechsel zur Marktwirtschaft dramatische Einbrüche auch in der sozialer Sicherheit mit sich brachte, von den sich die Ländern nur allmählich erholten. Meist wurden Umlagesysteme mit teilweise hohen Steueranteilen (und niedrigen Leistungen) zunächst beibehalten. Die Mehrheit der Länder ergänzte sie aber zunehmend mit privaten Elementen wie etwa einer kapitalfundierten Säule in der Rentenversicherung. Hacker (2010: 166 f.) und Bahle/Kohl/Wendt (2010: 582 f.)) sprechen daher von einem hybriden Wohlfahrtscluster mit „liberalem" Einschlag.

Aber auch verschiedene Kernländer lassen sich aber nur schwer in Esping-Andersens Modell einverleiben. Das gilt etwa für die Niederlande. Inkonsistenzen gibt es für die Bundesrepublik, dem konservativen Wohlfahrtsstaat par excellence. So ist der Zusammenhang zwischen Faktoreinkommen und verfügbarem Einkommen weitaus geringer als es die Charakterisierung als „konservativ" erwarten ließe. Mit anderen Worten: Der deutsche Wohlfahrtsstaat weist durchaus

Abbildung 8   Vier Familien von Wohlfahrtsstaaten (1993–1998)

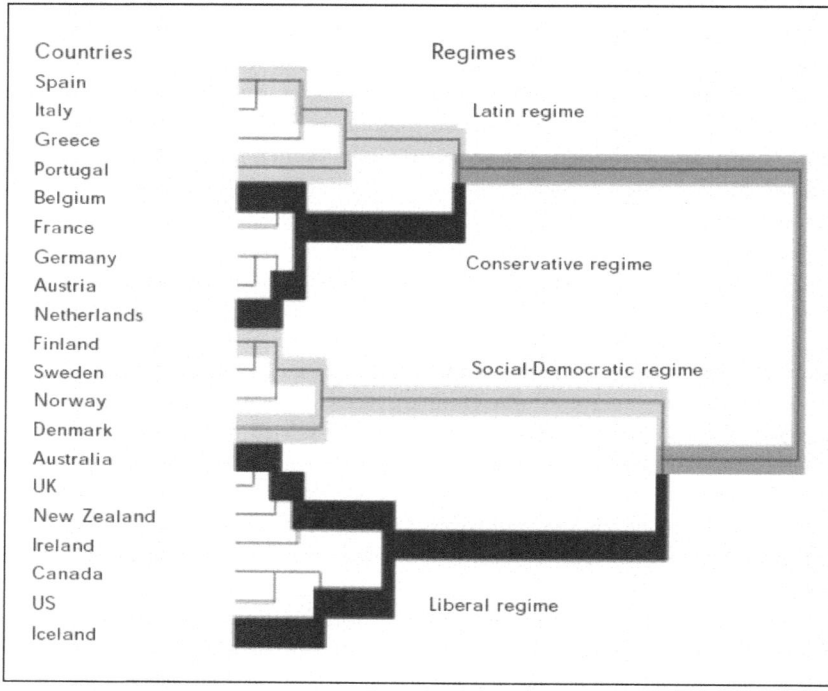

Quelle: Saint-Arnaud/Bernard (2003: 513), Obinger/Wagschal (2001: 102).

auch umverteilende, „sozialdemokratische" Züge auf. Dies hat man mit dem sozialen und politischen Einfluss der katholischen Soziallehre zu erklären versucht (Schmid 2010: 129–146).

Fener wurde Esping-Andersens Typologie auch die Vernachlässigung des „impliziten Geschlechtervertrages" (Langan/Ostner 1991: 316) vorgeworfen. Damit ist gemeint, dass sie zu wenig auf die vornehmlich durch Frauen geleistete, überwiegend nicht erwerbsmäßig organisierte „reproduktive" Arbeit (Haushalt, Kindererziehung) eingehe (s. aber jetzt Esping-Andersens 2015). Zu guter Letzt sei noch angemerkt, dass sich nicht alle sozialpolitisch relevanten Politiken – im Bereich der Unterstützung von Kindern oder der Wohnungswirtschaft etwa – in ihre modellhafte Zuordnung fügen.

Angesichts der historischen Vielfalt liefert Esping-Andersens Modell aber dennoch wichtige Anhaltspunkte für die Interaktion sozioökonomischer und soziopolitischer Entwicklungen. Demnach gibt es institutionell nicht einen, sondern mehrere Arten europäischer Wohlfahrtsstaaten. Zwar lassen sich – wie unter (b) gezeigt – zumindest in quantitativer Hinsicht die europäischen Wohlfahrtsstaaten von den nicht-europäischen abgrenzen. Sie geben im Durchschnitt einen weitaus größeren Teil ihres Inlandsproduktes für soziale Zwecke aus. Außerdem ist bei ihnen der Zusammenhang von wirtschaftlicher und wohlfahrtsstaatlicher Entwicklung enger als bei den nicht-europäischen. Mit anderen Worten: Wenn sie reicher werden, geben sie nicht nur absolut, sondern auch relativ mehr für den Sozialstaat aus (Cousins 2005: 239). Das war bereits vor hundert Jahren der Fall, während die Tatsache der institutionellen Vielfalt fortbesteht. Das spricht für die hohe Pfadabhängigkeit und auch für die erstaunliche Widerstandsfähigkeit wohlfahrtsstaatlicher Institutionen.

Zusammenfassend lässt sich sagen, dass die Rede von einem „europäischen Sozialmodell" insofern sinnvoll ist, als der Sozialstaat in Europa seinen Ausgangspunkt genommen hat und er sich hier in den Institutionen, den Konfliktstrukturen und den Einstellungsmustern deutlicher wiederfindet als in andern industriellen Makroregionen. Einen einheitlichen europäischen Wohlfahrtsstaat hat es aber nie gegeben.

4.2 Die EU und das Europäische Sozialmodell

Trotz dieser historischen Eigenheiten müssen wir nach der Konvergenz und Divergenz europäischer Wohlfahrtsstaaten fragen. Wie sieht es im Zeitverlauf aus? In der Expansionsphase haben sie sich hinsichtlich der anspruchsberechtigten Personen, der Leistungskataloge und des Ausmaßes der staatlichen Kontrolle angenähert. Könnte es nicht sein, dass sich durch den Einfluss der EU auch die institutionellen Strukturen einander angleichen? Dies umso mehr, als gerade in den Ländern mit einem starken Wohlfahrtsstaat ab Ende 70er Jahre nicht mehr der Ausbau, sondern der Um-, gelegentlich auch der Rückbau sozialpolitischer Maßnahmen im Vordergrund steht?

Die europäische Sozialpolitik wurde als die „schönste Nebensache Europas" bezeichnet (Henningsen 1992), als abgehoben und von eher deklamatorischer als praktischer Relevanz. Eine originär sozial- und gesellschaftspolitische Begründung des Integrationsprojektes gab es nicht (Platzer 2016: 96). Aber die EU hat sich weiter entwickelt und ihre Kompetenzen ausgedehnt. Seit den 70er Jahren nimmt die Rede vom sozialen Europa in der EU-Programmatik einen wichtigen Stellenwert ein (Jepsen/Amparo 2005; Bilbao-Ubillos 2016: 114 f.). Kommission und Rat haben immer wieder betont, dass es in einem Europa der wirtschaftlichen Effizienz auch den sozialen Zusammenhalt geben müsse. Folgt man dem Schlussbericht der Gruppe XI „Soziales Europa" des Verfassungskonvents[9], lassen sich folgende fünf Merkmale herausdestillieren, die ein „soziales Europa" ausmachen:

- der Wohlfahrtsstaat gilt als eine der wertvollsten Errungenschaften der sozialen Entwicklung,
- effiziente und hochwertige soziale Dienste und Leistungen der Daseinsvorsorge müssen verfügbar sein.
- ein hohes Sozialschutzniveau soll erhalten bleiben,
- die wichtige Rolle der Sozialpartner und
- die soziale Gerechtigkeit werden betont.

Diese Leitlinien haben auch im Lissaboner Vertrag ihren Niederschlag gefunden (Art. 2 und 3 EUV, Art. 151–154 AEUV). Doch wie sehr folgt ihnen die Praxis der EU? Dabei ist zwischen (a) direkter und (b) indirekter sozialpolitischer Europäisierung zu unterscheiden.

(a) Der direkte Einfluss der EU auf die Ausgestaltung der Sozialversicherung und sozialen Dienstleitungen wird übereinstimmend als bislang gering gesehen. Die EU verfügt in geringem Maße über die Fähigkeit, soziale Rechte aus dem Wettbewerb zu nehmen. Die meisten Beschlüsse wurden nicht als bindende Direktiven, sondern als Richtlinien und – mehr noch – als Empfehlungen formuliert (Hantrais 2000; Falkner/Treib 2005). Ausnahmen sind der Bereich der grenzüberschreitenden Arbeitssuche, die Gleichbehandlung von Mann und Frau im Arbeitsleben, der Behalt von Rentenansprüchen, die in verschiedenen Rentensystemen erworben wurden, die Verbesserung der Arbeitsumwelt und die berufliche Eingliederung. In diesen Bereichen kann der Rat mit qualifizierter Mehrheit Richtlinien verabschieden[10].

Dass die EU gerade in diesem Bereich besondere sozialpolitische Kompetenz aufweist, verwundert nicht: Kernstück der eigentlichen EU-Rechtsetzung auf sozialpolitischem Gebiet ist der international mobile Arbeitnehmer und Selbstständige. Wie in anderen Politikbereichen gibt es allerdings auch in der Sozialpolitik weitere Einflussmöglichkeiten der EU, die über die unmittelbare Rechtsetzung hinausgehen. So besitzen die Sozialpartner, also Gewerkschaften und Unternehmerverbände, seit dem Maastricht-Vertrag das Recht, Abkommen zu schließen, die dann über den Rat rechtliche Allgemeinverbindlichkeit erlangen. Von die-

---

9 http://european-convention.europa.eu/pdf/reg/de/03/cv00/cv00516-re01.de03.pdf; 30. 01. 2017.
10 Eine tabellarische Übersicht über den Europäisierungsgrad der Sozialpolitik findet sich bei Schmidt (2016: 217 f.).

ser Möglichkeit haben sie bereits Gebrauch gemacht (Vereinbarungen über Elternurlaub, Teilzeitbeschäftigung und befristete Beschäftigung). Wegen der großen Unterschiede nicht nur zwischen, sondern selbst innerhalb des europäischen Unternehmens- und Gewerkschaftslagers sind Abkommen allerdings selten bindend (Keller/Weber 2011; Platzer 2016: 102 f). Eine machtvolle europäische Gewerkschaftsbewegung, die die soziale Schlagseite des Binnenmarktprogramms überwinden könnte, gibt es nicht. Empirische Untersuchungen zu Dienstleistungsfreiheit, Mindestlohn und Lohnkoordinierung lassen eine solche auch in naher Zukunft als wenig wahrscheinlich erscheinen: Dazu sind die Machtungleichgewichte und nationalen Interessen zwischen den Gewerkschaften zu groß (Seeliger 2017).

Sozialpolitisch relevant sind ferner die europäischen Strukturfonds (Regional-, Sozial-, Landwirtschafts-, Fischereifonds), der Kohäsionsfond sowie kleinere Gemeinschaftsinitiativen (etwa für grenzüberschreitende Kooperation oder Stadtentwicklung). Sie sollen den wirtschaftlichen, sozialen und territorialen Zusammenhalt der Gemeinschaft stärken und Entwicklungsunterschiede zwischen den Regionen bzw. zwischen den Lebensbedingungen unterschiedlicher Bevölkerungsgruppen innerhalb der Europäischen Union vermindern. Rund 30 Prozent der EU-Haushalte sind für entsprechende Instrumente vorgesehen, das sind rund 352 Milliarden Euro für die Haushaltsperiode zwischen 2014 und 2020[11]. Ursprünglich ausschließlich zur Förderung strukturschwacher Regionen entworfen, wurden im Laufe der Jahre Förderziele als auch die Planungs- und Umsetzungsstrukturen der Fonds immer wieder verändert. Zweifel am Erfolg der Maßnahmen sind aber geblieben.

Der größte Teil der EU-Gelder fließt traditionell nach Osteuropa und in die Länder Spanien, Portugal, Italien und Griechenland, z.T. auch Irland. In diesen Ländern können die EU Hilfen mehrere Prozent des Nationalprodukts ausmachen. Größter Nettoempfänger – Bruttozahlungen aus Brüssel abzüglich Beiträge der einzelnen Mitgliedsstaaten zum EU-Haushalt – waren 2016 Polen mit 9,5 Milliarden Euro und die Tschechische Republik 5,7 Milliarden Euro. Setzt man alle EU-Zahlungen ins Verhältnis zu den nationalen Staatsausgaben, um die die Bedeutung der Brüsseler Gelder für die einzelnen Mitgliedsstaaten zu ermessen, liegt Bulgarien mit gut 15 Prozent an der Spitze (Busch 2016). Auch in Prozent des Bruttoinlandsprodukts macht die Transfers für Länder wie Bulgarien, Ungarn oder die Slowakei mehrere Prozent aus.

Bei den Fonds handelt es sich mithin um Maßnahmen der sozialen Umverteilung und des Chancenausgleichs. Mit dem EU-Haushalt wird somit durchaus

---

11 Siehe dazu http://www.bmwi.de/Navigation/DE/Themen/strukturfonds.html und http://ec.europa.eu/regional_policy/de/policy/what/investment-policy/; 30.01.2017.

eine nennenswerte und mit der steigenden Umverteilung zwischen den Mitgliedstaaten betrieben. Dennoch muss der Einfluss europäischen Struktur- und Kohäsionsfonds eher regional- als sozialpolitisch gesehen werden, denn sie zielen nicht auf Individuen und Haushalte, sondern auf Regionen. Zweifellose haben sie zur Modernisierung der öffentlichen Infrastruktur in den ost- und südeuropäischen Ländern beigetragen, doch eine besondere Wirksamkeit und Effizienz konnte nicht belegt werden (Dörr 2016). Der letzte Kohäsionsbericht[12] musste einräumen, dass die wirtschaftlichen Unterschiede zwischen den EU-Regionen seit 2008 sogar wieder größer geworden sind. Dafür sind die Korruptionsrisiken bei Projekten mit EU-Finanzierung offenbar grösser als bei rein nationaler Förderung (Tóth 2016). Was als „fremdes Geld" wahrgenommen wird, lädt offenbar stärker zum Missbrauch ein.

Die EU-Kommission hat mehrere Papiere vorgelegt, die die Mitgliedsstaaten zu einer Modernisierung ihrer sozialen Sicherungssysteme auffordern. Solche gemeinsamen Probleme gibt es zur Genüge: demographische – die europäische Bevölkerung altert –, strukturelle, die sich aus neuen Haushaltsstrukturen wie der Zunahme von Alleinerziehenden ergeben und das Problem der ökonomischen Stagnation, um nur einige zu nennen (Fahey 2010). In ihnen wird die Hoffnung geäußert, dass gemeinsame Zielvorgaben und abgestimmtes Vorgehen dazu beitragen, das produktive Potenzial der Sozialpolitik zu nutzen. gesetzt. Auch Entscheidungen des EuGH, etwa zur Erstattung von Gesundheitskosten im Ausland, zwingen die nationalen Gesundheits- und Alterssicherungssysteme zur Anpassung (Wasner 2005). In der Regel ist den nationalen Wohlfahrtsstaaten allerdings erlaubt, solche Anpassung eigenständig, d.h. national unterschiedlich, vorzunehmen (Martinsen 2005; Falkner/Treib 2005).

(b) Möglicherweise bedeutsamer als die direkten sind die indirekten Einflüsse. Mag die sozialpolitische Einflussnahme der EU auch nicht geplant sein, so ergibt sie sich doch aus der fortschreitenden Marktliberalisierung (Leibfried 2000). In mehreren Entscheidungen hat der EuGH den Binnenmarktfreiheiten einseitig Vorrang vor nationalen arbeits- und sozialpolitischen Schutzrechten eingeräumt hat. Mit anderen Worten: das Ungleichgewicht zwischen der wirtschaftlichen und der sozialen Integration wurde zugunsten ersterer sogar noch vergrößert (so in den Fäller Viking, Laval, Rüffert; s. Höpner 2016).

Gegenüber diesen „harten" Gerichtsentscheidungen können die im Bereich der EU-Sozialpolitik bevorzugten „weichen", auf Freiwilligkeit beruhenden Steuerungsformen, namentlich die Offene Methode der Koordinierung (OMK), nur

---

12 http://ec.europa.eu/regional_policy/sources/docoffic/official/reports/cohesion7/7cr.pdf

vereinzelt Wirkungen entfalten (Platzer 2016: 103). Diese, weiter unten im Bereich der Bildungspolitik noch näher betrachtete Methode fand erstmals Anwendung auf die Beschäftigung (1997) und wurde schrittweise auf immer mehr Bereiche ausgedehnt. Zentral ist eine breite Liste sozialer Indikatoren, anhand derer sich die Nationalstaaten messen und vergleichen lassen müssen und die zum wechselseitigen Lernen anspornen soll. Zu den allgemeinen Messlatten, auf die man sich geeinigt hat, gehört zum Beispiel die Steigerung der Beschäftigungsraten, der Angebote lebenslangen Lernens, die Ausweitung einer aktiven Beschäftigungspolitik oder die Reduzierung von Armutsquoten. Seit 2001 müssen die Mitgliedsländer nationale Aktionspläne vorlegen, in denen sie berichten sollen, wie sie die vereinbarten Ziele zu erreichen gedenken.

Die OMV spiegelt den in der EU vorherrschenden technokratischen Politikansatz wider: Ziele werden festgelegt, die Mitgliedstaaten tauschen ihre Erfahrungen aus, die jeweils effektivste Politik muss dann nur noch implementiert werden. Bislang ist sie indes den Beweis schuldig geblieben, dass sie den Nationalstaaten bei der Suche nach und der Umsetzung von Problemlösungen voranbringt. Insbesondere die Europäische Beschäftigungsstrategie – die älteste OMK – muss als Fehlschlag bezeichnet werden (Kaiser/Prange 2004). Es stellt sich – beispielsweise mit Blick auf die Armutsraten und die Armutspolitik (O'Connor 2005: 354–356) – die Frage, ob angesichts regionaler Unterschiede in den Bedingungen und nationaler Unterschiede in den Zielen von Sozialpolitik mit diesem Ansatz die angestrebte Diffusion von Innovationen über Ländergrenzen hinweg realistisch ist.

Selbst betont pragmatische Vorschläge finden keine Mehrheit, wie der derjenige Fritz Scharpfs (2002, einen unteren, prozentualen Grenzwert der Sozialausgaben einzuziehen. Dieser Vorschlag beruht auf der Erwartung, dass mit steigendem Wohlstand das Interesse an einem Ausbau des Wohlfahrtsstaates wüchse. Doch die Entwicklung Irlands zeigt, dass das nicht unbedingt der Fall sein muss. Obwohl Irland zwischenzeitlich – bis zu seinem Absturz in der Finanzkrise – zu den reichsten Ländern der EU gehörte, blieb es „seinem" liberalen Wohlfahrtsstaatsmodell treu. Auch der von einigen Beobachtern mit Blick auf die Währungsunion für möglich gehaltene, „große Sprung nach vorn" (Leibfried 2000) ist ausgeblieben. Ganz im Gegenteil: Im Zuge der Euro-Rettungspolitik mussten die Krisenländer ihre Leistungen im Sozialbereich, im Gesundheitswesen und im Bildungswesen erheblich kürzen (s. Kapitel 8).

Die Kommission bemüht sich redlich, dem Eindruck entgegenzutreten, dass die EU nur einen Binnenmarkt ohne soziale Gerechtigkeit darstellt. Dazu hat sie zuletzt eine „Europäische Säule sozialer Rechte" vorgelegt, die auf dem EU-Sozialgipfel im schwedischen Göteborg am 17.11.2017 verabschiedet wurde. Es handelt sich um eine Sammlung von zwanzig, nicht-rechtsverbindlichen, teilweise auch widersprüchlichen und in erster Linie für das Euro-Währungsgebiet konzipierten sozialen Prinzipien[13]. Angesichts der weiterhin riesigen Kluft im Wohlstandsniveau und bei den Sozialausgaben sind größere Erwartungen fehl am Platz. Abgesehen davon, dass eine deutliche Ausweitung der sozialen Kompetenz der EU unwahrscheinlich ist – zu unterschiedlich sind Interessenlagen und Wertvorstellungen der Mitgliedsländer –, fehlt vielfach eine überzeugende Begründung, dass diese Lösungen hervorbrächte, die die Nationalstaaten sonst nicht gefunden oder nicht hätten durchführen können. Wenn Staaten mit wirtschaftlichen und gesellschaftlichen Herausforderungen der Zeit nicht allein fertig werden, folgt daraus noch nicht, dass die EU dazu in der Lage wäre.

In der Summe zeigt diese Entwicklung, dass zwar der sozialpolitische Anspruch der EU allmählich über den engen Bereich der Beschäftigung hinausgewachsen ist. Ob sich hieraus eine kohärente europäische Sozialpolitik entwickeln könnte, war aber bereits vor der Finanz- und Wirtschaftskrise ab 2008 umstritten (Ferrera 2005; Offe 2005). Aus heutiger Sicht wird man wohl noch skeptischer sein müssen (Bilbao-Ubillos 2016; Schmidt 2016). Sozialpolitische Eingriffsrechte der Kommission werden von ganz gegensätzlichen Seiten abgelehnt: Während die nordeuropäischen Länder mit ihren starken Gewerkschaften fürchten, EU-weite Mindeststandards würden nur den Liberalisierungsdruck verschärfen, wollen die osteuropäischen Länder ihren Wettbewerbsvorteil schützen. Für die Gesamt-EU, also außerhalb der wohlfahrstaatlichen Kernstaaten Nordwesteuropas, ist ein positives Regulationsmuster realiter nicht in Sicht (Dann 2014). Die Rede vom „Europäischen Sozialmodell" und von der „sozialen Dimension" der Wirtschafts- und Währungsunion dient nicht zuletzt Legitimationszwecken (Schäfer 2005; Jepsen/Amparo 2005).

4.3 Können die Europäischen Wohlfahrtsstaaten überleben?

Dem Wohlfahrtsstaat wurde schon oft das Totenglöcklein geläutet. Bereits Bismarck war – bei einer Sozialquote von unter drei Prozent – besorgt, wie weit man beim Aufbau der Sozialversicherung gehen kann, „ohne dem Arbeiter die Henne zu schlachten, die ihm die goldenen Eier legt" (Alber 1987). Auch zu den Hochzeiten des Wohlfahrtsstaates wurde immer wieder kritisiert, dass die legitimen Grenzen der Sozialpolitik erreicht oder überschritten seien. Auch wenn bis heute niemand genau zu bestimmen vermochte, wo diese Grenzen genau liegen (Schmid 2010: 58–85), ist klar, dass Steuer- und Sozialabgaben nicht grenzenlos wachsen

---

13 Europäische Säule sozialer Rechte – Broschüre [https://ec.europa.eu/commission/sites/beta-political/files/social-summit-european-pillar-social-rights-booklet_de.pdf; 20.12.2017]

können. Derzeit werden vier Arten von Grenzen für die europäischen Wohlfahrtsstaaten besonders diskutiert.

Eine erste Argumentation betont, dass die gegenwärtigen Belastungsquoten die Leistungsbereitschaft vermindern. Außerdem würde die soziale Absicherung das Anspruchsdenken fördern und die Privatinitiative untergraben. Der Sozialstaat grabe sich damit sein eigenes Grab. Die sozialmoralische Beweiskette ist empirisch fragwürdig (van Oorschot/Arts 2005) und soll an dieser Stelle nicht weiter verfolgt werden.

Eine zweiter Diskussionsstrang bezieht sich auf den sozialstrukturellen Wandel (Pierson 1991, 2001): Die demographische Entwicklung verschlechtert das Verhältnis von Beitragszahlern und -empfängern in der Rentenkasse; der Wandel zur Dienstleistungsgesellschaft kann aufgrund der niedrigen Produktivität von Dienstleistungen das wirtschaftliche Wachstum und damit die Sozialabgaben vermindern, veränderte Familienstrukturen, z. B. die wachsende Zahl von Alleinerziehenden, führen zu neuen Ansprüchen an den Sozialstaat, und Bildungsarmut wird wegen wachsender Qualifikationserfordernisse bei neuen Arbeitsplätzen zu einem sozialpolitischen Problem. Diese Probleme werden von Befürwortern und von Kritikern europäischer Wohlfahrtsstaaten gleichgermaßen anerkannt; die Diskussion dreht sich um die Frage ihrer Bewältigung (vgl. Esping-Andersen 2006).

Näher sollen im Folgenden zwei weitere Projektionen behandelt werden. Eine erste sieht den Wohlfahrtsstaat als Opfer der Veränderungen in seiner Umwelt, namentlich der Globalisierung (a), eine zweite als Verlierer der Klassenauseinandersetzungen der letzten drei Jahrzehnte (b).

a) Eine strukturelle Grenze wird in der Globalisierung bzw. der Transnationalisierung der Wirtschaftsbeziehungen gesehen (Berthold 1997): Diese untergräbt die finanzielle Basis des Sozialstaates von „oben" und von „unten". Einerseits wachsen in offenen Volkswirtschaften die „exit"-Optionen. Daher ist zu erwarten, dass sich besser Verdienende eher tendenziell der Solidargemeinschaft entziehen können und dies wohl auch tun werden, da sie sich in privaten, äquivalenzorientierten Versicherungen finanziell besser stellen. Zudem hat unter den Bedingungen eines liberalisierten Kapitalverkehrs der Faktor Kapital aufgrund seiner größeren Mobilität gegenüber dem Faktor Arbeit eine bessere Verhandlungsposition. Das Arbeitsangebot aus den Entwicklungs- und Schwellenländern konkurriert in erster Linie mit den geringer qualifizierten Arbeitskräften der Industrieländer. Dies setzt Löhne unter Druck und vermindert daher Sozialabgaben.

Die Behauptung, dass die Globalisierung den Sozialstaat notwendigerweise untergraben muss, lässt sich relativ einfach zurückweisen (Leifried/Pierson 1998; Vaubel 2005; Vobruba 2005). Wie schon oben gezeigt, haben sich die Sozialleistungsquoten in den meisten europäischen Ländern in den sechziger und siebziger

Jahren erhöht und sind in den achtziger und neunziger Jahren im Trend konstant geblieben. Im Zuge der Finanz- und Schuldenkrise ab 2008 kam es einigen Euroländern allerdings zu einem spürbaren Sozialabbau.

Viele Behauptungen zum Zusammenhang von Globalisierung und Wohlfahrtsstaat kranken daran, dass Globalisierungsprozesse allzu summarisch gefasst werden. Zumindest muss zwischen Warenhandel, zwischen direkten und indirekten Investitionen (etwa dem Bau von Fabriken im Ausland einerseits und dem Eingehen von Beteiligungen andererseits), zwischen der rechtlichen Öffnung für Waren und Dienstleistungen oder der Arbeitsmigration unterschieden werden. Das alles sind mögliche Begleiterscheinungen von Globalisierung, die aber ungleichzeitig stattfinden und gegenläufige Auswirkungen auf den Wohlfahrtsstaat haben können. In einer umfangreichen Überprüfung diesbezüglicher Thesen stellen Brady, Beckfield und Seeleib-Kaiser (2005) fest, dass Globalisierung keinen einfachen, linearen Zusammenhang mit der wohlfahrtsstaatlichen Entwicklung aufweist, aber nicht gänzlich ohne Einfluss geblieben ist. Länder mit offenen Wirtschaftsbeziehungen und Handelsüberschüssen sind nicht nur die ökonomischen, sondern auch die sozialpolitischen Gewinner der Globalisierung; sie können die unter 4.1.d) diskutierte Dekommodifizierung, also den Anspruch aller Staatsbürger auf ein angemessenes Leben ungeachtet ihrer Erwerbssituation, weiterhin aufrecht erhalten, ja sogar noch ausbauen. Andererseits weist die Liberalisierung von Kapitaltransfer einen negativen Einfluss auf die soziale Umverteilung auf.

Abbildung 9 listet Durchschnittswerte für drei Arten sozialpolitischer Indikatoren auf: die Sozialausgaben, die Sozialtransfers (beide gemessen am Bruttoinlandsprodukt) und einen Dekommodifikationsindex. Dieser Sozialrechts-Index gibt – den in Abschnitt 4.1 behandelten Überlegungen Esping-Andersens (1990) folgend – das Ausmaß wieder, den üblichen Lebensstandard auch bei Arbeitslosigkeit, sowie im Ruhestand und im Krankheitsfall aufrecht erhalten zu können. Nur dieser letzte der drei Indikatoren ist seit den 80er Jahren moderat rückläufig. In einer Erweiterung ihrer Untersuchung auf den Zeitraum nach der Jahrtausendwende kommen Brady und Lee (2014) zu Ergebnis, dass die sozialen Kürzungen nicht zuletzt mit der Euro-Einführung verbunden waren.

Von einem Rückgang sozialstaatlicher Ausgaben parallel zur Globalisierung kann jedenfalls nicht die Rede sein. Allerdings scheint es so zu sein, dass das Steueraufkommen zunehmend vom Faktor Arbeit getragen werden muss, während der Faktor Kapital entlastet wird (Onaran/Boesch 2014). Krumpmann (2004) zeigt, dass der globale Kapitalverkehr entgegen gängiger Klischees den Wohlfahrtsstaat weniger stark unter Druck setzt als der Warenhandel. Die Erklärung ist einfach: Wer im Ausland investiere, sei auf den politisch gesicherten „sozialen Frieden" dort angewiesen für den reinen Handel indes sei dieser weitgehend gleichgültig (Prierson/Leibfried 2004).

Abbildung 9 Mittelwerte sozialstaatlicher Ausgaben in 17 wohlhabenden Demokratien, 1975–2001

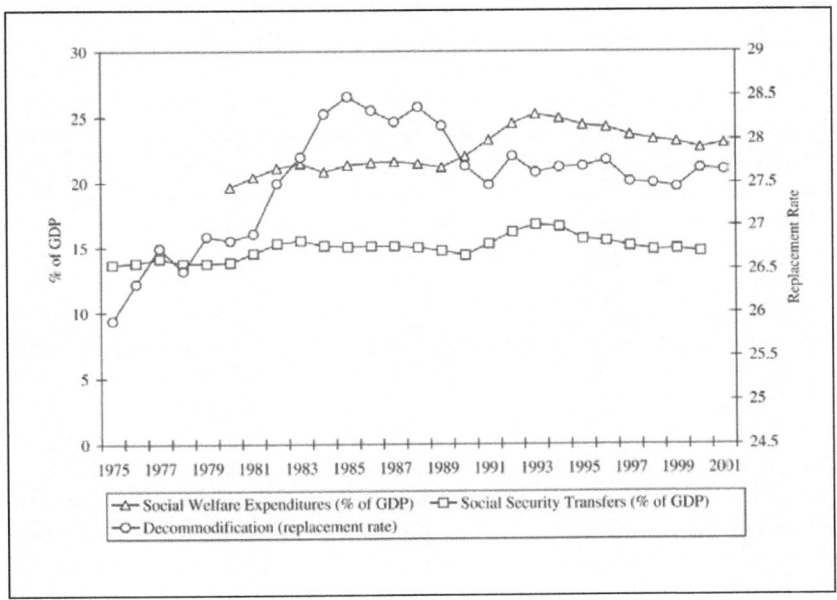

Quelle: Brady/Beckfield/Seeleib-Kaiser (2005: 934).

Zusammen betrachtet haben andere Faktoren einen stärkeren Einfluss auf wohlfahrtsstaatliche Indikatoren als die Globalisierung. Dazu zählen die Anzahl der Vetopunkte eines politischen Systems – je mehr politische Akteure in der Lage sind, Entscheidungsprozesse zu blockieren, desto geringer die Chancen für sozialpolitische Fortschritte – und die historische Erbschaft. Dazu zählt ferner, dass Länder mit einer autoritären Vergangenheit höhere Sozialquoten besitzen. Dies bestätigt die historische Analyse Albers (1987), wonach Sozialpolitik häufig von autoritären nationalen Eliten als legitimationsabsichernde Maßnahme „von oben" betrieben wurde. Ferner zeigt sich, dass politische Parteien für die sozialpolitische Ausrichtung weiterhin einflussreich sind. Insbesondere der Regierungsbeteiligung linker Parteien kommt ein hohes Gewicht bei der Ausweitung sozialer Rechte zu.

b) Dieser letzte Befund scheint eine vierte und letzte Argumentationslinie zu stützen. Dieser sog. „Machtressourcen-Ansatz" hebt auf Verteilungskonflikte ab

(Korpi 1989)[14]. Er geht davon aus, dass in Konkurrenzdemokratien kollektive Akteure, v. a. Parteien, auf dem politischen Massenmarkt Macht mobilisieren und sie gegen ökonomische Macht, die in Eigentumsrechten und in Marktmechanismen begründet ist, einsetzen können. Auch wenn man mit Jens Alber (1987: 195–200) von einer phasenspezifischen Dominanz unterschiedlicher Bestimmungsgrößen der Sozialpolitik sprechen kann, war insgesamt gesehen die Arbeiterbewegung das treibende Elemente im Ausbau des Wohlfahrtsstaates. Wenn aber die Expansion des Wohlfahrtsstaates zu einem Großteil der politischen und organisatorischen Stärke der Arbeiterbewegung zu verdanken ist, kann umgekehrt erwartet werden, dass es mit deren Schwäche – wie wir sie gegenwärtig beobachten – auch zu einem Abbau sozialstaatlicher Rechte kommt (Korpi 2003).

Auch wenn sich insgesamt die These bestätigt, dass der Wohlfahrtsstaat sowohl äußerst widerstandsfähig als auch pfadabhängig ist (Kuhnle 2000), ist er doch unter Druck geraten. Dabei muss bedacht werden, dass Sozialquoten nur eine und noch dazu eine stark summarische Maßzahl sind (Kangas 1991). Aus der Tatsache, dass sie hoch geblieben sind, kann nicht geschlossen werden, dass die europäischen Wohlfahrtsstaaten gänzlich intakt geblieben sind. Vor allem die gestiegene Arbeitslosigkeit hat die Sozialquoten oben gehalten. Das wohlfahrtsstaatliche Versprechen der gesellschaftlichen Teilhabe aller lässt sich bei hoher Arbeitslosigkeit aber nicht einlösen. Wie Korpi (2003; Korpi/Englund 2011) in einer langen historischen Zeitreihe zeigen kann, wurden – nach einer ausgedehnten Phase der Expansion – soziale Ansprüche seit den 1980er Jahren in fast allen sozialstaatlichen Kernländern beschnitten (Abbildung 10). Eingeschränkt wurden unter anderem die Dauer und die Höhe von Arbeitslosengeld, die Kompensation von Arbeitsunfällen und der Bezug von Sozialhilfe. Besonders hoch fielen die Kürzungen in Großbritannien, Irland und Dänemark aus. Aber auch in Deutschland kam es ab 2002 mit den sog. Hartz-Reformen zu deutlichen Leistungseinschränkungen. Nach einer gewissen Beruhigung kam es ab 2008 (nicht mehr abgebildet) zu erneuten sozialen Einschnitten: im Zuge der Euro-Rettung wurden den südeuropäischen EU-Mitgliedern Austeritätsprogramme auferlegt, die auch soziale Einschnitte beinhalteten (dazu Kapitel 8).

Ein Blick auf einen längeren Zeitraum zeigt, dass sich die Wohlfahrtsregimes weiterhin in der Höhe und der Zusammensetzung ihrer Sozialausgaben unterscheiden (Abbildung 11). Allerdings sind nach der Jahrtausendwende die Einkommensersatzleistung (Arbeitslosenhilfe, -geld und Sozialhilfe) generell gesunken, vor allem in den skandinavischen Wohlfahrtsstaaten. Das ist besonders bemerkenswert, weil vor allem diese Sozialleitung ein ungleichheitsreduzieren Wirkung aufweisen (Elsässer/Rademacher/Schäfer 2015: 9).

---

14 Zu Theorien des Sozialstaats vgl. zusammenfassend Dallinger (2016: 25–44).

Können die Europäischen Wohlfahrtsstaaten überleben?

Abbildung 10 Die langfristige Entwicklung sozialer Rechte in den OECD-Ländern

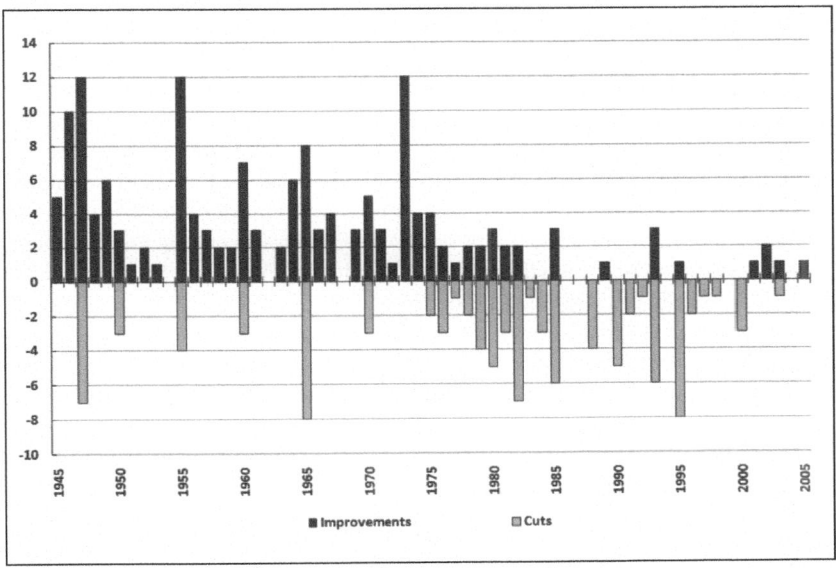

Quelle: Korpi/Englund (2011: appendix).

Abbildung 11 Sozialleistungen nach Funktionen in Ländergruppen

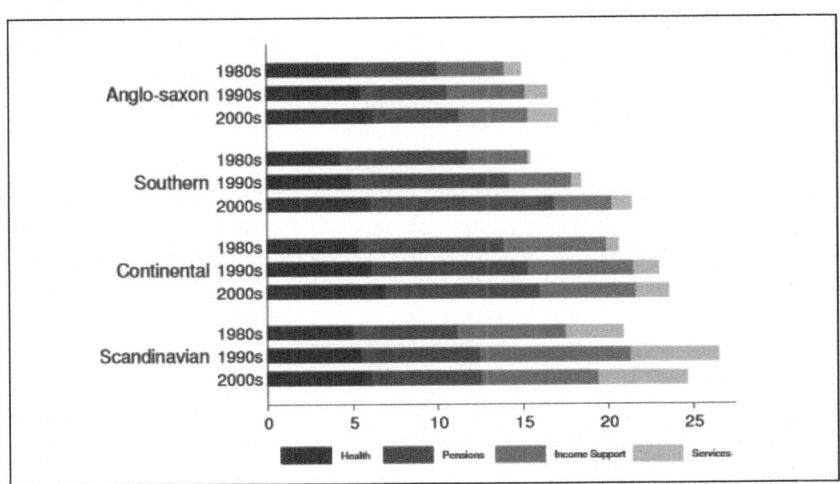

Quelle: OECD Social Expenditure Database, zitiert nach Elsässer/Rademacher/Schäfer (2015: 16)

Zwar ist es umstritten, ob der soziale Rückbau weiterhin den bekannten parteipolitischen Mustern folgt (Korpi 2003) oder die Erklärungskraft der parteipolitischen Färbung der Regierung abgenommen hat (Huber/Stephens 2001), sind sozialpolitische Rückschritte in den fortgeschrittenen Industrieländern unverkennbar. Deshalb kam es auch zur leichten Konvergenz in der wohlfahrtsstaatlichen Entwicklung, nämlich zu einer Annäherung nach unten. Dies gilt für die europäischen Wohlfahrtsstaaten genauso wie für die außereuropäischen. Von daher hat die europäische Integration den Wohlfahrtsstaat weder vor Einschnitten bewahrt noch ihn untergraben. Ähnliches lässt sich von der Globalisierung sagen. Nicht sie wird über die Zukunft des Wohlfahrtsstaates entscheiden, sondern die Auseinandersetzung zwischen den verschiedenen politischen Kräften und Lagern; eine Auseinandersetzung, die überwiegend innerhalb der Nationalstaaten ausgetragen wird. Europäisierung und Globalisierung haben allerdings die politischen Gleichgewichte zuungunsten seiner Verteidiger verschoben. Entgegen verbreiteter Annahme dürfte die Europäisierung qua Einheitlicher Europäische Akte sogar ein stärkeres Gewicht haben als die Globalisierung. Der „Marktfundamentalismus" des Binnenmarktprogramms hat die Ungleichheiten in den EU-Mitgliedsländern verschärft (Beckfield 2016).

4.4 Fazit

Die EU ist weit davon entfernt, den sozialen Aspekten der Integration die gleiche Aufmerksamkeit zu widmen wie den ökonomischen Aspekten. Dies liegt nicht allein daran, dass auf sozialpolitischem Gebiet die EU überwiegend nur über indirekte Gesetzgebungskompetenz verfügt. Der engere Bereich der sozialen Sicherung unterliegt weiterhin dem Einstimmigkeitsvorbehalt. Daran hat auch die Verabschiedung des Reformvertrages nichts geändert (Schäfer 2005).

Obgleich die EU im Bereich der Sozialpolitik somit nur über eine geringe Gestaltungsfähigkeit verfügt, greift sie indirekt – insbesondere über die Mechanismen des Binnenmarkts und der Währungsunion – massiv in die nationalstaatliche Autonomie ein. Wie Fritz W. Scharpf frühzeitig gezeigt hat, entfalten die EU-vertraglich verankerten Wirtschaftsfreiheiten unmittelbare Durchschlagskraft, zumal sie von der extensiven Rechtsprechung des EuGH tatkräftig gestützt werden (Scharpf 1999; 2009). Diese als „negative Integration" bezeichne Dynamik zugunsten der unbeschränkten Marktwirtschaft steht auf der anderen Seite ein „Sperrklinkeneffekt" gegenüber: EU-weite sozialstaatliche Regelungen sind hingegen nur im breiten Konsens möglich, der – angesichts der unterschiedlichen Interessenlagen der Mitgliedsländer – nur schwer zu erzielen ist.

Somit sind die europäischen Nationalstaaten in der Sozialpolitik zwar weiter-

Fazit

hin souverän; sie sind aber nicht mehr autonom. Sie haben sich den markschaffenden Eingriffen der EU zu unterwerfen, während eine sozialstaatliche Re-Regulierung der Marktfreiheiten auf europäischer Ebene unwahrscheinlich ist. Dieses Dilemma war weder geplant noch ist absehbar, wie es sich auflösen ließe. Denn eine Rückübertragung ökonomischer Kontrollrechte auf die Nationalstaaten ist derzeit ebenso wenig vorstellbar wie umgekehrt eine deutliche Ausweitung der EU-Kompetenzen in der Sozialpolitik. Dazu fehlt es an öffentlichem Druck. Zwar sprechen sich die Bürger – im Gegensatz zu den Eliten – fast durchgängig für eine Stärkung der sozialen Dimension des Binnenmarkts aus (Hooghe 2003). Je nach politischer Einstellung und nationaler Herkunft befürworten sie aber höchst unterschiedliche sozialpolitische Kompetenzen für die EU (Mau 2005).

Gemessen am Variationskoeffizient sind die Unterschiede zwischen den Sozialquoten der Mitgliedsländer – längerfristig gesehen – kleiner geworden. Vor allem haben sich Sozialquoten Griechenlands, Portugals und Spaniens – von einer sehr niedrigen Basis ausgehend – in Richtung der Mittelwerte der Union entwickelt (Cousins 2006: 53). Die moderate Konvergenz in verschiedenen wohlfahrtsstaatlichen Indikatoren beschränkt sich nicht auf Europa (Brady/Beckfield/Seeleib-Kaiser 2005: 936), ist also keine Konsequenz der EU-Sozialpolitik. Zudem beschränkt sie sich auf Sozialquoten und Sozialtransfers; eine Konvergenz hinsichtlich der wohlfahrtsstaatlichen Strukturen und Ergebnisse ist nicht zu erkennen (Korpi 2003: 604). Alle Länder haben zwar reformiert, und die Leistungen sind heute in der Regel weniger generös als sie es in den siebziger Jahren waren. Jedoch hat nur Großbritannien eindeutig zurückgebaut und ist vom sozialdemokratischen zum liberalen „Lager" gewechselt.

Innerhalb wie außerhalb der EU ist eine Entwicklung hin zum niedrigsten Wert („race to the bottom") nicht zu erkennen, wenngleich soziale Rechte in der Mehrzahl der Wohlfahrtsstaaten zurückgenommen wurden. Weiterhin gilt, dass nationalstaatliche politische Prozesse – weltanschauliche Faktoren, die Ausrichtung politischer Eliten und staatlicher Bürokratien, die Auseinandersetzung zwischen kollektiven Interessen – bedeutsam sind und ökonomische Verteilungsprozesse beeinflussen können. Diese Befunde sprechen gegen die Auffassung, der Wohlfahrtsstaat sei mit der wachsenden Globalisierung zum Untergang verurteilt. Zugleich erscheint zweifelhaft, ob die EU zum Fortbestand des Wohlfahrtsstaates entscheidend beitragen kann. Dagegen sprechen auch der fortbestehende Einfluss historischer Erbschaften und die je spezifischen Vetopunkte eines jeden politischen Systems (beispielsweise ob es sich um ein föderales System handelt). Während Binnenmarkt und Währungsunion der nationalen Sozialpolitik europäische Rahmenbedingungen setzen, ist ihre Europäisierung im Sinne einer gemeinsamen europäischen Sozialpolitik nicht in Sicht.

5 Auf dem Weg zu einem einheitlichen Bildungsraum?

Vermutlich in keinem anderen Gesellschaftsbereich sollte man mehr Konvergenz vermuten als im Bildungsbereich: Erstens wird Bildung und die damit verbundenen Fähigkeiten in modernen Gesellschaften immer wichtiger, sowohl für die Einzelnen als auch für die Gesellschaften als Ganze. Die Erwartungen lauten daher, dass in allen Gesellschaften die Bildungseinrichtungen auf allen Ebenen ausgebaut werden und die Bildungsbeteiligung weiter ansteigen würde. Und zweitens beschäftigt sich die EU seit längerem mit den Herausforderungen der Wissens- und Informationsgesellschaft. Zum einen besitzt sie im Bildungsbereich durchaus einige Kompetenzen. Mit den Verträgen von Maastricht und Amsterdam wurde der Bildungsbereich erstmals ausdrücklich in den gemeinschaftlichen Verantwortungsbereich einbezogen. Zum anderen haben sich zahlreiche europäische Länder im Bildungsbereich auf gemeinsame Ziele und Maßnahmen geeinigt (Lissabon- und Bologna-Prozess).

In einem ersten Schritt werfe ich einen kurzen Blick auf die europäische Bildungslandschaft, d. h. auf zentrale Strukturen der nationalen Bildungssysteme. In einem zweiten Schritt gehe ich auf die aktuellen bildungspolitischen Reformprozesse in den verschiedenen europäischen Ländern ein. Sodann werden die Kompetenzen der EU im Bildungsbereich mit dem Ziel dargestellt, mögliche Europäisierungsprozesse und Chancen für das Entstehen einer europäischen Wissenschaftsgesellschaft auszuleuchten.

5.1 Die (west-)europäische Bildungslandschaft

Die Bildungsexpansion stellt einen der zentralen sozialstrukturellen Wandlungsprozesse in den fortgeschrittenen Industriegesellschaften dar. In wenig mehr als hundert Jahren führte sie von der Alphabetisierung der Massen zur weiten Verbreitung von Hochschulzertifikaten. In den meisten europäischen Ländern war sie Teil dessen, was Stein Rokkan (2000) als den Nationalstaatsbildungsprozess bezeichnet hat. D. h. es ging nicht nur – und zu Beginn nicht einmal in erster Linie – um funktionale Gesichtspunkte, um Qualifikation und Vorbereitung für den Beruf, sondern um die Einbindung der zunächst als Untertanen, später als künftige Staatsbürger begriffene Bevölkerung. Deshalb durfte die Bildung auch nicht länger staatsfernen Kräften, wie etwa der katholischen Kirche, überantwortet werden. Mit einigen Ausnahmen, wie den Niederlanden, war – und ist – Bildung in Europa besonders staatsgebunden. Die Parallelität zur Wohlfahrtstaatsentwicklung ist offensichtlich.

In den 60er und 70er Jahren des vorigen Jahrhunderts erlebte dieser säkulare Prozess der Bildungsexpansion seinen letzten Höhepunkt. Bildungssysteme wurden überall nicht nur quantitativ ausgeweitet, sondern es wurden auch überall Reformen mit dem gleichen Ziel eingeführt, herkunftsbedingte Chancenungleichheit abzubauen. Diese aus der makrosoziologischen Vogelperspektive sehr ähnlichen Entwicklungen haben in den verschiedenen Ländern zu keiner Angleichung der nationalen Besonderheiten der Bildungssysteme geführt. Die in langen und konfliktreichen Entwicklungsprozessen geschaffenen Bildungsinstitutionen haben sich als äußerst hartnäckig erwiesen. Die historischen Entwicklungen der jeweiligen Nationalstaaten und ihrer spezifischen Ziele spiegeln sich bis heute in den Merkmalen und Eigenheiten der nationalen Schulsysteme wider (Müller/Shavit 1998). Beispielsweise können zahlreiche Elemente des heutigen deutschen Schulwesens bis in die preußischen Verwaltungs- und Schulreformen des 19. Jahrhunderts zurückgeführt werden (vgl. Leschinski/Roeder 1976). So sind zahlreiche länderspezifische und sogar – wie in Belgien oder der Schweiz – regionale Besonderheiten entstanden, die weiterhin tradiert werden. Dies sei an einigen Dimensionen skizziert, auch um die Position Deutschlands einordnen zu können.

Bildungsangebote werden üblicherweise nach Primar-, Sekundar-I- und Sekundar-II- sowie Tertiärbereich miteinander verglichen. Allerdings muss man, was in Deutschland oft übersehen wird, den Vorschulbereich hinzufügen; ferner – wozu hier nichts gesagt wird, was aber immer mehr an Bedeutung gewinnt: Erwachsenenbildung bzw. lebenslanges Lernen. Die europäischen Länder nehmen sich hinsichtlich Trägerschaft, Anzahl, und der Ausbildung des Erziehungspersonals sehr unterschiedlich aus. In (West-)Deutschland besuchten vergleichsweise wenige Kinder eine Vorschuleinrichtung, und die Ausbildung der Erzieherinnen galt als wenig professionell. In den letzten Jahren wurde jedoch auch in Deutschland versucht, den Vorschulbereich aufzuwerten. Dafür sprechen zwei Gründe. Zum einen wird immer deutlicher, wie wichtig Vorschulerziehung für die „Ausschöpfung von Bildungsreserven" ist, seien es die der Kinder von Migranten oder von bildungsfernen Schichten (Becker/Lauterbach 2007). Zum zweiten erfordert eine bessere Vereinbarung von Familie und Beruf – damit ist auch die Hoffnung auf höhere Geburtenziffern verbunden – eine gute und zugängliche Vorschulbetreuung. Auch ist in mehreren Ländern eine Tendenz zum früheren Schuleintritt zu erkennen.

Der Primarbereich weist die größte Übereinstimmung auf. In den meisten europäischen Ländern gibt es eine Schulpflicht (in Dänemark nur eine Unterrichtspflicht), und das Einschulungsalter ist meistens das sechste Lebensjahr. In den meisten Ländern endet die Schulpflicht mit 16. Die Schulpflicht beträgt daher neun oder zehn Jahre, länger in Großbritannien, in den Niederlanden und in Belgien (s. Tabelle 4).

Tabelle 4 gibt aber nur einen unzureichenden Einblick in den inneren Aufbau der Schulsysteme. Einen wichtigen Hinweis auf Strukturunterschiede erhält man, wenn man danach fragt, wie viele Jahre die Heranwachsenden eines Altersjahrgangs in einem einheitlichen Schultyp verbringen, sei es an Schulen der Primar-

Tabelle 4 Verweildauer in den Bildungsbereichen nach Jahren

EU-Mitgliedsländer	Bildungsbereiche			
	Elementar	*Primar*	*Sek I*	*Sek II*
Belgien	4	6	3	3
Bundesrepublik Deutschland	3	4	6	3
Dänemark	4	9	3	
Estland	4	3	6	3
Finnland	4	9		3
Frankreich	3	5	4	3
Griechenland	3	6	3	3
Großbritannien	2	7	4	2
Irland	3	6	3	2
Italien	3	5	3	5
Lettland	4	9	3-4	
Litauen	3	4	5	3
Luxemburg	2	6	3	4
Malta	3	6	5	3
Niederlande	8		6	
Österreich	3	4	4-5	3-4
Polen	4	6-9		5
Portugal	3	6	3	3
Schweden	4	9	3	
Slowakische Republik	3	4	4	4
Slowenien	3-4	4	4	4
Spanien	4	6	4	2
Tschechischen Republik	3	5	4	4
Ungarn	3	8	3-4	
Zypern	3	6	3	3

Anmerkung: Sek I = Sekundarstufe I; Sek II = Sekundarstufe II

Quelle: Gries et al. (2005: 9).

oder der Sekundarstufe. Dies ist – ohne auf teilweise weitere vorhandene Differenzen z. B. regionaler Art einzugehen – in Abbildung 12 eingetragen.

Grob gesagt lassen sich die meisten Länder einer von drei Gruppen zuordnen (Müller/Steinmann/Schneider 1997; Müller/Kogan 2010). In einer ersten Gruppe besuchen die Kinder relativ lange eine einheitliche Grundschule. Es handelt sich also um ein gesamtschulartiges Bildungssystem. Dazu gehören alle Länder Skandinaviens, Frankreich und Portugal mit neun gemeinsamen Jahren, sodann Spanien mit acht und Schottland mit sieben Jahren. Für einen langen gemeinsamen Pflichtschulbesuch haben sich – nach einer Phase längeren Experimentierens – auch die meisten neuen Mitgliedsländer der EU entschieden. In einer zweiten Gruppe ist die gemeinsame Grundschulzeit kürzer, in England, Griechenland und Irland sechs und in Italien fünf Klassen, aber hier setzt zumindest die Mehrzahl der Schüler in integrierten Sekundarschulen ihre Schulzeit fort. Zu der letzten, deutlich kleineren Gruppe gehört Deutschland. Hier erfolgt nach vergleichsweise wenigen Jahren (Deutschland und Österreich vier bzw. fünf, Niederlande und Belgien sechs und in der Schweiz zwischen vier und fünf) eine Trennung nach Schultyp. Auch die Mehrzahl der mittel- und osteuropäischen Transformationsländer hat sich von der Einheitsschule getrennt und folgt diesem Weg.

In der oberen Stufe des Sekundarbereichs (Sek II) sind die Unterschiede noch größer. Die Länder unterscheiden sich nach Gliederungsvielfalt, nach vertikaler Durchlässigkeit, horizontalen Übergangsmöglichkeiten oder der Art der berufspraktischen Ausbildung. In den skandinavischen und südeuropäischen Ländern – neuerdings auch in Irland – erlangt ein Großteil der Schüler die Hochschulreife. Auch in Dänemark sind es z. B. 70 Prozent, obwohl auch berufspraktische Zweige ähnlich dem dualen System angeboten werden. In Italien z. B. können alle Absolventen der fünfgliedrigen scuola media die maturitá erwerben. In den Beneluxstaaten (flämischen Teil Belgiens), in Deutschland, Österreich und der Schweiz sind die Zugänge zur Hochschulreife (noch) wenig durchlässig. In den drei letztgenannten Ländern erreichte lange Zeit höchstens jeder Dritte im Schulabschlussalter die Hochschulzugangsberechtigung. Dieser Anteil ist aber zuletzt rasch gestiegen: In Deutschland verlässt 2015 ungefähr die Hälfte der Absolventinnen und Absolventen allgemeinbildender und beruflicher Schulen die Schule mit allgemeiner Hochschulreife bzw. Fachhochschulreife und der Anteil junger Erwachsener mit Hochschule (oder vergleichbare Abschlüsse) hat in von 22 Prozent (2005) auf 30 Prozent (2015) zugenommen.

Eine Mittelposition nehmen Frankreich und Großbritannien ein, wenn auch aus sehr unterschiedlichen Gründen. Frankreich kennt ein sequentielles System der tertiären Bildung von drei, zwei bis drei Jahre langen, aufeinander folgenden Zyklen. Die Mehrzahl macht ein Kurzstudium (ähnlich Spanien, Portugal und franz. Belgien). In Großbritannien gibt es ein sehr heterogenes Hochschulsystem;

Die (west-)europäische Bildungslandschaft

Abbildung 12 Dauer des gemeinsamen Pflichtschulbesuches in Jahren

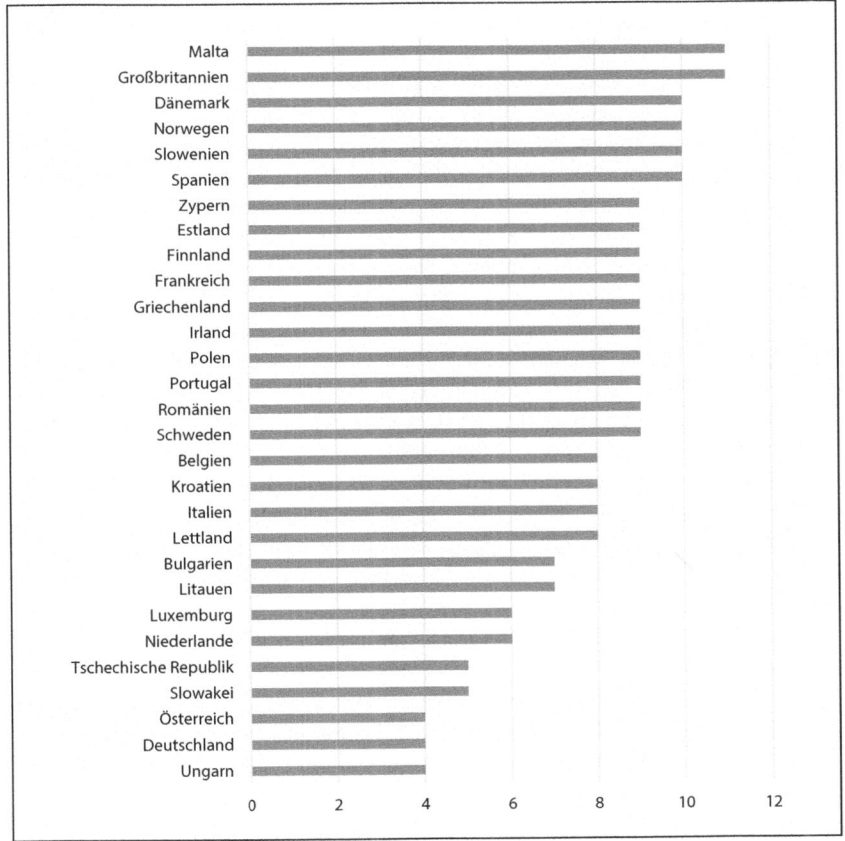

Quelle: Zusammengestellt nach Eurydice (2014), regionale Besonderheiten bleiben unberücksichtigt.

Absolventen werden früh auf den Arbeitsmarkt entlassen, können aber modular flexibel angebotene, z. T. gestufte Angebote wahrnehmen. Ein Sonderposition nahm Deutschland lange Zeit auch hinsichtlich des auf weitgehend den Vormittag beschränkten Unterrichts ein. Aber mit dem Ausbau der Ganztagsschule hat Deutschland, wie mit dem Ausbau der Vorschulerziehung, Anschluss an die allgemeine Entwicklung gefunden.

Bei der beruflichen Bildung kann man grob zwischen dualen Ausbildungssystemen, schulischen Ausbildungssystemen und der rein betrieblichen Ausbildung unterscheiden. Letztere gibt es in Reinform nirgends mehr, aber auch im dualen System spielen rein schulische Angebote eine immer größere Rolle. Dieses duale System gibt es in den deutschsprachigen Ländern und – mit Abweichungen – in Dänemark, Ungarn, den Niederlanden und Luxemburg. Die Ausbildung findet zugleich in den Ausbildungsbetrieben wie in der Berufsschule statt. Sie ist damit stärker berufsorientiert als die sich auf Allgemeinbildung konzentrierenden schulischen Ausbildungssysteme Finnlands, Großbritanniens, Irlands, Frankreichs, Belgiens, Spaniens oder Portugals. In dualen Systemen spielen üblicherweise professionelle (Handwerksorganisationen) und korporative Akteure (Unternehmensverbände und Gewerkschaften) eine wichtige Rolle, während die letztgenannten Systeme entweder vom Staat (Frankreich) oder vom Markt (England) dominiert sind.

Angesichts hoher Jugendarbeitslosigkeit und gestiegener Anforderungen an die Allgemeinbildung der Lehrstellensucher wird in allen Ländern mit verschiedenen berufspraktischen Ausbildungsgängen experimentiert. Die Erfolge lassen allerdings zu wünschen übrig. Das gilt beispielsweise für den Versuch Frankreichs, das gegenüber der akademischen Ausbildung geringe Prestige technischer und handwerklicher Berufe zu erhöhen. Vor diesem Hintergrund relativieren sich die zweifellos vorhandenen Probleme des deutschen Ausbildungssystems. Während vordem die OECD Deutschland regelmäßig für zu wenige Studierende kritisierte, wird nun das duale System für den niedrigen Anteil arbeitsloser Jugendlicher gelobt.

Im Hochschulbereich ist wiederum – zumindest für Kontinentaleuropa – die zentrale Bedeutung des Staates auffällig. Die tertiäre Erziehung ist staatlich finanziert und kontrolliert, entweder zentral (Frankreich, Italien) oder föderal (Deutschland, Spanien, auch Skandinavien). Damit geht einher, dass Europa vergleichsweise kaum Elitehochschulen kennt. Neben den schon erwähnten französischen Grandes Écoles sind es Oxford und Cambridge, letztere allerdings privat verfasst. In Mittel- und Osteuropa haben sich nach dem Umbruch hingegen zahlreiche private Universitäten von teilweise sehr unterschiedlicher Qualität gegründet. Doch in den nordwesteuropäischen Ländern dürfte sich ihrer innernational vergleichsweise homogene Universitätslandschaft im Zuge des Bologna-Prozesses, der weiter unten behandelt wird, stärker ausdifferenzieren. Dafür spricht, dass immer stärker von „Elite-Universitäten" und „Exzellenz-Programmen" die Rede ist. Entgegen den Beteuerungen von Bologna wird die soziale Relevanz der Reputation der zertifikatsverleihenden Hochschule wichtiger werden.

Sowohl in den Ländern der Humboldt-Tradition mit ihrer Einheit von Forschung und Lehre als auch in den Napoleonischen Systemen, in denen diese Funktionen stärker getrennt sind, haben wir es mit einer zweigespaltenen Entwicklung zu tun. Zwar haben sich die althergebrachten, prestigeträchtigen akademischen

Abschlüsse nur wenig verändert, doch wurden diese durch die schiere Zahl der Massen oft ausgehöhlt. Beispielsweise stieg die Anzahl der Studierenden in der römischen La Sapienza innerhalb eines Vierteljahrhunderts von wenigen Tausend auf über 100 000 Studierende, mit allerdings sehr geringen Abschlussquoten. Ein derart expandiertes Hochschulsystem führt auf der einen Seite zu einer Entwertung der Studienabschlüsse, auf der anderen Seite zu einer Differenzierung gemäß Typen und Profilen von Hochschulen und Studiengängen und Studienabschlüssen (Teichler 2005). So wurde in den meisten Ländern ein zweiter Hochschulzweig ausgebaut (so in Großbritannien) oder neu installiert (Deutschland, Niederlande, Österreich, Schweiz), der berufspraktischer und straffer ausgerichtet ist. Ausnahmen sind hier Italien – in dem es im Tertiärbereich außer den übervollen Universitäten nur noch Kunsthochschulen gibt – und Frankreich mit seinem segmentierten, hierarchischen Hochschulsystem, mit den Grandes Écoles im Zentrum. Allerdings kann in Frankreich der premier cycle in vielen Technischen und Naturwissenschaftlichen Hochschulen als Äquivalent zu einer Fachhochschule angesehen werden.

Als Zwischenfazit lässt sich festhalten: Wir sehen im Bildungsbereich überwiegend nationale Entwicklungspfade, mit gewissen Ähnlichkeiten im Primarbereich, wohl geringer werdenden Unterschieden in der Vorschulerziehung, beträchtlichen Unterschieden in der Trennung von Grundschul- und Sekundarschulbereich, in den Zugängen zur Hochschulreife sowie in der beruflichen Bildung. Gleichlaufende Trends sind zu beobachten im Ausbau des zweiten Hochschulzweigs und im Versuch, der beruflichen Bildung ein stärkeres Gewicht zu geben. Insgesamt dürften die Unterschiede heute sogar noch größer sein als unmittelbar nach dem Zweiten Weltkrieg, da zwar der Prozess der Bildungsexpansion in den westeuropäischen Ländern im Wesentlichen gleichförmig, nicht aber in gleichen institutionellen Bahnen verlief.

Es gibt dementsprechend wenige Vorschläge, diese Vielfalt vereinfachend zusammenzufassen. Einer stammt von Jutta Allmendinger (Allmendinger/Hinz 1997), welcher nach den Dimensionen Stratifizierung (wie stark wird im Bildungssystem zwischen den Ausbildungsstufen gesiebt?) und Standardisierung (gelten nationenweit die gleichen Maßstäbe?) unterscheidet. In der Typologie Allmendingers kann man Deutschland als gleichermaßen hoch standardisiertes und stratifiziertes Bildungssystem bezeichnen. Eine faktoranalytische Typologie stammt von Windzio/Sackmann/Martens (2005). Sie verdeutlicht die historische Pfadabhängigkeit von Bildungssystemen.

Der quantitative Blick auf Deutschland offenbart in Teilen noch seine bildungspolitische Minderheitenposition. Das beginnt mit dem vergleichsweise wenig ausgebauten Vorschulbereich, setzt sich in der frühen Trennung nach Schultypen, im weniger bedeutenden Nachmittagsunterricht und im geringen Angebot von Schulen außerhalb des Unterrichts fort und endet mit der vergleichsweise geringen Studierneigung. Im Primar- und Tertiärbereich sind die öffentlichen Mittel für Bildung mittlerweile deutlich niedriger als in den vergleichbaren Nachbarländern (Schmidt 2004). Zudem haben internationale Schulleistungsvergleiche gezeigt, dass das deutsche Schulsystem sowohl vergleichsweise wenig „Spitzenschüler" als auch viele leistungsschwache Schüler hervorbringt. Erneut lässt sich eine Parallele zum sozialstaatlichen Befund des vorangegangenen Kapitels ziehen. Wie im wohlfahrtsstaatlichen zählte Deutschland im Bildungsbereich zu den Pionieren, denen es schon früh gelang, breiten Bevölkerungsteilen eine über die schulische Minimalbildung hinausreichende Qualifikation zu vermitteln (Müller/Kogan 2010). Mittlerweile haben 90 Prozent der Bevölkerung in Deutschland mindestens einen Abschluss des Sekundarbereichs II, d. h. entweder Abitur oder eine abgeschlossene Berufsausbildung – ein im internationalen Vergleich sehr guter, aber kein Spitzenwert mehr. Allerdings stagniert seit langem mit 13 Prozent die Quote der Niedrigqualifizierten bei den heute 25- bis 34-Jährigen (OECD 2016).

5.2 Aktuelle Leitlinien bildungspolitischer Reformen

Angesichts der Vielgestaltigkeit der europäischen Bildungslandschaft hätte man divergente schul- und erziehungspolitische Reformen in den verschiedenen Ländern erwarten können. Tatsächlich stellen wir überraschende Gemeinsamkeiten fest. Diese Gemeinsamkeiten lassen sich für den Schul- und Ausbildungsbereich in vier Punkten grob zusammenfassen (mit weiteren Belegen und Beispielen: Immerfall 2006); der Hochschulbereich wird in Abschnitt 5.3 eigens behandelt.

a) Erweiterte Selbständigkeit
b) Outputsteuerung
c) Flexibilisierung
d) Neue Unterrichtsformen

ad a) In den meisten Ländern erhielten die Schulen mehr Verantwortung beim Personal- und beim Ressourceneinsatz. Zumindest wurde die mittlere Schulaufsichtsebene beschnitten, in Deutschland etwa die Bezirke, in England die Local Education Authorities. Dafür wurde der Kompetenzbereich der Schulleitungen gestärkt, die deswegen oft auch Gegenstand von Qualifizierungsbemühen in nicht-pädagogischen Bereichen wurden. Häufig werden die Schulen jetzt aufgefordert, sich besondere Profile zu geben bzw. zu entwickeln.

ad b) Schulische Erziehung ist keine mechanische Dienstleistung. Zu ihrem Erfolg tragen viele, oft unbekannte oder außerhalb der Reichweite von Schule liegende Faktoren bei. Erfolg und Leistung von Bildungsanstalten systematisch zu kontrollieren stellt daher kein leichtes Unterfangen dar. Früher behalf man sich mit der sog. „Input-Steuerung". Die Schulverwaltung ging davon aus, dass wenn überall ein ähnlicher Unterricht nach zugewiesenen Lehrplänen stattfinde, ein Mindestmaß an Qualität garantiert werden könne. Gegenüber dieser kameralistischen Vorstellung gewinnen heute bildungsökonomische und managerielle Leitbilder an Bedeutung. Im Kern geht es um den doppelten Übergang von der inputorientierten zur outputorientierten Steuerung und von der Angebots- zur Nachfrageorientierung. Dabei sollen die Lehrenden mehr Freiheit in der Wahl ihrer pädagogischen Mittel erhalten; im Gegenzug werden die Ergebnisse ihres Bemühens immer öfter einer standardisierten Überprüfung unterzogen. Die Nachfrager von Bildung – Eltern, Wirtschaft – erhalten verstärkt Einfluss auf das schulische Angebot, während die Schulen selbst aufgefordert werden, sich über besondere Profile zu differenzieren.

Instrumente der Output Steuerung können Schulranglisten sein, auf denen die Ergebnisse der zentral gestellten Prüfungsaufgaben verzeichnet sind, zielorientierte Vereinbarungen, bei denen die Ergebnisse von Schulen mit überregionalen Vorgaben verglichen werden und zentrale Lernstandserhebungen auf der Grundlage vorgegebener Standards. Zudem müssen sich die Schulen zunehmend auf regelmäßige Überprüfungen von dritter Seite nach bestimmten Kriterien (Evaluation) einstellen. Auch im Hochschulbereich setzen die meisten Staaten stärker auf Prozesskontrolle als auf unmittelbare Vorgaben. Ob die Vergleichsarbeiten auf der Schul- und Lehrerebene tatsächlich zur Verbesserung des Unterricht genutzt werden, ist damit noch nicht gesagt (Ramsteck et. al 2015). Für Deutschland gilt zudem, dass die Kultusbehörden der Länder die Veröffentlichung von Vergleichsdaten behindern (Wiss. Beirat 2016).

ad c) Flexibilisierung stellt ein weiteres Zentralthema der schul- und bildungspolitischen Debatte dar. Damit ist das Ziel angesprochen, die Ausbildung einerseits zu beschleunigen, andererseits die einzelnen Schritte aneinander anzuschließen. So soll ein erster, für den Beruf befähigender Abschluss in kürzerer Zeit erreicht werden. Dieser erste Abschluss soll später – wenn sich Ausbildungs- oder Berufsziele geändert haben – um weitere Abschlüsse erweitert werden können.

Für das dreigliedrige Schulsystem Deutschlands bedeutet das, dass Übergänge zwischen Haupt-, Real- und Gymnasialabschlüssen erleichtert werden. Sinkende Schülerzahlen verstärken den Druck zugunsten eines einfacheren Schulsystems (Hurrelmann 2013). Trotz des auch heute schon möglichen Wechsels zwischen den Schularten überwiegt indes die Abstiegsmobilität bei weitem (Cortina/Trommer

2003): Bei einem Schulartwechsel ist der Abstieg in eine niedrigere Schulform weitaus häufiger als der Aufstieg in eine höhere. Ferner sollen die traditionellen Unterschiede zwischen akademischer und berufspraktischer Ausbildung verringert werden. Nach dem DQR (Übersicht 1) stehen zum Beispiel Meister und Fachwirte auf einem Niveau mit dem Bachelor-Abschluss.

ad d) Auch Unterrichtsziele und Unterrichtsformen scheinen sich zu wandeln. Von „Bildung als Bürgerrecht" ist kaum noch die Rede; vielmehr soll der Praxisbezug der Ausbildung gestärkt und am Ende eines jeden Bildungsprozesses „Employability" (Beschäftigungsfähigkeit) sichergestellt werden. Die Rolle des Lehrers wandelt sich weg vom Alleswisser, hin zum Trainer, zum Begleiter. Kreativität, Problemlösungsstrategien und Transferdenken sollen an die Stelle des Wiederkäuens vorgegebener Lösungswege treten. Insbesondere für Deutschland wird das Übergewicht des fragend-entwickelnden Unterrichts beklagt (Baumert o. J.). Dies soll u. a. mittels Modellversuchen wie SINUS oder SINUS-Transfer korrigiert werden.

Bildungssysteme sind in der Regel selbstreferentiell, in ihrer Funktionsweise nur auf sich bezogen. Sinnfällig wird dies im Notenwesen. Das Schulwesen besitzt eine hohe Eigendynamik, die von außen nur schwer zu steuern ist (Oelkers 2003). Die politische Debatte folgt anderen Gesetzmäßigkeiten als die schulische Implementation. Dennoch sind die Reformbemühungen mehr als Schlagworte, die die Schulwirklichkeit nicht berühren. Dies wird an den teilweise erheblichen Widerständen deutlich, mit denen sie konfrontiert sind (z. B. Idel et al. 2016). Der intensive Blick nach außen, wie er sich in den vielen internationalen Vergleichsstudien widerspiegelt, die in den letzten beiden Jahrzehnten durchgeführt wurden, zeigt, dass sich viele europäische Bildungssysteme als problematisch empfinden. Themensetzungen und Handlungsimpulse gehen dabei nicht selten von internationalen Akteuren und Expertennetzwerken aus (Klein/van Ackeren 2016).

Jede Reform muss aber in den eigenen nationalen Kontext eingepasst werden. Wie verschiedene Fallstudien zeigen, dient der Blick auf andere europäische Länder und die angeblichen Anleihen, die von dort übernommen werden, vor allem zur Legitimation der eignen Position (Steiner-Khamsi 2002). Dabei fällt auf, dass kaum mehr die USA als Referenz für die bildungspolitischen Reformen dienen. Dabei hätte der Verweis auf das angelsächsische Vorbild nahe gelegen, da viele der Reformen marktwirtschaftliche Elemente in das Bildungswesen einbauen wollen. Offenbar erscheint aber der Verweis auf andere europäische Länder in der bildungspolitischen Debatte als opportuner. Diese wirft die Frage nach der Gestalt und dem Gewicht einer europäischen Bildungspolitik auf, der wir uns nun zuwenden.

5.3 Auf dem Weg zu einem einheitlichen europäischen Bildungsraum?

Bildungspolitik unterliegt dem Subsidiaritätsvorbehalt, das heißt sie fällt zunächst einmal in die ausschließliche Zuständigkeit der Mitgliedsländer. Erst mit den Verträgen von Maastricht und Amsterdam ist der Bildungsbereich ausdrücklich in den gemeinschaftlichen Verantwortungsbereich einbezogen (Artikel 145 AEUV, ex-Artikel 125 EGV). Darin wird der Beitrag der Union zur „Entwicklung einer qualitativ hoch stehenden Bildung" formuliert. Bildung und Kultur erhielten eine eigene Generaldirektion. Eine Harmonisierung der bildungspolitischen Rechts- und Verwaltungsvorschriften der Mitgliedstaaten ist explizit ausgeschlossen. Auch wenn die einzelnen Mitgliedsstaaten für die Lehrinhalte und die Gestaltung ihrer Bildungssysteme weiterhin verantwortlich sind, kann jetzt ernsthaft von einer Bildungspolitik der EU gesprochen werden. Das heißt aber nicht, dass die EU-Organe nicht schon vorher in diesem Bereich tätig waren. Flankiert durch Entscheidungen des EuGH hat sich die Bildungspolitik zu einem dynamischen Feld der europäischen Politik entwickelt (Becker 2012, 2013).

Wie üblich versuchte die Kommission den Bildungsbereich mit dem Binnenmarkt zu verknüpfen, weil sie hier die größten Rechte hat. Beispiele für solche Anknüpfungspunkte sind Arbeitsplatzregelungen für die berufliche Bildung, der Abbau von Mobilitätshemmnissen für die gegenseitige Anerkennung von Bildungszertifikaten und die Förderung von Dozenten- und Studentenaustausch. Entgegen dem Willen der Kommission erfolgt die Anerkennung ausländischer Diplome und Zertifikate nur für wenige Berufe wie Arzt, Krankenschwester/ Krankenpfleger oder Hebamme automatisch. Die meisten Ausbildungsnachweise unterliegen weiterhin der nationalen Überprüfung, auf die jedoch ein Rechtsanspruch besteht. Im Lehramt beispielsweise gibt es kaum eine Anerkennung ohne Auflagen (vgl. hierzu die Datenbank http://ec.europa.eu/growth/tools-data bases/regprof/index.cfm).

Einen spektakulären Erfolg erzielte die Kommission 2005 gegen Österreich, der die ganze Tragweite der Binnenmarktgesetzgebung verdeutlicht. Der Europäische Gerichtshof hob eine Regelung als „versteckte Diskriminierung" auf, wonach ein Ausländer, der in seinem Heimatland nicht studieren durfte, dies auch in Österreich nicht konnte (EuGH C-147/03). Nach dem Urteil setzte unverzüglich ein Sturm deutscher Studierwilliger auf Österreichs Medizin-Universitäten ein, die in Deutschland wegen eines Numerus Clausus nicht zum Zug gekommen waren. Österreich hat nunmehr Aufnahmetests für solche begehrte Fächer eingeführt. Obwohl EU-Bürger in jedem EU-Staat nach den dort geltenden Zulassungsbedingungen studieren können, ziehen beispielsweise englische Studierende die billigen deutschen nicht den teuren britischen Universitäten vor. Diese zeigt, wie kultur- und sprachgebunden die Ausbildung im europäischen Bildungsraum weiterhin ist.

Relativ früh wurden Informations- (euridyce) und Austauschprogramme (z. B. Erasmus 1987) gestartet. Austauschprogrammen konnten die Nationalstaaten leicht zustimmen, da sie die sensiblen Bereiche ihrer Bildungssysteme – Inhalte und Gestaltung – nicht berühren. Auf die sog. „europäische Dimension" von Lehrplänen versuchte die EU allerdings schon seit den 70er Jahren Einfluss zu nehmen (s. Abschnitt 6.3). Insbesondere das Erasmus-Programm kann als Erfolg verbucht werden. Es stellt einen vergleichsweise bürokratiearmen Rahmen dar, innerhalb dessen Hochschuleinrichtungen den von ihnen gewünschten Austausch regeln und organisieren können. Neben den 28 Mitgliedsländern umfasst das Programm die drei EWR-Länder (Island, Lichtenstein und Norwegen) sowie die Türkei (als Aufnahmeland) und die Schweiz als „Stiller Partner". Wegen der Volksabstimmung für die Begrenzung von Zuwanderung wurde die Schweiz 2014 allerdings als Drittstaat eingestuft. In den dreißig Jahren seines Bestehens wurden Als Erasmus-Stipendiat zahlt man im Ausland keine Studiengebühren, erworbene Leistungen werden anerkannt, zudem erhält man eine Förderung. In den dreißig Jahren seine Bestehens hat das Programm europaweit über drei Millionen Studenten gefördert. Im Laufe der Zeit wurde das Programm auch auf die allgemeine und die berufliche Bildung ausgedehnt und 2014 zu Erasmus+ weiterentwickelt (s. Übersicht 1).

Die Austauschprogramme sollen das Verständnis für Europa wecken. Diese Erwartung muss allerdings mehrfach eingeschränkt werden. Die Programmnutzung ist sozial selektiv; es sind vor allem die oberen Klassen, die von der nationalstaatlichen Öffnung des Bildungsbereichs profitieren (von der Veen 2002; Gerhards/Németh 2015). Zudem sind die Bewerber für einen Auslandsaufenthalt von vornerein überdurchschnittlich europafreundlich eingestellt (Netz/Finger 2016), während umgekehrt die Partizipation in einem multinationalen Bildungsprogramm nationale Stereotypen nicht automatisch zum Verschwinden bringt (Wilterdink 1992; Drewski et. al. 2016).

Ein neuer Abschnitt der Öffnung nationaler Bildungssysteme begann mit der Gemeinsamen Erklärung von 29 europäischen Bildungsministern, die am 19. Juni 1999 in Bologna unterzeichnet wurde. Mit ihr wurde der sog. Bolognaprozess gestartet, der die schrittweise Einführung eines Systems vergleichbarer Abschlüsse vorsieht. Arbeitsmarktrelevante Qualifikationen der europäischen Bürger sollen überall im europäischen Raum gleiche Anerkennung finden. Die Einführung der Zweigliedrigkeit sollte das Studium flexibilisieren und die internationale Mobilität erhöhen. Obwohl die Vereinbarungen an den guten Willen der bildungspolitischen Akteure appellieren, gelang es, die Beschlüsse als fait accompli erscheinen zu lassen (Antunes 2006: 50). Es überrascht nicht, dass die Kommission versuchte, den Bolognaprozess für ihre Ziele zu „missbrauchen" (Tomusk 2004: 85). Was

Auf dem Weg zu einem einheitlichen europäischen Bildungsraum?

Übersicht 1 Entwicklungen der europäischen Bildungspolitik

1960er	Regelmäßiges Treffen der Bildungs- und Erziehungsministerien
1971	Bedeutung der beruflichen Bildung wird anerkannt
1987	Beginn des Socrates Programms (Austausch von Studierenden und Dozenten; später kamen Programme zur Förderung von Lern- und Schulpartnerschaften, zum Erwerb europäischer Sprachen und weitere Maßnahmen hinzu)
1988	Magna Charta Universitatum (Universitätsrektoren bekunden bei der 900-Jahr-Feier der Universität Bologna „Bereitschaft zur Beteiligung bei der Schaffung eines Europäischen Hochschulraums")
1989	ECTS (European Credit Transfer System: soll die wechselseitige Anerkennung von Hochschulleistungen ermöglichen)
1990	Tempus Programm (Zusammenarbeit im Hochschulbereich)
1992	Vertrag von Maastricht (Artikel 140 bezieht sich auf Bildung und Ausbildung, erkennt Rolle der EU an)
1995	Leonardo da Vinci (Austausch im Bereich der beruflichen Bildung)
1998	Sorbonne-Erklärung der Bildungsminister von Frankreich, Deutschland, Italien und Großbritannien (Grundlage für die Erklärung von Bologna)
1999	Erklärung von Bologna (Ziel: einheitlicher Bildungsraum im Bereich der höheren Bildung)
2000	Europäische Forschungsraum (European Research Area, ERA): der europäische Hochschulraum soll zur integrierten Forschungslandschaft entwickelt werden
2001	Erklärung von Prag (Rolle lebenslangen Lernens wird betont)
2000	Europäischer Rat von Lissabon betont Bedeutung der EU für die Entwicklung einer wissensbasierten Wirtschaft
2003	Erklärung von Berlin (Europäische Forschung soll gestärkt, Qualitätssicherungssysteme installiert werden)
2003	Erasmus-Mundus (unterstützt EU-Master-Studiengänge)
2004	Allgemeine und berufliche Bildung 2010 (Gemeinsamer Zwischenbericht des Rates und der Kommission betont Bedeutung der Modernisierung der allgemeinen und beruflichen Bildung in Europa für „Lissabon-Prozesses")
2005	Kommission legt Europäischen Qualifikationsrahmen (EQR) vor, der die verschiedenen nationalen Abschlüsse in einheitliche Niveaustufen übersetzen soll
2010	Europa 2020 wird als Nachfolgeprogramm der Lissabon-Strategie verabschiedet
2013	Deutsche Qualifikationsrahmen (DQR) tritt in Kraft, der das Modell des achtstufigen Europäischen Qualifikationsrahmen auf das deutsche Bildungssystem überträgt
2014	Erasmus+ tritt in Kraft, das die Bereiche Schulbildung (Comenius), Hochschulbildung (Erasmus), internationale Hochschulbildung (Erasmus Mundus), berufliche Aus- und Weiterbildung (Leonardo da Vinci), Erwachsenenbildung (Grundtvig) und des nicht formalen und des informellen Lernens (JUGEND IN AKTION) zusammenführt

überrascht, ist ihr Erfolg. Was in Bologna als intergouvernementale Vereinbarung begann, ist nun als EU-Bildungspolitik redefiniert (Martens u. a. 2004: 9 f.). Ob Bologna seine Ziele erreicht hat, oder mit weniger Bürokratie hätte erreichen können, ist bis heute umstritten (Kühl 2015).

Einem weiteren Markstein auf dem Weg zum europäischen Bildungsraum sollte der Gipfel von Lissabon am 23./24. März 2000 darstellen. Auf dieser Sondertagung wurde nichts weniger beschlossen, als dass die Union zum „wettbewerbsstärksten und dynamischsten wissensbasierten Wirtschaftsraum der Welt werden" soll (Erklärung von Lissabon 2000: 3). Um dieses grandiose Ziel zu erreichen, wurden Leitlinien entwickelt, die von den Regierungen in nationale Maßnahmenpläne umgesetzt werden müssen, über deren Ergebnisse die Kommission regelmäßig wiederum Fortschrittsberichte erstellt. Als zentrales Abstimmungsinstrument dient hierbei die offene Methode der Koordinierung. Diese Methode stellt ein dezentrales Mittel zur Herstellung von mehr Konvergenz dar.

Die Zielvorgaben sind üblicherweise als quantitative und qualitative Indikatoren ausgedrückt. So sollte bis 2010 der Anteil der Schulabbrecher in der EU auf einen Durchschnitt von höchstens zehn Prozent gesenkt werden oder die Gesamtzahl der Hochschulabsolventen in Mathematik, Wissenschaft und Technologie um mindestens 15 Prozent gesteigert werden. In jährlichen Umsetzungsberichten sind die Mitgliedsstaaten angehalten, über ihre Maßnahmen Rechenschaft abzulegen und ihre Fortschritte untereinander zu vergleichen. Idealerweise sollen so alle Beteiligten voneinander lernen, zumindest die Lernunwilligen sollen „beschämt" werden („naming and shaming"). 2016 betrug der Anteil der „Schulabbrecher" EU-weit 11 Prozent.

Ob die offene Methode der Koordinierung, diese Hoffnung erfüllen kann ist umstritten (Offe 2005: 218–223). Die Erfahrungen mit der Ständigen Konferenz der Kultusminister der Länder (KMK), die in Deutschland die Bildung koordiniert, geben nicht zur allerbesten Hoffnung Anlass (Immerfall 2010). Dabei unterscheiden sich die Rahmenbedingungen der deutschen Bundesländer ungleich weniger voneinander als zwischen den Ländern der EU. Schon angesichts der unterschiedlichen Kontextbedingungen ist eine einfache Übertragung erfolgreicher Maßnahmen von einem in ein anderes Land nicht möglich.

Um die Bilanz der Lissabonner Agenda ist es nicht gut bestellt, ganz besonders im wirtschaftlichen und sozialen Bereich. Es ist zweifelhaft, ob die Nachfolge-Strategie „Europa 2020" erfolgreicher sein wird. Die meisten Ziele blieben gleich, einige kamen hinzu. So soll der für Forschung & Entwicklung aufgewendete Anteil des BIP auf 3 % erhöht werden. Er betrug 2015 nach den eurostat „Leitindikatoren: Scoreboard Europa 2020" 2,03 %.

Insgesamt ist der Weg zu einem einheitlichen europäischen Bildungsraum ebenso steinig wie der zum „dynamischsten Wirtschaftsraum". Das heißt nicht, die

EU-Bildungspolitik sei ohne Einfluss geblieben. Trotz des weiter fortbestehenden Subsidiaritätsvorbehaltes etablierte die Kommission eine europäische Bildungspolitik und machte die EU innerhalb weniger Jahre zu einem ernstzunehmenden bildungspolitischen Akteur (Klein/van Ackeren 2016). Dabei unterstützte sie hauptsächlich eine an ökonomischen Kriterien orientierten Bildungspolitik (de Wit 2003; Becker 2013). Immer wieder ging es um die angeblich unabweisbaren Imperative globaler Wettbewerbsfähigkeit. Doch Bologna und Lissabon harmonieren nicht immer. Die vorgeschlagenen Instrumente sind oft widersprüchlich und die Politikziele vage (Keeling 2006). So ist unklar, ob Konvergenz oder Vielfalt der Bildungssysteme angestrebt werden, oder ob der Fokus auf Eliteeinrichtungen oder auf Breitenförderung gelegt werden soll.

Ihren bildungspolitischen Bedeutungsgewinn teilt die EU mit anderen internationalen Akteuren (Immerfall 2013; Klein/van Ackeren 2016). Vor allem die OECD konnte mit ihren international vergleichenden Bildungsstatistiken und mit ihrem im dreijährigen Rhythmus durchgeführten, standardisierten Datenerhebungsinstrument PISA die öffentliche Meinung stark beeinflussen. Eine eigentlich für die Bildung originär zuständige Organisation wie die UNESCO büßte hingegen an Einfluss ein (Martens u. a. 2004). Das ist wohl kein Zufall, teilen EU und OECD doch den Fokus auf die Arbeitsmarktrelevanz von Bildung, während die UNESCO eher humanistischen Bildungsidealen nachhängt.

5.4 Fazit

Bildungssysteme sind janusköpfig. Auf der einen Seite waren sie – neben dem Militär – die wichtigsten Werkzeuge im Nationalstaatsbildungsprozess. Nationalstaaten haben deshalb in der Regel eifersüchtig darüber gewacht, was ihren künftigen Bürgern vermittelt wird. Auf der anderen Seite kennt Wissen im Grunde keine Grenzen. Insbesondere die Institutionen der tertiären Bildung haben immer schon umspannende Netzwerke geknüpft. Im Bereich der Hochschulbildung scheint es heute so, dass die engen Bindungen an den Nationalstaat dünner werden (de Wit 2003: 174). Die Nationalstaaten sehen sich kaum mehr in der Lage, die Einrichtungen der höheren Bildung mit den ihrer Expansion entsprechenden öffentlichen Mitteln zu versehen. Dies fördert Überlegungen, die Effektivität und Effizienz von Bildungseinrichtungen zu erhöhen. Standardisierung und Modularisierung mitsamt den entsprechenden Überprüfungen sollen sicherstellen, dass die Bildungsziele erreicht werden. Mit Modularisierung und gestuften Abschlüssen sollen mit gleichem Mitteleinsatz mehr Klienten bedient werden.

Die Internalisierung im Bildungssystem, d. h. die Legitimation des eigenen Handelns durch den Verweis auf die überlieferten Prinzipien von Notengebung und Organisation, findet in Zeiten schnellen ökonomischen Wandels ihre Grenzen (Steiner-Khamsi 2002: 70). Zweifellos steigt der Bedarf an hoch qualifizierten Arbeitskräften, ohne dass immer eindeutig ist, wie dieser Bedarf am besten gedeckt werden kann. Der Verweis auf Reformen in anderen Ländern, die diese Anforderung angeblich besser bewältigen, bietet sich in dieser Situation als unsicherheitsreduzierende Strategie an. Was nicht zur Debatte steht, sind Strukturreformen; vielmehr geht es darum, durch Steigerung von Effizienz und Effektivität das Bildungssystem für die postindustrielle Gesellschaft fit zu machen. Daher bilden sich bildungspolitische Gemeinsamkeiten trotz fortbestehender nationaler Pfadabhängigkeiten heraus (Sackmann 2003).

Die Konvergenz betrifft mehr die Sprache der Bildungspolitik als die Praktiken der Schulwirklichkeit (Kivinen 2003). Auf dem Weg zu einer Wissensgesellschaft scheinen die Erwartungen an den instrumentellen Wert der Wissenschaft zu steigen. Im Konfliktfall muss die soziale Verantwortung des Bildungssystems zugunsten seiner dienenden Rolle gegenüber dem Wirtschaftssystem zurückstehen. Dies gilt auch für die europäische Bildungspolitik. Gerade die zentralen bildungspolitischen Akteure der EU teilen das instrumentell-technische Verständnis von Bildung (Antunes 2006: 38 f.). Insofern wirkt die Bildungspolitik der EU eher als Katalysator denn als eigenständig prägende Kraft. Von einem einheitlichen europäischen Bildungsraum kann weiterhin nicht die Rede sein.

Die Europäisierung der parteipolitischen Konfliktlinien

6

Wie nehmen die Bürger Einfluss auf Europa? Natürlich: Sie können wählen, sie können protestieren, sie können versuchen, die öffentliche Meinung zu beeinflussen, sie können sich in Interessengruppierungen engagieren und sie können sich an ihren Abgeordneten wenden. In der Arena der Interessengruppen herrscht zwar Demokratie, aber keine nummerische Gleichheit. Es ist wie bei der Hauptversammlung einer Aktiengesellschaft, bei der die Stimmen nach der Anzahl gehaltener Aktien gewichtet werden. Auch in der Öffentlichkeit zählt die Stimme des Vorstandsvorsitzenden der Deutschen Bank mehr als die Stimme von Frau Müller, und der Verband der Chemischen Industrie findet in Brüssel wie in Berlin eher Gehör als der Imkerbund.

Die Bürger mancher Länder dürfen auch in Referenden abstimmen. Aber selbst Referenden stellen nur Entscheidungen für oder gegen etwas dar, nie beides gleichzeitig. Das unterscheidet sie von „echten" politischen Wahlen, bei denen mit der Abwahl einer Regierung gleichzeitig eine Alternative verbunden ist (oder zumindest sein sollte). Eine neue Mannschaft mit einem vorher bekannten Programm kommt ins Amt. Programm und Gegen-Programm, Personal und Gegen-Personal den Wählern anzubieten, ist Aufgabe der Parteien.

In allen differenzierten Gesellschaften bilden sich politische Parteien heraus. Das ist kein Zufall. Nur Parteien weisen jenen Doppelcharakter auf, der breite politische Willensbildung und die Ausübung politischer Herrschaft miteinander verknüpft: Sie sind sowohl – mehr oder minder verankerte – gesellschaftliche Organisationen als auch – sofern erfolgreich – Teil des staatlichen Apparats. Ohne ein europäisches oder zumindest europäisiertes Parteiensystem ist auch die weitere Vertiefung der europäischen Integration kaum denkbar, zumindest dann nicht, wenn man die Bürger in die Politik der EU stärker mit einbeziehen möchte. Viele Vorschläge zum Umbau des politischen Systems der Europäischen Union setzen ein europäisches Parteiensystem voraus. Gibt es ein solches, kann es ein solches geben? Darum geht es in diesem Kapitel.

Unter einem „europäisierten Parteiensystem" lässt sich Verschiedenes verstehen. Man kann an organisierte Zusammenschlüsse denken, ferner an eine Konfliktstruktur, die den europäischen Parteien ungeachtet ihrer Länderzugehörigkeit gemeint sein könnte und schließlich auch an Wahlkämpfe, die gleichen Gesetzen folgen und von ähnlichen Themen geprägt sind. Alle diese Möglichkeiten werden in diesem Kapital nacheinander behandelt. Zunächst werden europäische Parteienbünde und die Fraktionsgemeinschaften im Europaparlament behandelt (Abschnitt 6.1), darauf folgend Parteizusammenschlüsse (Abschnitt 6.2). Schließlich wird die Europäisierung von Wahlkämpfen angesprochen (Abschnitt 6.3). Im Lichte dieser Befunde werden im Fazit (6.4) verschiedene Reformvorschläge aufgegriffen.

6.1 Parteifamilien und Zusammenschlüsse

Die Vorstellung eines europäisierten Parteiensystems verweist zunächst auf organisatorische Zusammenschlüsse und ein koordiniertes Vorgehen. Damit ist mehr gemeint als kurze Zweckbündnisse, um sich gelegentlich mit Papier und Bleistift auszuhelfen. Solche übernationalen Zusammenschlüsse sollen erkennbar weltanschauliche Profile aufweisen und Programme teilen, die die ihnen angehörenden Parteien verwirklichen wollen. Im Idealfall würden Kandidaten und Parteien in mehreren Ländern kandidieren; zumindest aber müsste die europapolitische Haltung des Parteizusammenschlusses über alle Länder hinweg übereinstimmen.

Dafür scheinen die Chancen nicht schlecht zu stehen. Denn die Geschichte der politischen Parteien in Europa kennt vier traditionsreiche und – je nach Einteilung – weitere drei oder vier neuere große weltanschauliche Strömungen und soziale Bewegungen. Jede dieser parteipolitischen Bewegungen umfasst mehrere Unterströmungen, doch sollten genug dauerhafte Übereinstimmungen vorhanden sein, um nationenübergreifende Allianzen zu bilden. Die traditionsreichen Weltanschauungen sind Liberalismus, Konservatismus, christliche Demokratie und Arbeiterbewegung, die neueren kommunistische bzw. linkssozialistische, sodann ökologisch-grüne und schließlich neopopulistische bisweilen auch rechtsradikale Parteifamilien. In einigen Ländern waren oder sind zudem Agrar- oder Regionalparteien einflussreich.

Der Liberalismus entstand als soziale Bewegung des aufstrebenden Bürgertums im 18. Jahrhundert. Als sein Credo dürfen Freiheit und Eigentum gelten. Fast alle neuzeitlichen Verfassungsordnungen, insbesondere ihr rechtsstaatlicher Charakter, sind vom Liberalismus stark geprägt worden. Seinen parteipolitischen

Höhepunkt erreichte der Liberalismus in den west- und mitteleuropäischen Staaten um die (vorletzte) Jahrhundertwende. Das Wahlrecht war noch zugunsten der besitzenden Klassen eingeschränkt, und der Liberalismus besaß in vielen Parlamenten eine politische Mehrheit. Verstand sich der Liberalismus zunächst als allgemeine Bewegung des „Dritten Standes", des besitzenden, aber politisch ausgeschlossenen Bürgertums, erwuchsen ihm bald mit Konservatismus, Sozialismus und christlichen Volksparteien Gegenbewegungen, die oftmals politisch geschlossener und organisatorisch schlagkräftiger waren. Der Bedeutungsverlust des parteipolitischen Liberalismus ging denn auch oft mit seiner mangelhaften Fähigkeit einher, sich zu einer modern organisierten Massenbewegung umzubilden.

Der Konservatismus erwuchs als erste politische Gegenbewegung zum Liberalismus, gegen den er die alten Gesellschaftsstrukturen (König und Adel) verteidigen wollte. Er tritt für die überkommene Ordnung ein und nimmt gegenüber dem gesellschaftlichen Fortschritt eine ablehnende bis distanziert skeptische Haltung ein. Andererseits hatte ein sozialer Konservatismus sich mehr um die Linderung des Klassengegensatzes bemüht als sein liberaler Gegner, da er staatlichen Eingriffen ungleich jenem nicht prinzipiell ablehnend gegenüber steht. Konservative Parteien der Gegenwart haben sich entweder der marktwirtschaftlichen Haltung liberaler Parteien angenähert oder wenden sich wie christliche Parteien gegen die ungehemmte Entfaltung des Kapitalismus.

Christdemokratische Parteien entstanden überwiegend als Verteidiger gegen Angriffe auf die katholische Kirche. Sie sind daher meistens katholisch, heute zunehmend ökumenisch orientiert, in einigen skandinavischen Ländern gibt es auch protestantische christliche Parteien als Verteidiger der christlichen Morallehre. Sie werden auch Zentrumsparteien genannt, weil sie sich als ausgleichende Kraft gegen „links" und „rechts" verstanden haben. Ihr Gesellschaftsverständnis ist eher konservativ angelegt, daher gibt es in den meisten Ländern entweder nur eine starke christdemokratische oder nur eine starke konservative Partei. Im Gegensatz zu den konservativen Parteien betonen Christdemokraten sehr stark die Werte der christlichen Soziallehre wie Gemeinwohl, Subsidiarität und Solidarität.

Mit der zahlenmäßigen Ausdehnung der Arbeiterschaft und ihren wachsenden Forderungen nach Gleichbehandlung und politischer Beteiligung entstanden seit dem letzten Viertel des 19. Jahrhunderts in allen industriellen und sich demokratisierenden Staaten sozialistische bzw. sozialdemokratische Parteien (mit Ausnahme Nordamerikas). Neben politischen und rechtlichen Fragen wurde nun erstmals die Eigentumsfrage aufgeworfen. Es war überhaupt erst das organisatorische Auftreten dieses neuen „vierten Standes" – der seinen Platz in der Gesellschaft noch nicht gefunden hatte –, das auch die nun allesamt als „bürgerlich" angesehenen Parteien auf den Weg der organisatorischen und politischen Verfestigung zwang.

Dieses Viererschema von Liberalismus, Konservatismus, christlicher Demokratie und Arbeiterbewegung lässt sich bis heute in allen westeuropäischen Ländern nachweisen (von Beyme 1984; Donovan/Broughton 1999; Ware 2005; Caramani 2015; in Mittel- und Osteuropa sieht es aufgrund der langen Unterbrechung durch die kommunistische Ein-Parteienherrschaft anders aus, s. Berglund/Ekman 2010). Doch nicht in jedem Land mündeten alle vier weltanschaulichen Grundströmungen in jeweils eigene Parteien. In den angelsächsischen und nordeuropäischen Ländern mit ihrem Staatskirchensystem wurde der Staat-Kirchen-Konflikt frühzeitig entschärft; zu einer eigenständigen Herausbildung christdemokratischer Parteien ist es daher nicht gekommen. In Deutschland haben sich nach den Erfahrungen des Hitler-Faschismus (protestantische) Konservative und (katholische) Zentrumspolitiker zu einer gemeinsamen Partei, der CDU, zusammengefunden. Weitere parteipolitische Besonderheiten ließen sich für jedes Land finden.

Mit der Ausdehnung des Wahlrechts um die vorletzte Jahrhundertwende sind neue Parteiströmungen hinzugekommen, die sich in den Ländern unterschiedlich etablieren konnten und daher zur Vielfalt der europäischen Parteienlandschaft zusätzlich beigetragen haben. Zu nennen ist zunächst die Spaltung der Arbeiterbewegung im und nach dem Ersten Weltkrieg in einen reformbereiten sozialdemokratischen und einen radikalen, revolutionär gesinnten kommunistischen Flügel. In der Zwischenkriegszeit bildeten sich faschistische rechtsradikale Parteien heraus, die in einigen Ländern, namentlich Deutschland und Italien, auch an die Macht kamen. Nach dem Zweiten Weltkrieg kam es erst wieder in den siebziger und achtziger Jahre zur Entstehung einer neuen parteipolitischen Strömung, die sich länderübergreifend etablieren konnte, den links-alternativen und ökologischen Parteien (Müller-Rommel/Poguntke 2002). Und schließlich erlebten die achtziger Jahre – wie auch die Gegenwart – einen bisweilen spektakulären Erfolg rechter Protestparteien, die manche als Wiederkehr faschistischer Positionen, andere als Rechtspopulismus deuten (Betz/Immerfall 1988). Diese rechtsnationale Mobilisierung gegen linksliberale Gesellschaftspolitik und gegen Zuwanderung hält bis heute an (Gingrich/Häusermann 2015).

Allerdings sollten die Gemeinsamkeiten innerhalb einer parteipolitischen Strömung nicht überschätzt werden. Bei der europäischen Parteienfamilie handelt es sich vielmehr um eine „Familie von Familien", um einen Familienverbund sozusagen, zusammengesetzt aus in sich wieder recht gemischten Familienzweigen. Auch zeigte es sich bald, dass nationenspezifische Interessen schwerer wiegen als weltanschauliche Gemeinsamkeiten. Als sich beim Ausbruch des Ersten Weltkriegs die Arbeiterparteien Europas mit der Entscheidung zwischen übernationaler Klassenzugehörigkeit und nationaler Identität konfrontiert sahen, blieb die internationale Solidarität auf der Strecke.

Dennoch macht die Redeweise von einer „europäischen Parteienfamilie" einen Sinn. Nur in Westeuropa, wo es entstanden ist, hat sich das Vierersystem in dieser spezifischen Form derart lange gehalten. Nirgends sonst in Konkurrenzdemokratien ist das politische Leben derart von weltanschaulich klar unterscheidbaren und organisatorisch relativ geschlossenen Parteien beherrscht. Dies hängt auch mit der historischen Situation Westeuropas ab, in der die neuen politischen Kräfte sich gegen das ancien régime relativ straff organisieren mussten, um erfolgreich zu sein. In den neuen Nationen jenseits des Atlantiks bedurfte es dieses langen Kampfes um politische Anerkennung erst gar nicht; Parteien konnten sich hier weitgehend frei formieren. Zudem sind alle Länder Westeuropas – mit Ausnahme des semi-präsidentiellen Frankreich – parlamentarische Demokratien. In diesen Systemen gehen Regierungen aus dem Parlament hervor und sind ihrerseits auf die dauerhafte und disziplinierte Unterstützung aus dem Parlament angewiesen. Dies zwingt die Mitglieder des Parlaments dazu, ihr Abstimmungsverhalten sehr viel stärker entlang parteipolitischer Vorgaben auszurichten, als das etwa im amerikanischen Kongress und Senat der Fall ist.

Der gemeinsame historische Hintergrund erleichtert sowohl die europäischen Parteienzusammenschlüsse (Tabelle 5) als auch Fraktionsgemeinschaften im Europaparlament (Abbildung 13). Seit 2004 können politische Parteien auf europäischer Ebene vom Europaparlament sogar Zuschüsse erhalten. Bis zum Januar 2017 erhielten 20 Parteizusammenschlüsse Zuwendung[15].

Untersuchungen zur Entwicklung der europäischen Parteienzusammenschlüsse zeigen jedoch, dass ihr Einfluss begrenzt ist (Pedersen 1996). Zudem gehören nicht alle Europaabgeordneten einer Fraktion an und nicht jede Fraktion entspricht einer europäischen politischen Partei. Auch lässt sich eine gemeinsame Politik derjenigen nationalen Regierungen, die einer Parteifamilie angehören, nicht erkennen (Niedermayer 1997). Dies wird an der Entwicklung der europäischen Sozialdemokratie besonders deutlich. Zwar erlebten Europas Sozialdemokraten um die Jahrtausendwende gemeinsame Wahlerfolge von einer Größenordnung, die ein neues „sozialdemokratisches Zeitalter" nahe zu legen schienen. 1999 regierten sie in Deutschland, Frankreich, Großbritannien und in nicht weniger als neun weiteren Mitgliedsstaaten der Europäischen Union. Aber rasch folgten diesem Höhenflug in mehreren Ländern nicht nur bittere Wahlniederlagen, wichtiger noch ist die Tatsache, dass ihre Regierungspolitik sehr unterschiedlich ausgefallen war und sich durch keinen gemeinsamen Typus kennzeichnen lässt (Merkel et al. 2005).

---

15 http://www.europarl.europa.eu/pdf/grants/Grant_amounts_parties_01_2017.pdf; 29. 03. 2017

Tabelle 5 Die europäischen Parteienzusammenschlüsse

Name	Vorgänger	Gründung	N	Bekannte Mitglieder
Europäische Volkspartei (EVP)	Assoziationen christlicher Parteien im 19. Jh.	Fusion (1998) aus „Union der Christdemokraten" (1965) und stärker konservativen „Europäischen Volkspartei" (1976)	74	CDU (D), UMP (F), PP (E)
Sozialdemokratische Partei Europas (SPE)	Bund der sozialdemokratischen Parteien in Europa (1974)	1992	53	SPD (D), PS (F), Labour (UK)
Europäische Liberale und Demokratische Reformpartei (ELDR)	Bündnis liberaler und demokratischer Parteien in der EG (1976)	1993	55	FDO (D), Liberal Demokrats (UK), Liberales Forum (A)
Europäische Grüne Partei (EGP)	Forum der Koordination Grüner und Radikaler Parteien in Europa (1980)	2004 auf Grundlage der „Europäischen Föderation Grüner Parteien" (1993)	120	Grüne (D), Verts (F)
Partei der Europäischen Linken (EL)	Konföderale Fraktion der Vereinigten Europäischen Linken/Nordische Grüne Linke (1999)	2004	25	Linkspartei (D), Kommunistische Partei Frankreichs (F), Kommunistische Partei Österreichs (A), Izquierda Unida (E), SYRIZA (GR)
Bewegung für ein Europa der Nationen und der Freiheit (MENL)	Nachfolge der Europäischen Allianz für Freiheit (2010)	2014	9	AfD (D), FN (F), FPÖ (A)

Die wichtigsten Europäischen Politischen Parteien; N = aktuelle Anzahl der Mitgliedsparteien gemäß Homepages der Parteienzusammenschlüsse.

Quelle: http://www.europarl.europa.eu

Parteifamilien und Zusammenschlüsse

Abbildung 13 Zusammensetzung des Europarlaments (1999–2014)

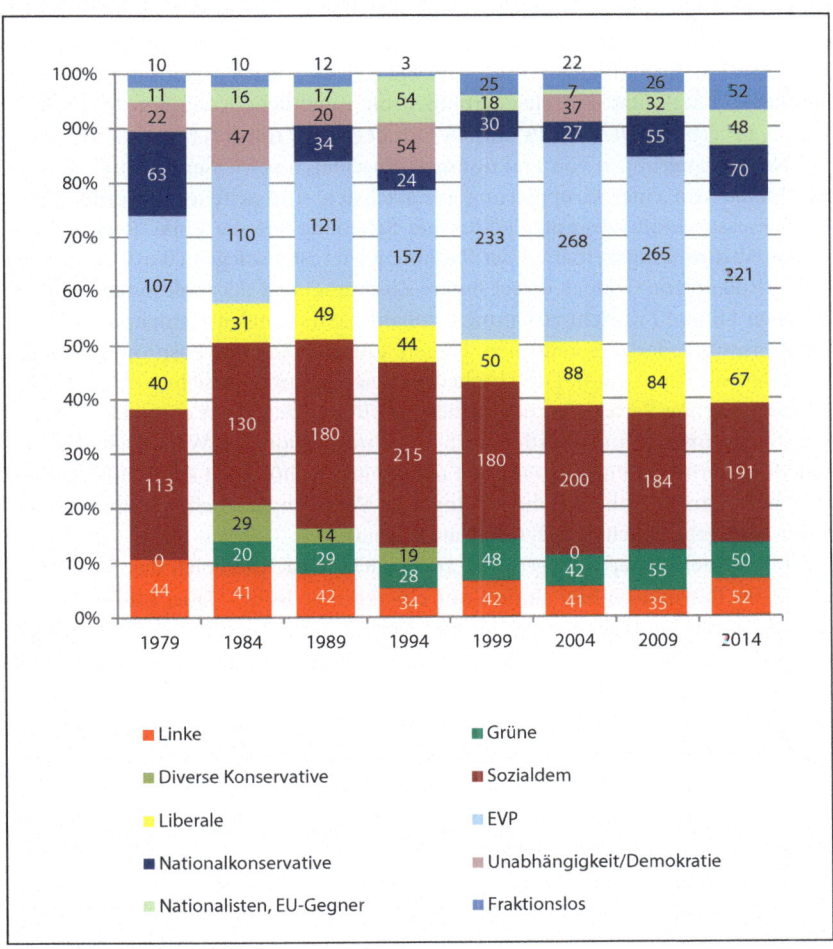

Quelle: zusammengestellt nach Homepages des Europäischen Parlaments

Hinweis: angegeben sind die Sitze der Parlamentsfraktionen; die Größe des Europaparlaments hat sich mehrfach geändert; aktuell beträgt sie 751.

In gewisser Weise erfolgreicher – im Sinne einer deutlichen parteipolitischen Strukturierung – sind die Fraktionsgemeinschaften im Europaparlament. Zwar ist für die Wähler vor allem kleiner Parteien nicht immer durchschaubar, welcher Fraktion sie sich anschließen. Insgesamt hat sich aber die – organisatorische und personelle – Stabilität und gleichermaßen die inhaltliche Kohäsion der Fraktionen im EP erhöht. Die MdEPs stimmen in der Regel mit ihren Fraktionen. Um- und Neugruppierungen von Fraktionsgemeinschaften sowie der Wechsel von Abgeordneten von einer Gruppierung zur nächsten sind seltener geworden, und die Voraussagekraft bekannter politischer Schemata wie die Links-Rechts-Skala für das Abstimmungsverhalten der Parlamentarier ist gestiegen (Bardi 2002; Hix/Noury/Roland 2007). Doch dieser innere Zusammenhalt der Fraktionen steht auf tönernen Füßen: Er bricht zusammen, sobald die nationalen Heimatparteien der Fraktionsmitglieder bei zentralen Fragen unterschiedliche Positionen einnehmen (Bartolini 2005: 348). Die Mitgliedsparteien ein und derselben transnationalen europäischen Partei stimmen keineswegs in den zentralen europapolitischen Streitfragen überein und werden auch von ihrer nationalen Wählerschaft unterschiedlich verortet (Stoiber 1998). Die nationale Zugehörigkeit spielt eine mindestens ebenso große Rolle wir die ideologische Verortung und eine größere als die Fraktionszugehörigkeit (Scully/Hix/Farrell 2012).

Trotz seines in Kapitel 2 geschilderten Machtzuwachses spielt das Europaparlament im Bewusstsein der Bürger nur eine geringe Rolle. Dabei nimmt das EP seine Rolle als Kontrolleur von Rat und Kommission zunehmend ernst. Als aktuelles Beispiel kann das SWIFT-Abkommen zwischen Europäischen Union und den Vereinigten Staaten zum Aufspüren von Terrorfinanzierungen dienen, bei dem erst aufgrund der Initiative des Parlaments der Datenschutz deutlich verbessert wurde. Doch der Machtzuwachs ging sogar mit einer sinkenden Wahlbeteiligung bei den Europawahlen einher (Tabelle 5)! Dies liegt auch am konsensuellen Stil des Europaparlaments, so dass eine Polarisierung und folglich eine öffentlichkeitswirksame Personalisierung kaum erfolgen kann. Martin Schulz hatte als Parlamentspräsident lautstark und nicht ohne Erfolg versucht, dem Parlament mehr Gehör zu verschaffen. Dass dies nicht überall geschätzt wurde, zeigte sich in der Wahl seines Nachfolgers, Antonio Tajani, der ausdrücklich ankündigte, keine politische Agenda verfolgen zu wollen.

Die tägliche Arbeit ist durch Absprachen zwischen den beiden großen Fraktionen EVP und SPE gekennzeichnet, die fast zwei Drittel der Sitze auf sich vereinen (Abbildung 13). Zum Teil kommen noch die Liberalen hinzu. Dies hat zur Folge, dass die Anliegen der EU-kritischen Teile der Bevölkerungen kaum Gehör finden (Treib 2014; Rohrschneider/Whitefield 2015). Gemeinsam strebt diese Superkoalition weitere Kompetenzen für das EP an, gemeinsam treten sie für mehr finanzielle Mittel für die EU ein. Die letztgenannte Gemeinsamkeit erstreckt sich auch auf die Kommission, welche das Parlament eigentlich kontrollieren sollte. Denn jede Vergrößerung des EU-Haushaltes bedeutet einen Machtzuwachs für die Parlamentarier, während ihre Wiederwahl von zusätzlichen EU-Ausgaben kaum beeinträchtigt wird. Diese ist ja von den Nationalstaaten zu schultern. Es scheint, Brüssel ist nicht fähig, gegebenenfalls auch einmal den „Rückwärtsgang einzulegen" (Gravey/Jordan 2016). Dem Regierungssystem der EU fehlt jener Antagonismus zwischen Regierung und Opposition, der die Parteiführer und ihre Organisation zu klaren Unterscheidungen zwingt.

6.2 Parteipolitische Konfliktstrukturen

Die organisatorischen und parlamentarisch-politischen Zusammenschlüsse sind offenbar nicht so weit gediehen, um von einem europäisierten Parteiensystem in dem Sinn sprechen zu können, dass sie die Wahlentscheidung der Bürger länderübergreifend entlang zentraler europapolitischer Kontroversen kanalisieren könnten. Doch könnte sich die Europäisierung des Parteiensystems auch anders vollziehen: als Europäisierung der Grundstrukturen der Wahlentscheidungen. Wenn sich die wahl- und wählerrelevanten sozialen Spaltungen in den verschiedenen Ländern aneinander angleichen sollten, bedarf es der organisatorischen Einheit auf Parlaments- und Parteiebene gar nicht, um die Logik der Stimmenaggregation sicherzustellen. Mit „Logik der Stimmenaggregation" ist gemeint, dass die sich in Stimmanteilen für Parteigruppen ausdrückenden Grundüberzeugungen der Wähler in nachvollziehbar Weise parlamentarisch repräsentiert werden. In einem von klaren Konfliktlinien durchzogenen Wählermarkt richten sich Wählergruppen entlang ihrer jeweiligen sozialstrukturellen Position wie die Eisenspäne um einen Magneten aus. Die Parteien würden den dichtesten „Zusammenballungen" entsprechen. Unter dieser Voraussetzung wäre es für ein europäisches Parteiensystem kein Hinderungsgrund, wenn Wahlentscheidungen weiterhin nationalen Mustern folgten, da sich die nationalen Muster glichen.

Einige wenige parteipolitische Konfliktlinien haben die europäischen Parteienfamilien lange geprägt und waren der Grund für die lange Zeit zu beobachtende Stabilität der westeuropäischen Parteiensysteme. Denn historische und weltanschauliche Reminiszenzen können nicht erklären, warum gerade die vier oben genannten „klassischen" Strömungen über so lange Zeit auch nach Einführung des allgemeinen, freien, gleichen und geheimen Wahlrechts in fast allen Ländern – wenn auch zum Teil in Mischformen – über so viele Jahrzehnte hinweg eine so dominierende Rolle gespielt haben. Eine Erklärung dafür liefert die Cleavage-Theorie von Lipset und Rokkan (1967). Unter Konfliktstrukturen oder gesellschaftlichen Spaltungen (englisch „cleavages") werden die hauptsächlichen sozialen Spannungslinien einer Gesellschaft verstanden, die sich in politische Konflikte umsetzen lassen. Solche Spaltungen entstehen an grundlegenden historischen Auseinandersetzungen. An diesen Konflikten formieren sich sozialstrukturell identifizierbare Bevölkerungsgruppen, die sich als Konfliktgegnerschaften voneinander abgrenzen. Ein Cleavage ist voll ausgebildet, wenn es Ausdruck im Parteiensystem findet. Die einander gegenüberstehenden Gruppen werden dann von spezifischen politischen Parteien repräsentiert. Der Wahlerfolg dieser Parteien beruht auf dem Erfolg, mit dem sie „ihre" Bevölkerungsgruppen mobilisieren können. Bevölkerungsgruppe und Partei gehen sozusagen eine dauerhafte „Koalition" ein. Im Laufe der Zeit wird manche Partei aber auch versuchen, als „Volkspartei" weitere als die „angestammte" Bevölkerungsgruppe für sich zu gewinnen. Denkbar ist auch, dass umgekehrt die Bevölkerungsgruppe sich auf Dauer von „ihrer" Partei ab- und einer anderen zuwendet.

Stein Rokkan (2000; zusammenfassend Immerfall 1992: 37–62) identifiziert im historischen Ablauf vier grundsätzliche Spaltungen, die sich auf einem Achsenkreuz (siehe Abbildung 14) visualisieren lassen. Hinsichtlich ihrer Natur unterscheidet Rokkan zwischen territorialen und funktionalen Konflikten. Territoriale Konflikte machen sich an räumlich verwurzelten Gemeinschaftsbildungen fest. Bei ihnen steht die Identität einer Gemeinschaft auf dem Spiel. Im Gegensatz dazu beruhen funktionale Konflikte auf sozialen Lagen und daraus resultierenden Interessen. Hier geht es sozusagen um Fragen der gesellschaftlichen Arbeitsteilung. Typischerweise stellt sich die Anhängerschaft territorial ausgerichteter Parteien auf einer Landkarte als zusammenhängender „Klumpen" dar, während diejenige funktionaler Parteien geographisch stärker streut.

Die in Europa historisch zuerst aufgetretenen, massenhaft politisierbaren Konflikte sind territorialer Natur und können demzufolge quer zu Stand, Klasse und Schicht verlaufen. Sie entspringen dem Nationalstaatsbildungsprozess des 17. und 18. Jahrhunderts. Der erste, der ethnisch-kulturelle Konflikt betraf die Auseinandersetzung zwischen staatlichem Zentrum und der Peripherie, also den regionalen und ethnischen Minderheiten. In einem langen, sich nach der französischen Revolution aber beschleunigenden Prozess versuchten die staatlichen Eliten, eine einheitliche Sprache, eine einheitliche Kultur, eine oft lokalen Gewohnheiten widersprechende Verwaltung durchzusetzen. Sie stießen dabei zum Teil auf den erbitterten Widerstand der „Provinz", die an ihrer überkommenen Lebensweise festhalten wollte. Man muss sich vergegenwärtigen, dass beispielsweise zur Zeit der Italienischen Einigung (1861) nur eine kleine Minderheit von „Italienern" des Italienischen mächtig war. Regionale Konflikte können wir in den zentralisierten Flächenstaaten wie Großbritannien, Spanien oder Frankreich bis heute verfolgen.

Der zweite Konflikt betraf die Auseinandersetzung zwischen Kirche und Staat. Auf seinem Höhepunkt im 19. Jahrhundert entzündete sich dieser Konflikt („Kul-

Abbildung 14 Die vier grundlegenden sozialen Spannungslinien Westeuropa

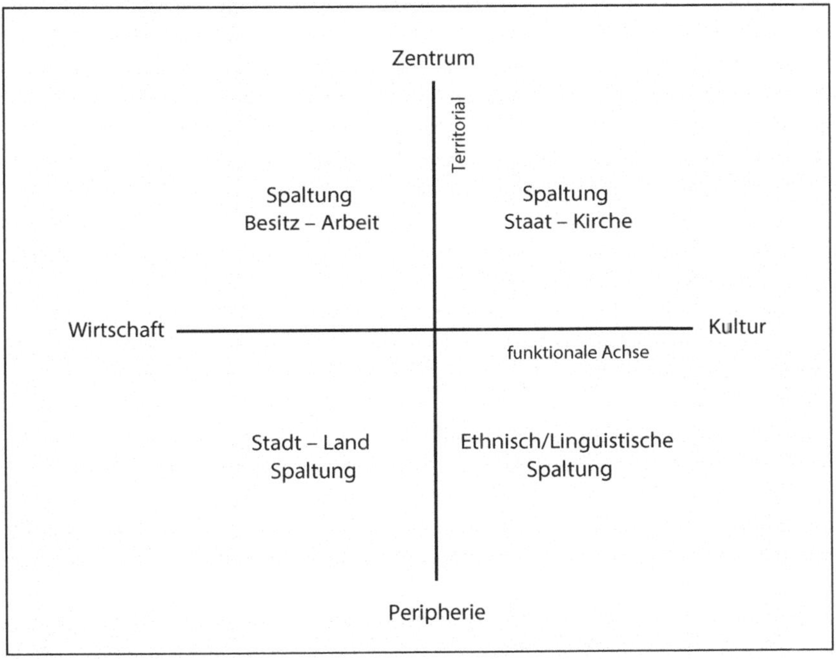

```
                            Zentrum
                               │
                               │ Territorial
                               │
              Spaltung         │      Spaltung
           Besitz – Arbeit     │     Staat – Kirche
                               │
                               │
  Wirtschaft ─────────────────────────────────── Kultur
                               │  funktionale Achse
                               │
              Stadt – Land     │    Ethnisch/Linguistische
               Spaltung        │         Spaltung
                               │
                               │
                            Peripherie
```

Quelle: nach Rokkan (1980: 121).

turkampf") hauptsächlich am Bildungswesen. Die Kirche bestand auf ihrem Primat, da sie sich für das geistige Wohl ihrer Mitglieder verantwortlich fühlte; der Staat sah in der Schule das neben der Armee wichtigste Instrument, die nationale Einheit herzustellen. An diesem Konflikt bildeten sich die zumeist katholischen Zentrums-Parteien heraus.

Die nächsten beiden Konflikte sind funktionaler Natur. Sie lassen sich als Folgen der industriellen Revolution deuten. Diese führte zunächst dazu, dass Industriegegenüber Agrarinteresse, Stadt über das Land immer stärker die Oberhand gewannen. Der daraus zwischen ländlich-agrarischen und städtisch-industriellen Interessen entstehende dritte Konflikt konnte sich beispielsweise an den Korngesetzen entzünden: Sollte man importiertes Getreide mit hohen Zöllen belegen, um die einheimische Landwirtschaft zu schützen, oder sollte man die Importzölle beseitigen, um die städtische Bevölkerung mit billigen Nahrungsmittel versorgen zu können?

Ebenso folgt die vierte Auseinandersetzung der Industrialisierung. Sie ist der bekannte Konflikt zwischen Arbeitnehmern und Unternehmen und führte zur Herausbildung sozialistischer und sozialdemokratischer Arbeiterparteien. Im Gefolge der russischen Revolution kam es hier zu einer weiteren Spaltung in einen reformistischen und einen revolutionären (auch kommunistischen) Flügel, eine Spaltung, die mit dem Epochenbruch 1989 der Vergangenheit anzugehören schien. Allerdings haben sich in allen postkommunistischen Gesellschaften Nachfolgeparteien der einstigen kommunistischen Herrschaftsparteien gebildet. Obwohl ihre Vertreter stets den internationalen Charakter der Arbeiterbewegung betonten, trug diese paradoxerweise entscheidend zur Homogenisierung der Massenpolitik im nationalstaatlichen Rahmen bei.

Charakteristisch für die Herausbildung des europäischen Parteiensystems ist, dass seine grundsätzlichen Alternativen – mit der teilweisen Ausnahme des Arbeitgeber-Arbeitnehmer-Konflikts – sich bereits lange vor der vollständigen Ausweitung des Wahlrechts ausgeformt hatten. Da die Gewichtung der jeweiligen Konfliktmuster sowie die Entscheidungen der politischen Eliten von Land zu Land variieren, ergeben sich zwar nationalspezifische Unterschiede. Für alle Länder aber gilt: Den Wählern, die zum ersten Mal ihr Wahlrecht ausüben durften, präsentierte sich bereits ein feststehendes „Menü" makrostrukturell verankerter Parteien; nur aus diesem Angebot konnten sie auswählen, das Menü selbst aber nicht mehr verändern.

Schon zu Beginn des 20. Jahrhunderts hatte das Vordringen der Klassenpolitik den Einfluss des territorialen Faktors deutlich zurückgedrängt (Caramani 2004). Zumindest bis in die 60er Jahre des letzten Jahrhunderts waren die westeuropäischen Parteiensysteme vorrangig durch die Spannungslinien von Klasse und Religion geprägt. Dies führte dazu, dass die europäischen Parteiensysteme sich in dem Sinn angenähert hatten, dass in allen Ländern die zentralen Parteifamilien ausgebildet haben und überall die Parteiideologien stark vom Links-Rechts-Gegensatz geprägt sind (Caramani 2015). Diese Konvergenz, welche lange lang vor der Gründung der Europäischen Gemeinschaften ausbildete, ist durchaus mit derjenigen der USA (und Indiens) vergleichbar (Abbildung 15).

Alle diese Auseinandersetzungen spiegeln historische und gesellschaftliche Umbrüche in Europa, namentlich die Entwicklung zum Nationalstaat und die sozioökonomische Entwicklung, oder schlagwortartig ausgedrückt: die politische und die industrielle Revolution. Es ist daher verständlich, wenn außereuropäische Parteiensysteme andere Färbungen aufweisen, selbst wenn sie sich auf die gleichen weltanschaulichen Wurzeln berufen. Doch auch für sie gilt: Je intensiver sich die Konflikte gegenseitig verstärken, umso schwerer werden Kompromisse. Ein Beispiel hierfür ist eine Ethnie, die nicht nur kulturell geschlossen ist, sondern auch wirtschaftlich dominiert. Umgekehrt war das Experiment der Schweizer Eidge-

Abbildung 15 Europäisierung und Amerikanisierung von Parteiensystemen (1845–2012)

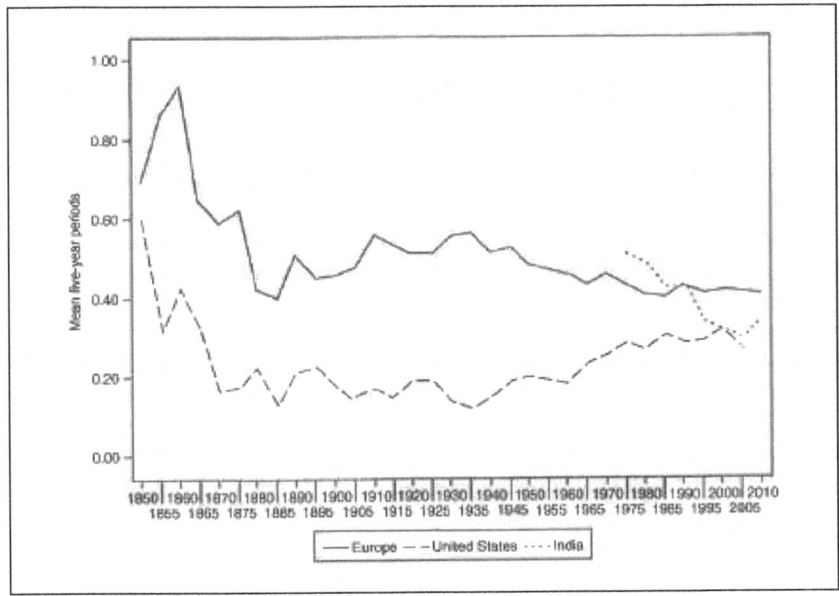

Quelle: Caramani (2015: 290)

nossenschaft vielleicht nur deswegen erfolgreich, weil Religionszugehörigkeit quer zur landsmannschaftlichen Zugehörigkeit verlief. So gibt es unter den Deutschschweizern einen beträchtlichen katholischen Anteil, was Kompromisse mit den überwiegend katholischen französischen „Welschen" erleichterte.

Warum aber haben die an den alten Auseinandersetzungen gebildeten Parteien auch später das politische Leben dominiert? Diese Parteien hatten gegenüber etwaigen Neugründungen nach Einführung des allgemeinen Wahlrechts als etablierte Kräfte unschätzbare Vorteile. Als erste, die die politische Arena besetzt hatten, konnten sie neue politische Kräfte im Vorfeld z. B. durch für sie vorteilhafte Wahlrechtsregelungen abfangen oder durch programmatische Änderungen versuchen, der lästigen Konkurrenz das Wasser abzugraben. Das gilt auch für die heutigen Europaparteien, die sich mit einer neuen EU-Rechtsverordnung sowohl erhebliche zusätzliche Mittel aus dem EU-Haushalt als auch möglicherweise eine Handhabe gegen unliebsame, EU-kritische Konkurrenz erschlossen haben. Dort heißt es in Art. 3 unter den Voraussetzungen, die erfüllt sein müssen, um an der öffentlichen Finanzierung teilzuhaben: Die politische Partei auf europäischer

Ebene „muss in ihrem Programm und in ihrer Tätigkeit die Grundsätze achten, auf denen die Europäische Union beruht"[16]. An öffentliche Zuwendungen konnten die ursprünglichen Parteien noch nicht denken. Sie waren vielmehr nicht selten staatlicher Verfolgung ausgesetzt. Auch um Zeiten der Verfolgung zu überleben, schufen sie Vorfeldorganisationen, die ihre Mitglieder im Sinne der traditionellen Spannungslinien beeinflussten. Für konservative und christdemokratische Parteien waren dies Religionsgemeinschaften, für die Sozialdemokratie die Gewerkschaften. Und schließlich konnten die alten Parteien ihre ursprünglichen Spannungslinien immer wieder aktualisieren und modernisieren, also auf die jeweiligen Zeitfragen hin zuspitzen und dadurch ihre jeweiligen Wählersegmente immer wieder neu für sich mobilisieren. Beispielsweise wurde der Religionskonflikt jüngst an der Abtreibungsfrage aktualisiert und der Zentrums-Peripherie-Konflikt von verschiedenen politisch-sozialen Bewegungen erneut erfolgreich zum Thema gemacht. Der Herrschaftsanspruch der Brüsseler „Zentrale" verspricht ein weiteres Konfliktfeld zu werden, das politische Parteien in ihrem Sinn zu deuten versuchen.

Beides zusammen – die Beharrungskraft überlieferter Organisationen und das wiederholte Anknüpfen an die überkommene Konfliktstruktur – kann die Stabilität und die Ähnlichkeit des europäischen Parteiensystems erklären. Lipset und Rokkan sprechen in diesem Zusammenhang von einem „Einfrieren der grundlegenden Parteialternativen", und sie leiten daraus ihre Persistenz-These ab: Die Parteiensysteme der 1960er Jahre entsprechen, mit wenigen Ausnahmen, den Konfliktstrukturen der 1920er Jahre (Lipset/Rokkan 1967: 67, 50). Diese These ist vielfach bestätigt worden (Mair 1990). Es stellt sich jedoch die Frage, ob – und wenn ja, wie lange und in welchem Ausmaß – die Persistenz-These bis in Gegenwart gilt. Dabei sind folgende vier Möglichkeiten denkbar:

a) Das Parteiensystem wandelt sich, weil die nummerische Bedeutung seiner wichtigsten Trägergruppen abnimmt. Selbst wenn die religiös gebundenen Menschen und die Arbeiterschaft weiterhin ihre angestammten Parteien wählen, sinkt die Bedeutung der klassischen Konfliktlinien.
b) Die traditionellen Wählergruppen wenden sich dauerhaft von ihren alten Parteien ab. Es kommt zu einem realignment, einer neuen Koalition zwischen sozialstrukturell bestimmten Wählergruppen und politischen Organisationen.

---

16 Zitiert nach Amtsblatt der Europäischen Union vom 15. November 2003 (L 297/1ff.): Verordnung (EG) Nr. 2004/2003 des Europäischen Parlaments und des Rates vom 4. November 2003 über die Regelungen für die politischen Parteien auf europäischer Ebene und ihre Finanzierung.

c) Zu einem realignment kann es auch dann kommen, wenn neue Konfliktlinien an die Stelle der klassischen Konfliktlinien treten. Eine neue sozialstrukturelle Basis „sucht" sich neue Parteien.
d) Sozialstrukturelle Faktoren werden für die Wahlentscheidung generell immer unwichtiger (dealignment), z. B. weil Wahlen zunehmend zu Persönlichkeitswahlen werden.

Eine genaue Prüfung der möglichen Entwicklungen muss an dieser Stelle unterbleiben (vgl. Beramendi et al. 2015; Hooghe/Marks 2017). Es interessiert nur, wie wahrscheinlich eine Europäisierung der parteipolitischen Konfliktstrukturen ist. Wie wahrscheinlich ist ein dealignment, welches die Unterschiede zwischen den Ländern verkleinert? Oder kommt es gar zu einem realignment mit einer transeuropäischen Konfliktstruktur?

Tabelle 6 enthält hierzu erste Hinweise. Wie im restlichen Teil dieses Kapitels auch wird dabei nur die Entwicklung des westeuropäischen Parteiensystems betrachtet, da sich das Parteiensystem in den Transformationsländern noch nicht konsolidiert hat (Berglund/Ekman 2010; Bértoa 2012). Die Indikatoren legen nahe, dass ab den 90er Jahren ein Wandel stattgefunden hat. Die Wahlbeteiligung ist gesunken, der Stimmanteil für „neue" Parteien ist erheblich gestiegen, ebenso die Volatilität. Die hier abgebildete Parteien-Volatilität gibt die (Netto-)Stimmenverschiebung zwischen zwei neuen Parteien bei aufeinander folgenden Wahlen wie-

Tabelle 6 Wandel im Wählerverhalten in Westeuropa (1950–2010)

	1950	1960	1970	1980	1990	2000	2010
Wahlbeteiligung Europawahlen			62,0	59.0 58.4	56.7 49.5	45.6 44,0	42.6
Wahlbeteiligung nationalen Wahlen	84,3	84,8	82,5	81,2	77,1	76,1	74,0
Stimmenanteil jeweils neuer Parteien	0,82	0,88	1,37	2,06	2,16	1,92	5,36
Parteien-Volatilität	1,76	1,04	1,38		1,76		3,00

Quelle: Stimmenanteil jeweils neuer Parteien und Parteien-Volatilität: Emanuele/Chiaramonte (2015: 5) und Emanuele/Chiaramonte 2016: 312). Durchschnittswerte nationaler Wahlen in den westeuropäischen Ländern; Parteien-Volatilität: aggregierte Differenzen zwischen alter und neuen Partei zwei Wahlen; Wahlbeteiligung nach Bartolini (2005: 312 und nach eigenen Berechnungen aus Voter Turnout Database des International Institute for Democracy and Electoral Assistance (International IDEA; http //www.idea. int/) bis März 2017; die Wahlbeteiligung bei Europawahlen bezieht sich auf die jeweils aktuellen Mitgliedsstaaten, Europawahlen fanden 1979, 1984, 1989, 1994, 1999, 2004, 2009 und 2014 statt.

der. Je höher diese Zahl ist, desto veränderlicher ist das Parteiensystem mit Bezug auf neuen Parteien. In der Summe sprechen die abgebildeten Indikatoren für Möglichkeit (d), für dealignment: das überlieferte Parteiensystem steht unter wachsendem Stress, die Umschwünge zwischen zwei aufeinander folgende Wahlen werden im Durchschnitt größer und die Wähler sind zunehmend bereit, mit neuen Parteien zu experimentieren.

Offen muss zunächst bleiben, ob der Bindungsverlust Bestand hat oder ob sich eine neue Konfliktstruktur mit einem neuen Parteiensystem herausbilden wird. Um diese Frage zu klären, müssen Informationen auf der Ebene des individuellen Wählers vorliegen. Oddbjørn Knutsen (2004) hat auf der Grundlage kumulativer Eurobarometer-Umfragen der Jahre bis 1997 die sich wandelnde Bedeutung der „alten" Cleavage-Variablen (Religion und Klassenzugehörigkeit) für das Wahlverhalten in Westeuropa westeuropäischen Ländern untersucht. Wie in Abbildung 16 zusammengefasst, erweist sich in den katholischen und den religiös gemischten Ländern die religiös-kulturelle Spaltung als ausschlaggebend; in protestantischen Ländern dominiert hingegen die Klassenvariable. Beide Konfliktlinien nehmen – wenngleich nicht durchgängig – über die Zeit ab, ohne dass es zu einer Konvergenz zwischen den Ländern gekommen wäre (so auch Thomassen 2005). So wurde 1975 Dänemark, 1997 aber Irland das Land mit dem nun größten Gewicht der Klassenmerkmale für das Wahlverhalten. Durchaus überraschend ist, dass länderübergreifend das Wahlverhalten stärker durch die Religions- als durch die Klassenzugehörigkeit geprägt.

Auch wenn man die Entwicklung der Volatilitäten und der Wahlbeteiligungen bei den nationalen Wahlen einerseits und bei den Europawahlen andererseits betrachtet, lässt sich die Entstehung einer europäischen Wählerschaft nicht erkennen (Caramani 2006; 2015). Weder aus der Verortung im Arbeitgeber-Arbeitnehmer-Konflikt noch auf der religiösen Spannungslinie (dazu mehr im nächsten Abschnitte) lässt sich die Haltung zur europäischen Integration ableiten. So stehen einige Arbeiterparteien der zunehmenden Integration kritisch gegenüber, da der europäische Binnenmarkt Arbeitnehmerrechte aushöhlen könnte, andere setzen auf den Ausbau seiner sozialen Dimension.

Das Wahlverhalten bei den Europawahlen folgt eher den jeweiligen nationalen Mustern. Es sind nationale und nicht gesamteuropäische Konflikte, die den Europawahlen ihren Stempel aufdrücken. Diese Beobachtung verdeutlicht einmal mehr den Unterschied zur Herausbildung der nationalen Parteiensysteme. Dort war es – wie bereits erwähnt – bis etwa zu den 20er Jahren des vorigen Jahrhunderts zu einer Homogenisierung des Wahlverhaltens gekommen (Caramani 2004). Territoriale Konflikte hatten immer weniger das Wahlverhalten bestimmt, sondern überörtliche, funktionale Konflikte, v. a. der zwischen Arbeit und Kapital. Eine analoge Ausweitung der Bezugsebene fehlt den Europawahlen; seine Wahl-

Abbildung 16   Traditionelle Konfliktlinien und Parteien in Westeuropa (1975–1997)

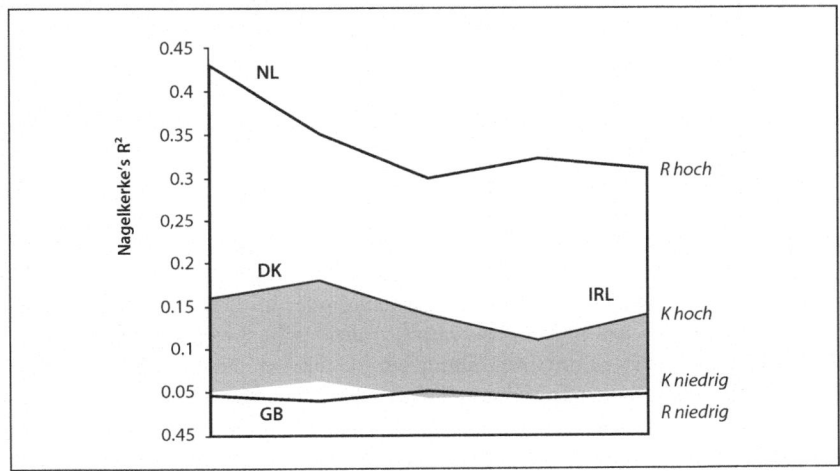

Lesebeispiel: Über den gesamten Zeitablauf ist der Einfluss religiöser Strukturvariablen in Großbritannien am geringsten.

Hinweis: Die Güte der Anpassung des Konfliktlinien-Modells an die Beobachtungsdaten wird mit dem (Pseudo-)Bestimmtheitsmaß „Nagelkerke's R^2" ausgedrückt, das maximal einen Wert von 1 annehmen kann. Je höher dieser Wert ist, desto besser sagen Klassenzugehörigkeit bzw. Religiosität die Wahl einer bestimmten Partei voraus.

Einbezogene Länder: Belgien (B), Dänemark (DK), Deutschland (D), Frankreich (F), Großbritannien (GB), Irland (IRL), Italien (I), Niederlande (NL); in die Abbildung sind diejenigen Länder eingetragen, in denen das Wahlverhalten vergleichsweise stark (R hoch) und vergleichsweise schwach (R niedrig) von religiösen bzw. von ökonomischen Konfliktlinien (K hoch, K niedrig) geprägt ist.

Quelle: Zusammengestellt aus Knutsen (2004).

kämpfe und die grundlegenden Strukturen des Wahlverhaltens machen weiterhin an nationalen Grenzen halt.

Alles in allem betrachtet hat sich in den meisten westeuropäischen Ländern das Parteiensystem ein Stück weit von den traditionellen Konfliktlinien entfernt. Die Volatilität zwischen den Wahlen hat zugenommen, d. h. die Wähler sind – aus Sicht der Parteien – unberechenbarer geworden. Trotz dieser überwiegend gleichlaufenden Entwicklung ist es nicht zu einem europäisierten Parteiensystem gekommen, denn auch diese Ablösung von den überkommenen sozialen Spannungslinien verläuft in nationalen Bahnen. Eine „Europäisierung" der Wählerschaft analog ihrer „Nationalisierung" im 19. und frühen 20. Jahrhundert zeichnet sich daher nicht ab.

Diese Diagnose gilt zumindest bis zu in das erste Jahrzehnt nach der Jahrtausendwende. Mit der Staatsschulden- und Eurokrise seit 2008 stellt sich die Fragen nach dem Verhältnis von europäischer Integration und nationalem Parteienwettbewerb jedoch neu: entsteht mit dem europäische Integrationskonflikt eine neue, gesamteuropäische Konfliktlinie?

6.3 Europa als Wahlkampfthema

Europäische Fragen sind in den letzten Jahren zweifellos zu bedeutenden Streitfragen in der Politik geworden (van der Eijk/Franklin 2004). Man denke nur an die Auseinandersetzung um den Verfassungsvertrag oder an den bitteren innerparteilichen Streit, den britische Konservative, französische Sozialisten oder schwedische Sozialdemokraten um ihre Haltung zur EU führten. Dennoch blieb der Einfluss europäischer Themen auf die nationalen Parteiensysteme lange Zeit gering (Mair 2000; Niedermayer 2003). Weder war eine Strukturveränderung – nach Anzahl und Verhältnis der Parteien untereinander – noch eine Positionsveränderung nach den von den Parteien vertretenen Inhalten festzustellen. Selbst die Europawahlen wurden kaum über europäische Themen entschieden (Ferrara/Weishaupt 2004). Sie dienten mehr dazu, die jeweilige nationale Regierung abzustrafen als über europapolitische Weichenstellungen zu entscheiden (van der Eijk/Franklin/Marsh 1996; Schmitt 2005).

Für dieses Paradox wurden eine nachfrageorientierte und eine angebotsorientierte Erklärung angeboten. Die erste behauptet, dass die Bürger im Großen und Ganzen mit der Haltung ihrer Parteien zu europäischen Themen zufrieden sind und sich daher eher mit anderen Themen beschäftigen. Für diese Erklärung könnte sprechen, dass die Wahlbeteiligung und das Interesse bei Europawahlen gering sind, auch wenn dies dazu führt, dass kleinere und radikalere Parteien bessere Chancen haben als bei den von den meisten Bürgern als bedeutsamer empfundenen nationalen Parlamentswahlen. Als Beleg könnten auch nationale Wahlkämpfe angeführt werden: Obwohl beispielsweise der Bundestagswahlkampf 1998 für eine Politisierung der Europafrage besonders günstig war – die Einführung des von der deutschen Bevölkerung überwiegend abgelehnten Euro stand bevor –, spielte das Thema Europa für die Wahlentscheidung keine Rolle (Niedermayer 2003).

Es ließ sich indes schon seit den 1990er Jahre zeigen, dass viele Bürger im mit der europapolitischen Entwicklung nicht mehr zufrieden waren (s. Kapitel 7.1). Dieser Befund spricht dafür, die geringe Bedeutung europäischer Themen eher von der Angebotsseite her zu erklären. Die Parteien hatten gute Gründe, sich mit deutlichen Alternativen bedeckt zu halten: Oft sind sie intern uneins, und deutliche Positionen könnten den innerparteilichen Zwist wachrufen. Das Risiko klarer Aussagen lohnt auch deshalb nicht, weil bei Europawahlen keine Regierungsposten zu vergeben sind. Aufgrund der Konstruktion des politischen Systems der EU konkurrieren die Parteien bei den Europawahlen nicht um Exekutivposten. Auch sind europapolitische Haltungen nicht leicht entlang der geläufigen Politikdimensionen, v. a. dem Links-Rechts-Schema, einzuordnen. Schließlich spricht auch viel dafür, dass die Parteien in der Mehrzahl der europäischen Integration generell positiver gegenüberstehen als es ihre Anhänger tun (Hooghe 2003; Bartolini 2005: 343–346). Speziell in der Bundesrepublik präsentieren sich die Parteien als „alternativloses Europa-Kartell" (Binder/Wüst 2004: 45).

Den Wählern wurden – von den Extremparteien abgesehen – somit wenig Möglichkeit geboten, über konkurrierende Problemlösungsversprechen zu entscheiden, die erkennbare Konsequenzen für die weitere Entwicklung der Europäischen Union haben. Die Parteien der Mitte haben überwiegend versäumt, auf die wachsende EU-Skepsis frühzeitig zu reagieren (Rohrschneider/Whitefield 2015). Von deutlich unterscheidbaren und einander kritisierenden europapolitischen Vorschlägen konnte bislang bei den Europawahlen nicht die Rede sein (Hoeglinger 2015). Dies rächte sich als mit der Eurokrise EU-Angelegenheiten erstmals auch nationale Wahlen dominierten und zur Ablösung mehrerer Regierungen führten (Niedermayer 2013).

Viel spricht dafür, dass die Eurokrise die schon begonnene Umschichtung auf dem Wählermarkt beschleunigt hat (Beramendi et al. 2015). Alle traditionellen Parteifamilien – sozialdemokratische, christlich-konservative und liberale –, welche hinter der europäischen Integration standen, haben in den Jahren der Eurokrise deutlich an Stimmen eingebüßt (Hooghe/Marks 2017). Ganz besonders mussten aber die sozialdemokratischen Parteien leiden. Sie verloren jenen Teil ihrer Wählerschaft, welche die egalitäre und multikulturelle Identitätspolitik der neuen Mittelschicht wachsend skeptisch gegenüber stehen (Gingrich/Häusermann 2015). Diese, vor männliche und weniger gebildete Bevölkerungsschicht sieht sich durch den Bedeutungsverlust des Nationalstaates durch Migration, Globalisierung und Europäisierung in ihrem Status bedroht. Gewinner dieser Entwicklung sind linksradikale und – vor allem – rechtspopulistische Parteien mit einer Mischung aus Nationalismus und sozialpolitischen Versprechungen (Golder 2016; Hernández/Kriesi 2016).

Die im Gefolge der Euro- und Finanzkrise nun eingetretene Politisierung des europäischen Integrationsprozesses sieht somit ganz anders aus als von seinen Befürwortern einst erhofft (Habermas 2003). Zwar hat sich eine die Grenzen des Nationalstats überschreitende Öffentlichkeit herausgebildet. Die Klaviatur der europäischen Öffentlichkeit wird aber nicht zuletzt von den rechten und integrationsfeindlichen Parteien bespielt. Nicht nur haben Parteien wie die UKIP, der Front National, die Dansk Folkeparti, die Wahren Finnen oder die AfD bei der letzten Europawahl am stärksten zugelegt (Abbildung 13), sondern sie haben sich im Wahlkampf mit europapolitischen Themen auch am deutlichen positioniert und profiliert.

6.4 Fazit

Das Ergebnis des Kapitels ist zunächst ein negatives: Obwohl die europäischen politische Parteien den großen weltanschaulichen Strömungen Europas folgen, sind sie doch ungleich heterogener als die nationalen Parteien. Zwar stimmen – zumindest die integrationsfreundlichen – Fraktionen im Europaparlament mittlerweile meist einheitlich ab. Im Zweifelsfall sind die jeweiligen innerstaatlichen Einflussfaktoren aber doch stärker als die Gruppenidentität. Umgekehrt hingegen blieb der Einfluss der europäischen Zusammenschlüsse auf die nationalen Mitglieder gering. Die Europaparteien sind weit davon entfernt, auf der Grundlage einer einheitlichen Plattform mit grundlegendenden europäische Politikalternativen und Problemlösungsversprechen im politischen Wettbewerb gegeneinander anzutreten.

Lange Zeit boten Europawahlen den Wählern nur Gelegenheit, Präferenzen für und gegen nationale Regierungspolitiken zu bekunden, kaum aber für und gegen spezifische europäische Politiken. Mit den Erfolgen der rechtspolitisches Parteien hat sich diese Bild nur teilweise gewandelt. Denn diese lehnen die EU, bieten aber kein Reformprogramm und verweigern sich meist einer konstruktiven Mitarbeit im Europaparlament. Die EU-freundlichen Parteien unterscheiden sich hingegen nach Parteifamilie und nationaler Herkunft und belassen ihre auf die Zukunft der EU bezogenen Wahlaussagen bevorzugt im vagen.

Trotz gewisser gegenteiliger Anzeichen lässt sich in der Summe doch festhalten, dass sich bislang weder die parteipolitischen Konfliktlinien europäisiert haben, noch ein europäisches Parteiensystem sich herausgebildet hat. In diesem Zusammenhang muss daran erinnert werden, dass – mit Ausnahme des Initiativrechtes – das europäische Parlament mit allen zentralen Rechten ausgestattet ist, die für die parlamentarische Ausprägung der Demokratie konstitutiv sind; ferner, dass die Europaparteien institutionell privilegiert sind. Wenn sich trotz dieser günstigen Bedingungen keine Parlamentarisierung einstellen will, liegt es vermutlich an den fehlenden gesellschaftlich-politischen Voraussetzungen (Kielmansegg 2015: 153). Dieser Befund spricht dafür, Vorschlägen, die die Parlamentarisierung des Politischen Systems der EU etwa durch die Direktwahl der Kommission herbeiführen wollen, mit größter Zurückhaltung zu begegnen.

7 Bürger und Eliten – ungedeckte Hoffnungen, vermeidbare Enttäuschungen

Die Europäische Union ist in der Bevölkerung nicht mehr unumstritten. Die Referenden zum Verfassungsvertrag stellten bereits einen ersten Warnschuss dar, dann brachten die Europawahlen 2014 einen beträchtlichen Erfolg EU-skeptischer Parteien. Handelt es sich dabei nur um einen konjunkturellen Ansehensverlust? Abschnitt 7.1 untersucht, wie stark die Bürger den europäischen Einigungsprozess unterstützen. Auch wenn sich herausstellt, dass die Bürger eher skeptisch sind, muss dies keinen Stillstand des Integrationsprozesses bedeuten. Es könnte sein, dass die Europäische Union einer breiten öffentlichen Zustimmung nicht bedarf. Vielleicht genügt die Zustimmung der maßgeblichen Eliten. Diese Möglichkeit wird in Abschnitt 7.2 untersucht. Eine weitere Möglichkeit könnte sein, dass neue Formen der europäischen Identität jenseits der nationalen politischen Öffentlichkeit entstehen oder bereits entstanden sind, die ebenfalls Loyalität gegenüber der Europäischen Union sicherstellen könnten. Ob es derartige Anzeichen gibt, fragt Abschnitt 7.3.

7.1 Die europäische Integration im Wertehaushalt der Bürger

Mit „Werten" sind hier kulturelle Gemeinsamkeiten, Bereiche des Wünschenswerten und grundlegende politische Prinzipien gemeint. Aus soziologischer Sicht wird vermutet, dass politische Gebilde ohne ein Mindestmaß an emotionaler Bindung längerfristig nicht lebensfähig sind (Münch 1995). Jede Gemeinschaft beruht, zumindest in Teilen, auf einer gegenseitigen Vereinbarkeit grundlegender Werte. Dies erleichtert Verhaltensabstimmungen und kollektives Handeln.

Mittlerweile stellt auch die EU ein Gebilde dar, das die Frage nach ihren Wertbeziehungen dringlich werden lässt. Werte in seinen Mitgliedsgesellschaften spielen unter anderem eine Rolle hinsichtlich dessen, was den Bürgern an und für die Integration zugemutet werden kann (Kuhn/Stoeckel 2914). Sie beeinflussen damit auch die institutionelle Weiterentwicklung und Ausgestaltung der EU-Institutionen. Stark unterschiedliche soziale Gerechtigkeits- und gesellschaftliche Zukunftsvorstellungen in den Mitgliedsländern erschweren ein weiteres Zusammenwachsen. Umverteilungs- und Ausgleichsprogramme sind ohne ein Bewusstsein für Zusammengehörigkeit kaum denkbar. Repräsentative Eliten können gesellschaftlich verbreitete Wertvorstellung nur um die Gefahr, nicht mehr gewählt zu werden, ignorieren, zumindest dann nicht, wenn alternative Parteiangebote zur Verfügung stehen.

Nimmt man das Selbstverständnis der EU hinsichtlich bürgerlicher Rechte, der Rolle der Geschlechter, des Stellenwerts der Religion im öffentlichen Leben und der Gerechtigkeits- und Staatsvorstellungen, wie es sich in ihren wichtigen Veröffentlichungen nachzeichnen lässt, als Messlatte, findet man grundlegende Gemeinsamkeiten in den Werteorientierungen der Bürger der EU (Immerfall 1998; Gerhards/Hölscher 2003; Gerhards 2010). Mit den verschiedenen schon vollzogenen und noch geplanten Erweiterungen sind allerdings die Wertunterschiede stark angewachsen (Gerhards 2005). Es lässt sich eine West-Ost-Achse identifizieren (Klingemann/Weldon 2013), wie sie schon in der historischen Betrachtungsweise von Abschnitt 2.2 beschrieben wurde.

Kulturelle Orientierungen sind allerdings nicht statisch. Mit erfolgreicher Modernisierung könnte es wieder zu einer Angleichung kommen (vgl. Alber 2004; Gerhards 2010). Das ist allerdings keine Sache von Jahren, sondern von Jahrzehnten. Bis auf weiteres muss die EU mit stark divergierenden Einstellungsmustern leben. Hinzu kommt, dass sich auch die Bürger in den Ländern der „alten EU" hinsichtlich dessen, was sie an Verantwortungstransfer auf die EU wünschen, voneinander unterscheiden (Mau 2005).

Das Verhältnis der Bürger zur Europäischen Union als Einstellungsobjekt ist – auf dem ersten Blick – schnell erzählt (Sobisch/Immerfall 1997; Westle 2003; Nissen 2004; Immerfall et al. 2010; Hobolt/Vries 2016):

Erstens ist die Zustimmung zur Europäischen Union im Zeitablauf erheblicher Fluktuation unterworfen, pendelt sich derzeit aber auf vergleichsweise niedrige Werte ein. Abbildung 17 enthält die Differenz zwischen dem Anteilswert derjenigen, die sagen, die Mitgliedschaft ihres Landes sei ein gute Sache, und denjenigen, die ebendies verneinen. Sie spiegelt somit die Anzahl der Netto-Befürworter wider. Wir sehen, dass nach dem Stillstand der 70er Jahre mit Jacques Delors in den 80er Jahren ein Aufschwung einsetzte, der mit dem Fall der Mauer 1990 einen Höhepunkt erreichte. Von da an ging die Zustimmung wieder zurück, um seit Ende der 90er Jahre zwischen 30 und 45 Prozent Nettozustimmung zu schwanken. Weder haben die Befürworter eindeutig die Oberhand gewonnen und die Gegner

Abbildung 17 Netto-Zustimmung zur Mitgliedschaft in der EU

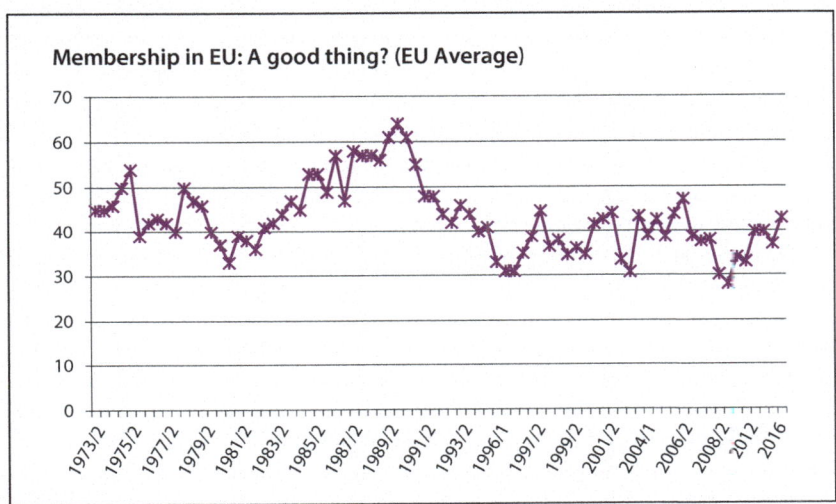

Mitgliedschaft Ihres Landes in der Europäischen Union (früher: Gemeinsamer Markt, Europäische Gemeinschaft) eine gute Sache/schlechte Sache/weder gut noch schlecht/weiß ich nicht"; dargestellt ist die Prozentsatzdifferenz zwischen Zustimmung („eine gute Sache") und Ablehnung („eine schlechte Sache").

Quelle: Eigene Zusammenstellung auf der Basis von Eurobarometer EB 1 to EB 87.1

überzeugt, noch konnten diese ihre Minderheitenposition verlassen. Diese grobe Beschreibung gilt ungeachtet der Erweiterungsrunden, die zwischenzeitlich stattgefunden haben.

Zweitens fällt die Zustimmung oder Ablehnung in den Mitgliedsländern unterschiedlich aus. Diese Unterschiede sind langfristig recht stabil. So zeigen sich Briten, Dänen und Schweden regelmäßig als „Europaskeptiker", Italiener, Iren und Niederländer eher als „Euroenthusiasten". Bei diesen Unterschieden sind gewisse Konvergenzprozesse zu beobachten: Die EU hat in den besonders europakritischen Ländern leicht an Zustimmung gewonnen, in den europa-freundlichen hingegen stark eingebüßt. Besonders deutlich sind die Einbußen in Österreich und Finnland, zuletzt auch in Italien. Deutschland hat sich vom gemäßigten Befürworter zum gemäßigten Skeptiker gewandelt. Diese Entwicklung hängt mit der Vereinigung zusammen – die Ostdeutschen sind in der Regel EU-skeptischer –, deutete sich aber schon vorher an. Jedenfalls hat sich die Hoffnung der EU nicht erfüllt, dass mit der Dauer der Mitgliedschaft zwangsläufig die Zustimmung zur EU wächst.

Drittens äußern sich die Befragten zu Europa umso zustimmender, je unspezifischer und unverbindlicher die gestellte Frage ist. Die abstrakte Idee „Europa" steht hoch im Kurs. Je stärker sie hingegen konkretisiert wird, desto mehr Zweifel werden sichtbar. Vor klare Entscheidungen gestellt – für oder gegen die Abgabe souveräner Rechte, für oder gegen eine einheitliche europäische Währung –, entscheiden sich die Befragten durchaus nicht immer pro Europa.

Viertens spiegeln sich die verschiedenen Krisen wider. Im Zuge der Finanzkrise sanken die Zustimmungen zur EU auf die niedrigsten, jemals in den Eurobarometern gemessenen Werte ums sich anschließend wieder etwas zu erholen.

Wie lassen sich die Länderunterschiede erklären? Natürlich gibt es für jedes Land spezifische Erklärungen (Jamieson 2001; Menéndez-Alarcón 2004). Die britische Insel hat ihre Besonderheiten über ein Jahrhundert gepflegt und in Schulbüchern tradiert; das ändert sich nicht so schnell. Für Spanien öffnete die Mitgliedschaft den Weg nach Europa, für Deutschland die Wiederaufnahme in die Gemeinschaft der Völker. Neben solchen geschichtlichen Eigenheiten gibt es mehr oder minder eine Übereinstimmung mit der Position als Nettozahler bzw. -empfänger und der Ablehnung bzw. Zustimmung zur EU (Immerfall 2000a).

Dies ist eine erster Hinweis darauf, dass die Unterstützung für das europäische Einigungswerk hauptsächlich von utilitaristischen, d.h. nutzenorientierten Motiven gelenkt ist (Eichenberg/Dalton 1993; Gabel/Palmer 1995; Anderson/Kaltenthaler 1996). Zwar herrscht bei vielen Bürgern gegenüber Europa eine im Großen und Ganzen positive Grundstimmung vor. Doch nur wenn sie der Überzeugung sind, die europäische Einigung bringe ihnen persönlich oder ihrem Land in der Summe überwiegend materielle Vorteile (oder zumindest keine Nachteile), befürworten sie die Mitgliedschaft ihres Landes in der Gemeinschaft bzw. Union. Unter diesen Umständen sind sie auch bereit, ihr mehr Kompetenzen und Rechte zuzugestehen.

Dabei gehen in die ökonomischen Nützlichkeitsüberlegungen sowohl die eigene soziale Position als auch Aussichten des eigenen Landes ein (im Einzelnen s. Hooghe/Marks 2004, 2005; Immerfall et al. 2010). Besonders sind flexible, gut ausgebildete Bevölkerungsgruppen überdurchschnittlich EU-affin, sofern sie sich vom europäischen Arbeitsmarkt neue Chancen erhoffen (Viry/Kaufmann 2015). Für die weniger gut ausgebildeten Arbeitnehmer in den ökonomisch wohlhabenden Mitgliedsländern gilt umgekehrt, dass sie im Durchschnitt skeptischer sind und die ökonomische Konkurrenz in offenen Märkten fürchten. Die gleichen Schichten in den ärmeren Ländern der EU wiederum stehen dem Integrationsprozess überwiegend zustimmend gegenüber, weil sie sich neue und bessere Arbeitsmöglichkeiten erhoffen.

Schließlich kommen politische Überzeugungen und subjektive Identitäten hinzu. Zwar spielt europaübergreifend betrachtet das übliche Links-Rechts-Schema nur eine geringe Rolle. Differenziert man aber nach wohlfahrtsstaatlichen Mustern, zeigt sich folgender Zusammenhang: In Ländern mit ausgebauten Wohlfahrtsstaaten wird die EU eher von Inhabern linker Positionen abgelehnt, da mit ihr weitere ökonomische Liberalisierung verbunden ist. In anderen Ländern hingegen wird mit der europäischen Integration ein Verlust an nationaler Souveränität befürchtet, was auf konservativen Widerstand stößt. Auch wird die EU eher dort abgelehnt, wo die politischen Eliten über die EU-Politik gespalten sind (Schweden) als dort, wo sie sich einig sind (Spanien). Jene Bürger stehen der europäischen Integration besonders ablehnend gegenüber, die eine „exklusive nationale Identität" aufweisen. Damit ist gemeint, dass nicht schon die Bindung an die eigene Nation sich negativ auf die Einstellung zur europäischen Integration auswirkt (Opp 2005).

Solange sie einander nicht widersprechen, können Menschen problemlos mehrere Identitäten aufweisen. Dies ist erst dann der Fall, wenn mit dem Bekenntnis zur Nation der Ausschluss anderer Zugehörigkeiten, z. B. der regionalen, verbunden ist. Verstärkt wird dies, wenn vom Befragten kosmopolitische Orientierungen abgelehnt werden. Für die meisten Bürger gibt es aber keinen Widerspruch zwischen nationaler und europäischer Identität. Dazu ist die europäische Identität viel zu schwach ausgeprägt. Vor die Wahl gestellt, zwischen Nation und Europa zu wählen zu müssen, würde sich die weitaus überwiegende Mehrheit für die Nation entscheiden. Vier bis fünfmal so viele Bürger fühlen sich ihrer Nation „sehr nahe" als der EU (Westle 2003; Ruiz Jimenez 2004).

Es gibt einen wichtigen weiteren Grund dafür, dass es für die meisten Bürger keinen Konflikt zwischen nationaler und europäischer Identität gibt. Ihr jeweiliger Sinngehalt ist ein anderer. Während das Gefühl nationaler Zugehörigkeit auf starken kulturellen Fundamenten steht – vor allem Sprache und historische Verbundenheit –, fehlt die Vorstellung einer Schicksalsgemeinschaft bei der Identifikation mit der EU fast völlig (Ruiz Jimenez 2004). Europa fehlt eine mitreißende Idee der „Befreiung" (Offe 2001: 423), wie sie die Nationalstaaten aufwiesen; damit kann die „Befreiung" von nationalen Markthemmnissen nicht mithalten. Lediglich in der Identifikation mit Europa als Ganzem kommen – wie schon in Abschnitt 2.3 diskutiert – sehr allgemein kulturelle Zuschreibungen zum Tragen, etwa die Überzeugung, einer gemeinsamen Zivilisation anzugehören. Nach dieser Lesart würde ein Konflikt zwischen nationaler und europäischer Identität erst dann entstehen, wenn die EU versuchen sollte, ihre Legitimationsbasis auszuweiten (Flora 2010). Dies hat sie in der Tat zu Beginn der 80er Jahre versucht, dann aber dergleichen Bemühungen wegen Erfolglosigkeit wieder eingestellt (Shore 2001).

Zwei Ergebnisse verdienen nach dieser Übersicht festgehalten zu werden: Erstes besteht der „permissive Konsensus" nicht mehr unbesehen fort, von dem die europäische Integration über Jahrzehnte gezehrt hat. Zwar herrscht in der Mehrzahl der Mitgliedsländer weiterhin eine positive Grundstimmung zugunsten der europäischen Integration vor. Die Bürger räumen ihren Eliten, die im Durchschnitt die EU sehr viel stärker bejahen als sie selbst (Hooghe 2003), in der Europapolitik breiten Gestaltungsspielraum ein. Auch stellen die prinzipiellen EU-Gegner weiterhin nur eine Minderheit dar. Aber die Folgebereitschaft ist nicht grenzenlos. Europäische Fragen wurden – schon vor der Finanz- und Eurokrise – zu einem normalen Bestandteil politischer Auseinandersetzungen. Das Für und Wider spezifischer Integrationsschritte kann nicht länger entweder der politischen Auseinandersetzung entzogen oder auf die extremen Ränder verbannt werden. Die europäische Integration beginnt ihren Nimbus der Unantastbarkeit zu verlieren.

Zweitens spielen europäische Zugehörigkeiten in der Selbstdefinition der meisten Europäer nur eine nachrangige Rolle. Eine „europäische Identität" dergestalt, dass sich die Bürger mit der Europäischen Union emotional identifizieren, dass sie sie als gefühlte Gemeinschaft wahrnehmen, dass sie bereit wären, für diese Union ggf. Opfer auf sich zu nehmen, ist nicht in Sicht. Das gilt auch umgekehrt: Nur wenigen Gegnern der EU ist das Thema so bedeutsam, dass sie bereit sind, sich gegen die Mitgliedschaft ihres Landes zu engagieren. Die gering ausgeprägte gefühlsmäßige Bindung an die EU zeigt sich in den Reaktionen auf eine eventuelle Auflösung der EU[17]. Nur eine kleine Minderheit von etwas mehr als zehn Prozent würde sich erleichtert zeigen, aber die Mehrheit wäre indifferent (s. Abbildung 18).

---

17 Die deutsche Übersetzung gibt leider den Sinn der ursprünglichen Frage nur teilweise wieder. Diese lautet: „If you were told tomorrow that the Common Market (synonym for the EEC/European Union) had been scrapped, would you be very sorry, indifferent or relieved?" „Scrapped" heißt „aufgeben", „zum alten Eisen werfen", „verschrotten", bezieht sich also deutlich auf Auflösen, während die EU an allen möglichen Projekten scheitern kann.

Abbildung 18 Emotionale Reaktion auf ein Scheitern der EU

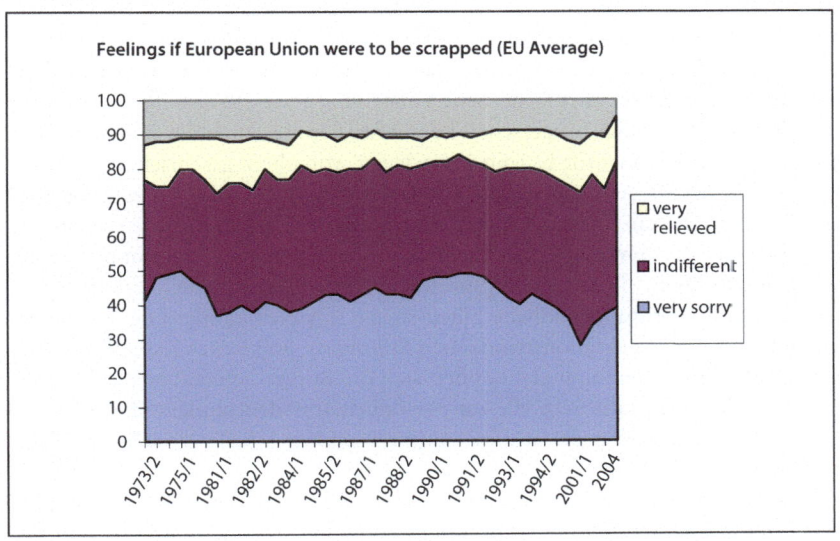

Quelle: Eigene Zusammenstellung auf der Basis ausgewählter Eurobarometer EB 1 bis EB 62.

7.2 Welche Zustimmung braucht Europa?

Es ist eine geschichtliche Tatsache, dass neue Herrschaftszusammenhänge unabhängig von etwaigen Zustimmungsvorbehalten ihrer Mitglieder entstehen können. Natürlich folgt der europäische Einigungsprozess anderen Gesetzmäßigkeiten als dem Zusammenspiel von militärischer Innovation und effektiver Ausbeutung (Tilly 1990). Dennoch gilt auch hier zu fragen, inwiefern der Integrationsprozess auch ohne politische und emotionale Beteiligung der Bürger voranschreiten kann. Gegen die Bedeutsamkeit von Wertvorstellungen der Bürger für die weitere Entwicklung europäischer Institutionen lassen sich historische und theoretische Einwände geltend machen.

Einmal kann man auf die bisherige Geschichte der Staatenbildung verweisen. Die Territorialstaatsbildung Europas brauchte auf die Untertanen wenig Rücksicht zu nehmen. Territorien wurden geformt, erobert und ohne Rücksicht auf die jeweilige Bevölkerung arrondiert. Erst schrittweise – und nicht ohne oft blutige Konflikte – kam es zu einer Einbeziehung immer größerer Bevölkerungsgruppen in das politische System (Rokkan 2000). Lange nachdem die Staatenwelt konsolidiert war, entwickelte sich allmählich und mit großen nationalen Unterschieden so etwas wie ein National- und Zugehörigkeitsbewusstsein (vgl. etwa Kapteyn 2002), wurden – in Eugene Webers (1976) berühmter Formulierung – „aus Bauern Franzosen". Noch bis in das 19. Jahrhundert hinein wäre es für Franzosen oder auch für Deutsche eine eher lächerliche Vorstellung gewesen, dass ihre vorrangige Identität von ihrer Staatsbürgerschaft herrühren könnte. Auch die Geschichte der Europäischen Union wurde bislang überwiegen „von oben" geschrieben.

Die historische Analogie unterschätzt, wie sehr heutzutage Integrationsprozesse von vornherein unter den Bedingungen der Massendemokratie stattfinden. Die Meinung der Bevölkerung zählt hierbei direkt – über Wahlen und Referenden – und indirekt – über Meinungsumfragen und die öffentliche Meinung. Alternative, d. h. hier: europafeindliche Eliten stehen in vielen Ländern der EU bereit, um ggf. aus einer integrationsfeindlichen Stimmung politisches Kapital zu schlagen. Unter diesen Bedingungen können sich die Bürger bemerkbar machen. Sie werden es tun, wenn die Schwelle zur persönlichen Bedeutsamkeit überschritten wird. Allem Anschein nach ist diese Aufmerksamkeitsschelle erreicht (Vobruba 2005).

Ein zweites Argument, wonach die Auffassungen der breiten Bevölkerung für den Gang der weiteren Integration weitgehend folgenlos sind, wird von einflussreichen politikwissenschaftlichen Theorien der europäischen Integration vorgebracht (vgl. z. B. Wiener/Thomas 2004). Ihnen zufolge genügt es, wenn die Bevölkerung gegenüber der Integration nicht grundsätzlich negativ eingestellt ist, d. h. wenn zumindest ein „permissiver Konsens" besteht. Ausschlaggebend seien dann entweder die maßgeblichen Eliten der beteiligten Länder oder die Funktionseliten der europäischen Gremien und Organisationen. Erstere folgen gemäß der (neo-) realistische Integrationstheorie der politischen Verhandlungslogik, zweitere nach der (neo-)funktionalistischen Integrationstheorie der Sachlogik.

Die (neo-)funktionalistische Integrationstheorie hält die europäische Einigung für einen von maßgeblichen Eliten der beteiligten Länder gesteuerten Prozess. So lange sich diese weiter darin einig sind, dass die aktuellen politischen und wirtschaftlichen Herausforderungen supranationale Lösungen erfordern, werden immer mehr Sektoren und Politikfelder integriert. Die Auffassung der breiten Bevölkerung ist für diese Übertragung immer weiterer Funktionen und Politikfelder auf die Union weitgehend folgenlos. Gegenüber der wechselseitigen Abhängigkeit von Staaten und ihrer Verflechtung in internationalen Organisationen hebt die (neo-)realistische Integrationstheorie zwischenstaatliche Verhandlungen als treibendes Moment hervor. Zwar müssen die nationalen politischen Führer gesellschaftliche Interessen berücksichtigen. Doch auch in diesem Ansatz betrifft dies weniger Bevölkerungsorientierungen als vielmehr die Interessen mächtiger, gut organisierter Gruppen. Hinzu kommt, dass die Bevölkerung hinsichtlich der EU wenig informiert ist und sich wenig interessiert zeigt. Aufgrund dieser Indifferenz sollte sich ein breiter Spielraum für die politischen Eliten ergeben.

Die Sachlogik des Funktionalismus oder die Stellvertreterlogik des Realismus vermag zu überzeugen, so lange jeder Integrationsschritt als bloße technokratische Maßnahme präsentiert werden kann, der ökonomischen Rationalitätskriterien folgt. Doch mit der Vertiefung und Erweiterung des Europäischen Integrationsprojekts von der Wirtschaftsgemeinschaft hin zu einer politischen Union ist beides in Frage gestellt: Zumindest einige Bevölkerungsgruppen beginnen an den versprochenen Wohlfahrtsgewinnen zu zweifeln. Offenbar reicht der „permissive Konsens" nicht einmal für die „negative Integration" aus, die auf die Herstellung des freien Binnenmarkts und die Beseitigung von Handelsschranken und Wettbewerbshindernissen gerichtet ist. Plötzlich erweisen sich EU-Angelegenheiten als politisierbar und mobilisierend. Das Alltagsgeschäft der europäischen Eliten hat die Lebenswirklichkeit der Bürger und die Regeln ihres Zusammenlebens erreicht. Damit könnte Fragen nach der Verfasstheit der EU nicht länger ausgewichen werden (Eriksen/Fossum 2004).

Der Versuch, die öffentliche Debatte in und über Europa zu stärken, war aus normativen Gründen überfällig – nach einem Ralph Dahrendorf zugeschriebenen Bonmot müsste die EU ihren eigenen Aufnahmeantrag ablehnen, da sie ihre eigenen Demokratiekriterien verletzt. Er war unvermeidbar, weil in mehreren Mitgliedsländern Plebiszite verfassungsrechtlich vorgeschrieben waren (Geißel 2004). Allmählich wurde der politischen Führung deutlich, dass sich weitere Integrationsfortschritte ohne ausdrückliche Legitimation durch ihre Bevölkerungen zu einer Gefahr für sie selbst auswachsen können. Sie sahen sich der Notwendigkeit ausgesetzt, für die vereinbarten Integrationsschritte zu werben, „die europäischen Institutionen näher an die Bürger heran(zu)bringen", in einen „Dialog mit der europäischen Zivilgesellschaft" einzutreten[18].

Seit den 90er Jahren werden zunehmend Referenden eingesetzt, um die vertraglichen Integrationsschritte abzusegnen. Viele Mitgliedstaaten haben mittlerweile Referenden zu zentralen Zukunftsfragen der EU durchgeführt; nicht jedoch Belgien, Deutschland, Griechenland, Portugal[19] und Zypern. Der Versuch, „von oben" EU-Verträge und Vertragsrevisionen nachträglich plebiszitär zu sanktionieren, ist nicht ungefährlich. Gegner oder auch nur EU-Skeptiker können mobili-

---

18 Vgl. „Erklärung zur Zukunft der Union" des Europäischen Rats vom Dezember 2000, die als Erklärung Nr. 23 dem Vertrag von Nizza angefügt ist [http://80.237.230.148/pdf/dokumente/%C3%9CberblickNizza.pdf] und seine „Erklärung von Laeken" ein Jahr später [http://europa.eu/constitution/futurum/documents/offtext/doc151201_de.htm], die zum europäischen Verfassungskonvent führte (s. Abschnitt 4.1).
19 In Portugal wurde die schon angesetzte Volksabstimmung zum Europäischen Verfassungsvertrag nach den Ablehnungen in Frankreich und den Niederlanden abgesagt.

siert werden, die sich aus möglicherweise sehr verschiedenen Gründen zu einer Koalition der Neinsager zusammenfinden. Die Demokratisierung der EU über Referenden oder andere Formen der Bürgerbeteiligung braucht Bedingungen, von denen nicht sicher ist, ob sie gegeben sind. Eine solche Bedingung ist das Vorhandensein einer europäischen Öffentlichkeit.

Öffentlichkeit stellt jene Sphäre dar, in der Bürger, Interessengruppen und Entscheider einander beobachten, kritisieren und insofern auch kontrollieren. In modernen Gesellschaften ist sie vor allem medial vermittelt. Durch und in Medien erfahren die Bürger von wichtigen Ereignissen, werden mit sozialen Problemen konfrontiert, versuchen Politiker Stimmungen wahrzunehmen und zu prägen. Das heißt nicht, dass es sich dabei um einen dialogischen, jedermann zugänglichen und nur dem besseren Argument verpflichteten Prozess handelt (Habermas 1990). Vielmehr folgt die – hoch vermachtete – Mediengesellschaft selbst unter den Bedingungen der Pressefreiheit eigenen Gesetzen der Aufmerksamkeit und der Präsentation. Dennoch ist eine funktionierende Medienöffentlichkeit ein unverzichtbarer Bestandteil in modernen Massendemokratien (Neidhardt 1997). Deshalb muss den Potenzialen und Hindernissen zu einer europäischen Öffentlichkeit größte Aufmerksamkeit geschenkt werden.

Die Chancen für ein ambitioniertes Modell einer politischen Öffentlichkeit sind gering (Gerhards 1993). Ein solches ambitioniertes Modell würde die Formierung einer eigenständigen europäischen Sphäre der Öffentlichkeit über und unabhängig von der nationalen Öffentlichkeit fordern. Dagegen stehen die kulturelle Vielfalt, die bemerkenswerten Unterschiede in den nationalen Medienlandschaften und nicht zuletzt die vielen Sprachen. Chancenreicher erscheint – wenn überhaupt – ein bescheideneres Modell, das der Europäisierung nationaler Medienöffentlichkeit (Trenz/Klein/Koopmans 2003). Nach dieser zweiten Vorstellung würde es genügen, wenn europäische Themen in den nationalen Mediendiskursen zunehmend präsent wären und diese Themen immer weniger national gerahmt, sozusagen immer stärker durch die „europäische Brille" gesehen würden.

Selbst gemäß diesem bescheidenen Kriterium erscheint die europäische Öffentlichkeit defizitär, wenngleich eine Europäisierung nationaler Kommunikationsräume beobachtet werden kann. Europäische Entscheidungsprozesse sind heute in der medialen Berichterstattung weniger unterrepräsentiert als zu Beginn der 90er Jahre (vgl. Gerhards 1993 mit Trenz 2006 und 2016). Auch gibt es europäische Themen, die zumindest in den Qualitätszeitungen mehrerer Länder unter wechselseitiger Bezugnahme erörtert werden. Zumindest bei diesen Qualitätszeitungen ist die Vorherrschaft der nationalen Perspektive bei der Berichterstattung über Europa gebrochen (Trenz 2006: 202; Trenz 2016).

Diese Befunde sprechen für eine allmähliche Anpassung von Teilen der medialen Berichterstattung an den Stand der europäischen Vergemeinschaftung. Von einer nationenübergreifend geführten Beobachtung, die die entstehende europäische Herrschaftsordnung sichtbar und die Herrschaftsausübung zurechenbar und damit kritisierbar macht, sind wir weit entfernt. Vorliegende Befunde, die zumindest für eine gewisse Europäisierung der medialen Berichterstattung sprechen, beziehen sich auf Qualitätszeitungen. Diese Entwicklung ist insofern so neu nicht, als es schon in früheren Zeiten einen weitgehend auf Eliten beschränken Europadiskurs gab (Kaelble 2001).

Über den von der Mehrheit überwiegend genutzten Teil der Medien wissen wir hinsichtlich der Darstellung und der Rezeption europäischer Sichtweisen noch wenig. In den Fernsehnachrichten kann von einer Europäisierung der Berichterstattung nicht die Rede sein (Peter/de Vreese 2004). Ein – nicht-repräsentativer – Blick auf Zeitungen wie „Bild" oder „Sun" legt nahe, dass die nationale Perspektive unangefochten dominiert. Bei der Berichterstattung von Gipfeltreffen heißt es dort, dieses oder jenes Land habe „gesiegt" oder „verloren". Dieser nationale Blick kontrastiert eigentümlich mit den globalen Vermachtungstendenzen im Medienbereich.

Doch selbst in den Qualitätszeitungen wird kein kritischer Diskurs über Europa sichergestellt. Wie Trenz (2006: 203) berichtet, verstehen sich ihre Brüsseler Korrespondenten überwiegend als europäische Sinnstifter. Sie gebärden sich als Meinungsmacher für Europa, verbleiben dabei aber im Ungefähren und Allgemeinen. Die Kommunikation und Konfrontation unterschiedlicher Reformmodelle bleibt auf der Strecke.

Gerne wird auf die komplizierten Verfahrensweisen der EU verweisen, die sie als wenig medientauglich erscheinen lassen. Dieses Argument gilt allerdings auch für ein hochgradig verflochtenes System wie das der Bundesrepublik. Es ist ein Argument dafür, politische Systeme transparenter zu machen, um damit die Konfusion über die Quellen der Macht und der Entscheidungsfindung zu verkleinern. Die Defizite der europäischen Öffentlichkeit kann es nicht erklären. Während in der Bundesrepublik die Medienberichterstattung auf der Grundlage allgemein verständlicher Konfliktstrukturen zu dramatisieren und zu personalisieren versteht, ist dieser Weg in der EU nur in Ausnahmefällen offen. Selbst im Europaparlament stehen sich aus den in Abschnitt 6.1 erörterten Gründen keine fest gefügten Blöcke mit klar herausragenden Führern gegenüber, deren Statements europaweit übermittelt werden könnten. Hinzu kommt, dass aus nahe liegenden Gründen die nationalen Politiker dazu neigen, Erfolge sich selbst, allfällige Misserfolge aber den „Bürokraten in Brüssel" zuzuschreiben. Die Kommission selbst hat wiederum nur geringe Anreize, einer solchen Darstellungsweise entschieden entgegenzutreten. Denn ihre Zukunft hängt weniger vom Votum der europäischen Wähler als von den sie kritisierenden Politikern ab.

7.3 Überzeugung statt Bindung?

Nur eine Minderheit hängt ihr Herz an die EU. Das gilt mehr noch für die Befürworter als für die Gegner weiterer Integrationsschritte. Vielleicht aber bedarf die EU keiner gefühlmäßigen Bindung. Die EU ist – so wird immer wieder betont – eine neue Art politischer Vergemeinschaftung. Vielleicht sollte dies auch für die Loyalität gelten, deren sie bedarf?

Ein erstes Argument zielt darauf ab, dass nationale Identitäten immer weniger wichtig werden. Nationalstaaten sind nicht mehr jene unbestrittene Quelle für Autorität und bindende Entscheidungen, die zu sein sie einmal erfolgreich vorgeben konnten. Gerade die Abwesenheit eines gefühlsmäßig verankerten Fundus geteilter Werte mache die EU zu einem zukunftsträchtigen Beispiel „postmoderner" Herrschaftsorganisation. Die Begründungen hierfür sind unterschiedlich. Jürgen Habermas (2003) hält aus universalmoralischen Gründen die rationale Zustimmung der europäischen Bürger zu abstrakten Prinzipien, wie sie in einer gemeinsamen Verfassung niedergelegt werden (könnten), für sowohl möglich als auch für ein gemeinsames, politisch-kulturelles Selbstverständnis Europas ausreichend. Andere verweisen auf die Fragmentierung der internationalen Staatenwelt nach dem Ende des Kalten Kriegs, die sich überlappende Jurisdiktionen mit jeweils beschränkter Autorität geschaffen hätten. Dieser Zustand biete dem Bürger die Möglichkeit multipler Mitgliedschaften und somit die Chance, sich vom besitzergreifenden Nationalstaat zu emanzipieren (Goodin 1996).

Welche Anzeichen gibt es für eine in Überzeugungen verankerte Bindung an allgemeine Verfassungsprinzipien, aus der die EU ihre Legitimation beziehen könnte? Ein Indiz könnte sein, dass sich die nationalen Erinnerungen in Europa gewandelt haben. Kaum noch werden Denkmäler enthüllt, die große Taten verewigen, oder Museen eröffnet, um an die Glorie der Nation zu erinnern. Häufiger tritt an die Stelle triumphierender Darstellungen die Erinnerung an Opfer und auch an die Untaten der eigenen Nation. Das betrifft nicht mehr nur Deutschland (Giesen/Schneider 2004). Der kritische Umgang mit der eigenen Vergangenheit ist zu einem Prüfstein für die Mitgliedschaft in der Union geworden, wie der Druck auf die Balkanstaaten beweist, ihre jeweiligen Kriegsverbrecher an das Tribunal in Den Haag auszuliefern. Auch die Türkei wird sich der Auseinandersetzung über den Massenmord an den Armeniern stellen müssen, sollte sie am Beitrittsgesuch ernsthaft festhalten wollen (wonach es derzeit aber nicht aussieht). Allerdings bleibt die Abkehr von der einseitig nationalen Geschichtsschreibung ihrerseits national gerahmt; so ist Deutschlands Holocaust-Gedenken nicht auf andere Länder übertragbar. Auch eine selbstkritische Erinnerungskultur ist eine nationale und keine europäische.

Kann man „Europa" lehren und damit tradieren? Man könnte sich die Vereinigten Staaten von Amerika zum Vorbild nehmen. Anderson (1988: 201) weist auf die riesige pädagogische Industrie hin, mit der die Amerikaner ihren blutigen Sezessionskrieg im historischen Bewusstsein als „Bruderkrieg" etablierten. Immer geht es um die Umbewertung und damit gewissermaßen auch Neuschaffung der Vergangenheit. Könnte die deutsch-französische Freundschaft am Anfang einer solchen Neubewertung stehen, an deren Ende Deutsche und Franzosen in Europäer verwandelt sind (Cram 2001: 240)?

Ungeachtet einer Reihe von EU-Resolutionen, die eine „europäische Dimension" in den Lehrplänen der Schulen forderten, blieben die Versuche der Brüsseler Kommission, die Erziehung zu „europäisieren", größtenteils ineffektiv und auf die Anerkennung von Abschlüssen, die Berufsausbildung und den Austausch von Sprachprogrammen beschränkt. Bildungspolitik steht bekanntlich im Zugriffsrecht der Mitgliedsländer und selbst Länder wie Deutschland, die sich der europäischen Dimensionen in ihren Verlautbarungen bereitwillig geöffnet haben, tun sich schwer, den europäischen Impuls unterrichtspraktisch zu verankern (Kessler et al. 2015). Der Versuch, ein einheitliches Geschichtsbuch europaweit zu verbreiten, endete im Fiasko (van Middelaar 2016: 374). Klüger fingen es zwanzig Jahre später die Präsidenten der nationalen Zentralbanken an, als es um die Gestaltung der Euroscheine ging. Sie entschieden sich für abstrakte Architekturelemente, die zwar auf europäische Stile verweisen, aber ohne konkrete historische Bezüge, die Anlass zu nationalen Eifersüchteleien hätten geben können (van Middelaar 2016: 386–394).

Bei genauerer Betrachtung der Art und Weise, wie „Europa", „Nation" und „Staatsangehörigkeit" in Schulbüchern und Curricula behandelt werden, insbesondere in den Fächern Geschichte und Staatsbürgerkunde, gibt es zwar eine Art von „Europäisierung" (Bertilotti/Mannitz/Soysal 2005). Diese „Europäisierung" vollzieht sich weitgehend mittels informeller Netzwerke wie Lehrerverbänden, Wissenschaftlern, Interessengruppen und internationalen Organisationen, einschließlich der Unesco und dem Europarat (Nóvoa/Lawn 2002; Soysal 2003). Ihr Einfluss besteht in einer „Normalisierung" (Soysal 2003a) des nationalen Kanons. D. h. die Erzählung der Nation wird in einen europäischen Kontext eingebettet und erhält dadurch eine neue Rolle. Aus plündernden Wikingern werden (auch) Bauern und Händler, aus wilden Germanen gastfreundliche Dörfler und aus arabischen Heiden die Vermittler kultivierter Manieren.

Diese kulturelle Standortbestimmung Europas entspricht ganz der in Abschnitt 2.3 beschriebenen Selbstwahrnehmung (und Selbstüberhöhung) Europas als einer – nach einigen historischen „Ausrutschern" belehrten – Friedensmacht. Sie ist allerdings nicht mehr als eine lose Ansammlung staatsbürgerlicher Ideale wie Demokratie, Gleichheit, Fortschritt und Menschenrechte (Soysal 2002). Dieser europäische Mythos ist sicherlich sympathischer als der nationale, der die eigene Nation als einzigartig gegen die Nachbarn stellt (Detterbeck/Schöne 2018). Er bleibt aber ein Mythos, auf dem sich die selbstreflexive Zustimmung zu Europa im Sinne Habermas' nicht bauen lässt.

Falls die postnationale Perspektive tatsächlich zuträfe müsste mit der Vertiefung der Integration die Loyalität der Bürger wachsen. Das Gegenteil ist der Fall. Auf wachsende Politisierung und Sichtbarkeit der europäischen Angelegenheiten reagieren die Bürger eher mit Ängsten, die die Identifikation mit dem Ursprungsland noch verstärken (Deflem/Pampel 1996: 138; Cederman 2001: 159–163). Auch der – auch unter Einschluss relevanter Kontrollvariablen – fortbestehende Einfluss der nationalen Zugehörigkeit auf die Haltung sowohl von Befürwortern als auch von Gegnern weiterer europäischer Integration spricht gegen die These einer neuartigen, postmodernen Legitimierung der EU (Polyakova/Fligstein 2016). In der großen Mehrzahl haben wir es nicht mit postnationalen Staatsbürgern zu tun, die ihre Gemeinsamkeit über das Bekenntnis zu einem Universum geteilter und gleicher Rechte und Pflichten definieren. Für den weitaus überwiegenden Teil der Bevölkerung steht auch im Zeitalter der Globalisierung der Nationalstaat im Zentrum von Gemeinschaftssinn und Loyalität.

7.4 Fazit

„Die empirischen Daten zeigen, dass ein solider Grundstock an europäischer Identität seit Jahren existiert und es nun eines Impulses für eine dynamische Weiterentwicklung bedarf" (Landfried 2004). Selbst die noch vor der Eurokrise zusammengetragenen Befunde können diese Aussage nicht bestätigen. Es mag ein verbreitetes Bewusstsein gewisser europäischer Gemeinsamkeiten, Traditionen und kultureller Prägungen geben. Diese „europäischer Dimension" findet auch zunehmend Eingang in Schulbücher und Lehrpläne. Sie bleibt aber inhaltlich vage und für den politischen Alltag wenig folgenreich. Eine europäische Identität im Sinne eines emotional verankerten Bewusstseins der Zugehörigkeit gibt es jedenfalls nicht.

Nach wie vor bilden die Nationalstaaten den Rahmen demokratischer Legitimität und kultureller Identität (Lepsius 2004). Selbst dort, wo eine solide Zustimmung zur Europäischen Union vorherrscht, erfolgt diese überwiegend aus den nationalen Blickwinkeln heraus. Es mag angeführt werden, dass die EU einer sozialen und kulturellen Identität nicht bedarf. Die EU muss nicht um ihrer selbst willen geschätzt werden. Es gibt aber wenig empirische Belege für die Herausbildung einer alternativen „zivilen Identität", die in der bewussten Bindung an eine geteilte Rechtsgemeinschaft stabil verankert wäre (Cederman 2001; Ruiz Jimenez 2004). Was bleibt, ist der Appell an die interessengestützte Zustimmung der Unionsbürger. Diese könnte sich als wenig belastungsfähig herausstellen.

Die letzten Jahre haben gezeigt, dass die Ablehnung oder die Zustimmung der Bevölkerung nicht mehr nebensächlich sind. Wir wissen zwar nicht, wie viel Zustimmung die EU auf Dauer braucht (Opp 2005). Als gesichert kann aber gelten: Je tiefer die EU in die Lebenswirklichkeit der Bürger eingreift, je umfassender sie Umverteilungsmechanismen beeinflusst und je weniger sie mit Wohlfahrtsgewinnen in Verbindung gebracht wird, desto weniger kann sie mit deren billigender Inkaufnahme rechnen.

Die Europäische Union als Krisengemeinschaft

8

Die vorangegangenen Kapitel haben vielfältige Unterschiede zwischen den europäischen Gesellschaften aufgezeigt. Eine europäische Gesellschaft – wie immer man sie auch definiert – ist (noch) nicht entstanden. Diese Tatsache stellt herrschaftssoziologisch kein Problem dar, solange diese Heterogenität Baustein der politischen Konstruktion Europas bleibt und nicht versucht wird, sie durch die Abwertung des Nationalstaates einzuebnen (Flora 2000).

Wie wirken sich gesellschaftlichen Unterschiede in Zeiten der Krise aus? Wichard Woyke (1998) hatte die Europäische Union als „erfolgreiche Krisengemeinschaft" bezeichnet. Dies ist ein oft gehörter Topos: Jean Monnet wird der Satz zugeschrieben: „Europa wird in Krisen geschmiedet, und es wird einst die Summe der Lösungen sein, die man für diese Krisen ersonnen hat" (s. Webber 2017: 336). „Insofern besteht die Krise Europas", so Andreas Wirsching (2015: 9) in seiner Geschichte Europas seit 1989, „in nichts anderem als in seinem Zusammenwachsen."

Gilt dieser Krisen-Automatismus weiterhin? Unter welchen Umständen stärken die Krisen, wie von Monnet erwartet, den Willen zur Gemeinschaft, unter welchen die Fliehkräfte in der Union? Dies soll durch einen Vergleich zweier Krisen untersucht werden.

8.1 Die Finanzkrise und der Euro

Fünf Jahre nach der Währungseinführung schien die Welt noch in Ordnung. Europas Politiker beglückwünschten sich zum Erfolg des Euros (Posner 2006). Die Zinsen im Eurogebiet glichen sich an, die Inflationsraten blieben niedrig. Es schien nur eine Frage der Zeit, bis der Euro den Dollar als Weltwährung Nummer Eins ablösen würde (vgl. Eichengreen 2011: 88). Jean-Claude Juncker konnte sich bei der Entgegennahme des Karlspreises in Aachen (26. Mai 2006) über die deutsche Professorenzunft lustig machen, die dem Unterfangen, Europa währungspolitisch zu einer Einheit zu formen, so skeptisch gegenüber gestanden und sich dabei so gründlich geirrt hätte.

Mit seiner Sottise hatte Juncker nicht ganz Unrecht. Zwar hatten sich viele deutsche Ökonomen gegen die Einheitswährung ausgesprochen. Doch ihre Befürchtungen bezogen sich überwiegend auf die Inflation (vgl. Woyke 1998: 264 f.; allg. Schuppan 2014). Doch nicht das Stabilitätsziel sollte sich als Achillesferse des Euro-Experiments erweisen.

Ihre Vorgeschichte hatte die Euro-Krise in der amerikanischen Hypothekenkredit-Krise. Verschiedene Faktoren (eine jahrelang lockere Geldpolitik, Hauseigentum-Förderung für einkommensschwache Bevölkerungsschichten, die Deregulierung der Finanzindustrie in den Reagan- und Clinton-Jahren, scheinbar unaufhaltsam steigende Häuserpreise) führten dazu, dass immer mehr Hypothekenkredite zur Finanzierung eines Eigenheims auch an Schuldner mit schlechter Bonität und geringem Eigenkapital vergeben wurden. Vor allem aber wurden diese „Subprimes" zu immer neuen Finanzprodukten verpackt, die dann von willigen Ratingagenturen mit guten Bonitätsnoten geadelt wurden. Es sollte sich herausstellen, dass eine faire Bewertung dieser komplexen und intransparenten Anleihen und Verbriefungen kaum möglich war. Und die Risikoabsicherung funktionierte genau dann nicht, als sie gebraucht wurde.

Mitte 2006 hatte der amerikanische Immobilienboom seinen Höhepunkt überschritten. Zu den ersten Krisenanzeichen gehörte die Verengung der Geldmärkte (Banken wurden risikoscheu, sich wechselseitig mit kurzfristigen Krediten auszuhelfen) und Zusammenbrüche kleinerer Hypothekenbanken und Immobilien-Investmenttrusts. Eine Abwärtsspirale hatte begonnen: Steigende Zinsen führten zu immer mehr Ausfällen bei Hypotheken und zu Pfändungen von Immobilien, die aber zunehmend unverkäuflich blieben. Nun wurden die Subprime-Anleihen von den Rating-Agenturen herabgestuft, was Banken mit einer dünnen Finanzdecke in eine existentielle Krise stürzte. Im August 2007 war das Misstrauen der Banken, sich gegenseitig kurzfristige Kredite bereitzustellen, so groß geworden, dass die US-Notenbank und die Europäische Zentralbank (EZB) gemeinsam und in großem Stil Liquidität bereitstellen mussten. Wurde die Insolvenz der Investmentbank Bear Stearns mit staatlicher Hilfe noch vermieden, musste Lehman Brothers am 15. September 2008 Schutz vor ihren Gläubigern suchen. Aus der Subprime- war eine Bankenkrise geworden.

Lange Zeit hatte die europäische Politik sich mit einer gewissen Schadenfreude auf die Schulter geklopft und darauf verwiesen, dass die USA der Ursprung der Krise sei und Europa, vor allem die Euroländer, nur marginal betroffen würden. Der Euro, erklärte die Kommission im Frühjahr 2008, sei ein „überwältigender Erfolg" (zit. nach Laffan 2017: 133). Noch am 25. September 2008 hatte der Finanzminister der Großen Koalition, Peer Steinbrück (SPD), in seiner Regierungserklärung zur Lage der Finanzmärkte das deutsche Dreisäulensystem (mit privaten Geschäftsbanken, kommunalen Sparkassen und regionalen Genossenschaftsinstituten) als im internationalen Vergleich besonders robust gelobt. Nicht nur seine Prognose, Bankenrettungsprogramme wie in den USA seien hierzulande deshalb nicht nötig, sollte sich binnen Wochen als irrig erweisen (so musste beispielsweise die Commerzbank mit Steuergeldern gerettet werden). Auch führte eine solche Einschätzung dazu, dass jedes Land der Eurozone zunächst alleine seinen Bankensektor retten musste. U. a. Spanien und Irland sahen sich dazu gezwungen, aus den privaten Bankschulden öffentliche Schulden zu machen. Dementsprechend explodierten ab Herbst 2008 die öffentlichen Schulden (vgl. Abbildung 19). Aus der Bankenkrise war eine europäische Staatsschuldenkrise geworden.

Warum hatte die Krise des US-Hypothekenmarkts solche Auswirkungen auf Europa und die Eurozone? Zwei Gründe verdienen in aller Kürze hervorgehoben zu werden. Zum einen hatten sich europäische Institute (wie z.B. die Hypo Real Estate aber auch die halböffentlichen deutschen Landesbanken) direkt am US-

Abbildung 19 Schulden weltweit (in Industrie- und Schwellenländern)

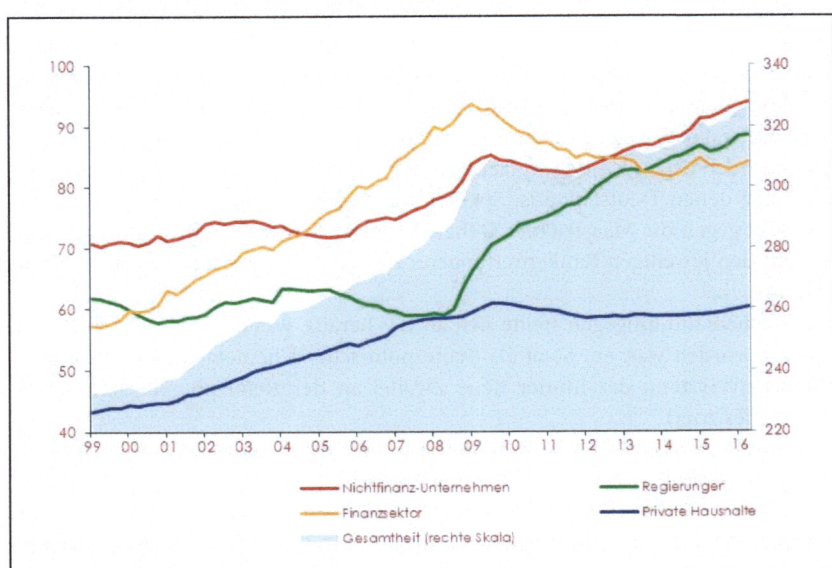

In Prozent des Bruttoinlandsprodukts.
Quelle: IIF Global Debt Monitor – June 2017.

Hypothekenmarkt verspekuliert. In diesem Zusammenhang war von den „stupid Germans from Duesseldorf" (Lewis 2010: 93) die Rede, offenbar ein Verweis auf die später abgewickelte WestLB. Zweitens beruhten die goldenen Jahre des Euro auf günstigen Finanzierungsbedingungen, sprich: auf billigem Geld. Mit sinkender Risikoneigung der Banken kam es aber zu einer Neubewertung der Schuldentitel. Die Gläubiger begannen sich zu fragen, ob sie sich zufriedengeben sollten, für Staatsanleihen Irlands oder Spaniens kaum mehr Zinsen als für deutsche zu erhalten, von denjenigen Griechenlands ganz zu schweigen. Noch dazu, wenn es, zumindest in der Rhetorik der Bundesregierung, keine Haftungsunion gibt, das heißt, die anderen Euro-Länder bei einem Zahlungsverzug nicht helfend eingreifen würden.

In dem Moment, an dem die Finanzmärkte begannen, an der langfristigen Zahlungsfähigkeit der Mittelmeerländer und Irlands zu zweifeln, begann eine rasche Abwärtsspirale. Sie wurde von weiteren Finanzakteuren beschleunigt, die grundsätzliche Zweifel am Überleben des Euro säten und an den sich ausweitenden Differenzen („Spreads") zwischen den als sicher geltenden Bundesanleihen und den Staatsanleihen der Krisenländer verdienten. Somit beendete die, zu einer Euro- und Staatsschuldenkrise gewordene Finanzkrise abrupt die Jahre der Prosperität und der wohlfahrtsökonomischen Annäherung der Euroländer.

Sicherlich haben die Länder der südlichen Peripherie die billigen Kredite, die sie als Mitglieder der Euro-Familie zunächst bekamen, vielfach für den Konsum genutzt, während Produktivität und Wettbewerbsfähigkeit auf der Strecke blieben. Aber: mit Ausnahme Griechenlands häuften nicht die Regierungen die Schuldenberge auf – das Haushaltsdefizit und die öffentlichen Schuldenquoten in Irland, Spanien oder Estland – den Epizentren der europäischen Immobilienblase – lagen unter denen Deutschlands. Spanien verstieß in diesem Zeitraum kein einziges Mal gegen die Maastrichter Defizit-Regel – Deutschland dagegen vier Mal! Erst mit den jeweiligen Bankenrettungen explodierten die Staatsschulden (Abbildung 19).

Griechenland hingegen stellte sich als das heraus, was durch den Euro-Boom verdeckt worden war, ein Staat als Beute politischer Klientelgruppen mit einem politischen System, das immer neue Zweifel an der Reformbereitschaft weckt (Kelpanidēs 2013).

Vermutlich hätten sich makroökonomische Ungleichgewichte und Spannungen im Euroraum selbst ohne die amerikanischen Druckwellen irgendwann in einer Krise entladen (Becker/Fuest 2017). Auch wenn der Auslöser der Euro-Finanzkrise die Krise des Finanzkapitalismus war, für dessen Stabilisierung die Staaten gewaltige Summen aufbieten mussten, sind doch institutionelle Faktoren der Europäischen Union und der Eurozone ebenfalls zu beachten. Obwohl das Staatsdefizit der USA in Prozent der Wirtschaftsleistung mehr als doppelt so hoch ist, wie das der Eurozone und, obwohl verschiedene Bundesstaaten ihren Zahlungsverpflichtungen nicht nachgekommen sind, zweifelt niemand an der Zukunft des Dollars. Trotz des periodisch auftretenden politischen Stillstands gibt es eine handlungsfähige Zentralinstanz und trotz der regionalen Vielfalt ist die nationale Einheit der Vereinigten Staaten nie in Gefahr. Ganz anders die Europäische Union. Hier ist die Legitimations- und die Organisationsbasis weiterhin national. Die übergreifenden Stabilisierungsmechanismen und -institutionen mussten erst aufgebaut werden. Und dies mitten in einer Krise, in der mehrere Mitgliedsstaaten des Euroraums den Marktzugang zu verlieren drohten! Insofern ist auch der generische Begriff „Eurokrise" nicht falsch, auch wenn der Euro selbst nach innen (Inflation) und außen (Wechselkurs) stabil geblieben ist.

Dass es die Europäische Währungsunion in der gegenwärtigen Form noch gibt, liegt wohl vor allem an der EZB und ihren Anleihekaufprogrammen. Am 26. Juli 2012 kündigte ihr Präsident Mario Draghi mit seinem berühmten Satz[20] an, dass die EZB im Ernstfall unbegrenzt Staatsanleihen gefährdeter Mitgliedsländer direkt („outright") kaufen und so deren Staatspleite verhindern würde. Er gab den Märkten klar zu erkennen, dass es unklug wäre, auf ein rasches Auseinanderbrechen der Euro-Zone zu spekulieren. Vertreter der Bundesbank protestierten vergeblich und verschiedentlich gegen die, einer „monetären Staatsfinanzierung" nahekommenden, unorthodoxen geldpolitischen Interventionen („Dicke Bertha") der EZB. Dies entbehrt nicht einer gewissen Ironie, als die EZB nach dem Vorbild der Bundesbank mit großer Unabhängigkeit ausgestattet wurde und nun dank dieser Unabhängigkeit zum zentralen Akteur im Kampf um die Rettung der Währungsunion werden konnte. Jedenfalls sanken die Renditen der südeuropäischen Staatsanleihen wieder auf ein erträgliches Niveau, sodass die europäische Politik Zeit gewann, Sicherungsmechanismen und Rettungsnetze aufzubauen:

- Mehrere Koordinierungs- und Überwachungsverfahren für mehr Haushaltsdisziplin wurden – v. a. auf deutschem Betreiben – eingerichtet („Europäisches Semester", „Sixpack", „Europäischer Fiskalpakt"). Sie haben sich im Folgenden nur als bedingt wirkungsvoll erwiesen. Zum einen sinkt mit dem Umfang und der Komplexität der Empfehlungen die Neigung der Länder, sie auch tatsächlich umzusetzen. Regelwerke werden in der Regel nicht sicherer, indem

---

20 „But there is another message I want to tell you. Within our mandate, the ECB is ready to do whatever it takes to preserve the euro. And believe me, it will be enough." Speech by Mario Draghi, President of the European Central Bank at the Global Investment Conference in London. 26 July 2012, [http://www.ecb.int/press/key/date/2012/html/sp120726.en.html; 28. 3. 2013]. Das in dieser Rede angekündigte Anleiheankaufprogramm OMT musste übrigens gar nicht aktiviert werden; die Drohung genügte.

sie komplizierter werden. Zum anderen kann man Staaten letzten Endes nicht zwingen, finanz- und wirtschaftspolitische Regeln einzuhalten, solange diese weiter in nationaler Kompetenz bleiben.

- Die Europäische Bankenunion wurde mit dem Ziel vorangetrieben, künftig nicht mehr die Steuerzahler für Bankenpleiten in Haftung zu nehmen. Aber auch hier werden, wie zuletzt für Italien, laufend Ausnahmen gemacht.
- Die wichtigste Maßnahme (neben den Kaufprogrammen und der Niedrigzinspolitik der EZB) war die Schaffung eines Euro-Krisenfonds, zunächst der Europäische Finanzstabilisierungsfazilität (EFSF), dann dauerhaft des Europäischen Stabilitätsmechanismus (ESM). Der Rettungsfonds wurde außerhalb der EU-Institutionen per völkerrechtlichem Vertrag eingerichtet und mit anfänglich 7000 Mrd. Stammkapital ausgestattet. Daraus können Krisenländer Stabilitätshilfen beantragen, müssen sich im Gegenzug aber zu Reformen verpflichten. Die Einhaltung der Auflagen wird von EU-Kommission, EZB und ESM (und bisweilen noch vom Internationalen Währungsfonds [IWF]) kontrolliert. Zu „Programmländern" wurden bislang Griechenland, Irland und Portugal, Spanien und zuletzt (2013) Zypern. Mittlerweile haben – bis auf Griechenland – alle Länder den Rettungsschirm wieder verlassen.

Inzwischen sind durchaus Lichtblicke zu sehen. Die Lohnstückkosten der Krisenländer gingen im Vergleich zum europäischen Durchschnitt zurück, die Defizite in den Leistungsbilanzen sind gesunken, der Anstieg der Staatsdefizite gebremst und die Krisenländer sind erfolgreich an den internationalen Kapitalmarkt zurückgekehrt. Endlich sinkt auch die Arbeitslosigkeit, vor allem die beschämend hohe Jugendarbeitslosigkeit in den Südländern, wenn auch nur langsam.

Die Europäische Währungsunion wurde somit erfolgreich verteidigt. Es ist schwer zu sagen, ob das Ergebnis die finanziellen und sozialen Kosten wert ist. Aller historischen Erfahrung nach werden weitere Finanzkrisen folgen und den Zusammenhalt auf die Probe stellen, von denen aber man heute noch nicht weiß, wie sie aussehen werden. Die Asymmetrie aus liberalem Binnenmarkt mit zentralisierter Geldpolitik einerseits und der – im Grundsatz – weiterhin geltenden, fiskal- und sozialpolitischen Zuständigkeit der Mitgliedsstaaten andererseits besteht fort. Diese Asymmetrie wird dann zum Problem, wenn die Anpassungsmechanismen in der Eurozone im Fall von national ungleich verteilten Schocks unzureichend sind. So ist in Europa die grenzüberschreibende Arbeitsmobilität weitaus geringer als im US-amerikanischen Währungsraum. Da eine eigene Währung nicht mehr vorhanden ist und die EZB ihre Zinspolitik notgedrungen an Durchschnittswerten des gesamten Euro-Raums ausrichten muss, liegt dann der Anpassungsdruck besonders auf den Löhnen und Preisen. Eine solche „innere Abwertung" ist – zumindest kurzfristig – schmerzhafter als eine „äußere" über den Wechselkurs.

Der Zusammenhalt einer heterogenen Währungsgemeinschaft ist grundsätzlich möglich, zumal die Heterogenität auch Vorteile – etwa die Möglichkeit von Spezialisierungsgewinnen (Schelkle 2017) – mit sich bringt. Je weniger automatische Ausgleichsmechanismen vorhanden sind, desto größer ist aber der Koordinationsbedarf. Zwar gibt es, beginnend schon mit den Maastricht-Kriterien, zahlreiche Vereinbarungen zur wirtschaftspolitischen Koordination und zur finanzpolitischen Solidität und Stabilität. Deren Bilanz ist indes ernüchternd und es spricht wenig dafür, dass es in Zukunft anders sein wird. Zwei Gründe sprechen dagegen, zum einen die großen, in den Kapiteln 3 bis 6 immer wieder beschriebenen, gesellschaftlichen Unterschiede. Diese Unterschiede – ob sie in wirtschaftlicher Hinsicht als unterschiedliche Wirtschaftskulturen (Abelshauser 2014), ökonomische Philosophien (Brunnermeier et al. 2016), Wachstumsmodelle (Johnston/Regan 2016) oder Wirtschaftsregime (Höpner/Lutter 2017) bezeichnet werden – machen unterschiedliche, ja gegensätzliche wirtschaftspolitische Präferenzen der Euroländer wahrscheinlich.

Zum anderen gibt es keine Instanz, die unwillige Mitglieder zwingen könnte, sich an Absprachen zu halten. Es ist Kennzeichen ihrer fortbestehenden Souveränität, dass die Staaten der Eurozone, „sich nicht wie Odysseus an den Mast binden, das heißt glaubwürdig auf ein Verhalten in der Zukunft festlegen können (Becker/Fuest 2017: 130). Hinzu kommt, dass die Empfehlungen der Eurozone eine technokratische Anmutung haben, denen eine demokratische Legitimierung leicht abgesprochen werden kann (Immerfall 2013). Oft geraten die nationalen Regierungen in eine Zwickmühle, sich entweder den vom „Euro-Regime geforderten Maßnahmen" zu beugen oder den Protesten ihrer Bevölkerungen Rechnung zu tragen (Scharpf 2017: 293).

Die Asymmetrie ließe sich theoretisch natürlich auflösen. Einmal zugunsten weniger Kooperationsbedarf, das heißt durch eine deutliche Verkleinerung oder gar vollständigen Auflösung der Eurozone, zum anderen durch eine Übertragung wirtschaftspolitischer Souveränität auf eine Eurozonen-Regierung. Die erste Lösung ist mit erheblichen, vor allem aber unabsehbaren Kosten verbunden. Die zweite ist auf absehbare Zeit politisch wohl eher als illusionär zu betrachten (Becker/Fuest 2017: 137–162). Das Dilemma wird bestehen bleiben.

8.2 Die Flüchtlingskrise

Unter „Flüchtlingskrise" wird im Folgenden der Umgang Europas mit den Bürgerkriegs- und Katastrophenflüchtlinge verstanden, deren Zahl seit 2014 stark gestiegenen ist und eine (ersten?) Höhepunkt 2015 erreicht hat. Dabei ist zunächst daran zu erinnern, dass die (versuchte) Einreise nach Europa nur ein kleiner Teil einer weitaus größeren, humanitären Krisensituation ist; nach Angaben des Flüchtlingshilfswerks der Vereinten Nationen (UNHCR) sind aktuell mehr als 65 Millionen Menschen auf der Flucht[21].

Die Entwicklung eines europäischen Asylregimes ist eng an die Entwicklung des gemeinsamen Binnenmarkts gekoppelt. Einen freien Binnenmarkt zu schaffen, heißt eben auch Grenzkontrollen zwischen den Mitgliedstaaten abzuschaffen. Sind die Asylsuchenden und die Flüchtlinge erst einmal im Binnenmarkt, können sie in diesem umherwandern, soweit es keine gemeinsamen, für alle Mitgliedstaaten verbindlichen Regeln zur Kontrolle der Binnenwanderung gibt (Marx 2016; Luft 2017). Zur Regulierung der Binnenwanderung von Asylsuchenden und Flüchtlingen wurde das Dubliner System geschaffen. Es will grundlegend einheitliche Standards für die verfahrensrechtliche Behandlung der Asylanträge schaffen, vor allem aber klären, welches Land jeweils zuständig ist, nämlich in der Regel dasjenige, das der Flüchtling zuerst betritt.

In dieser Situation wäre eine wirksame Sicherung der Außengrenzen, zu der alle Mitgliedstaaten finanziell und institutionell beizutragen hätten, folgerichtig. Aber erst 2004 wurde überhaupt (und halbherzig) mit dem Aufbau einer Grenzschutzagentur (Frontex) begonnen (Hailbronner/Thym 2016). Die aktuelle Flüchtlingskrise war insofern eine Krise mit Ansage (Diven/Immerfall 2017). Dies macht ein Blick auf Deutschland deutlich.

Zunächst hatte Deutschland von der seit 1997 geltenden Übereinkunft von Dublin mit seinen nachfolgenden Verordnungen profitiert, wonach weiterreisende Asylsuchende wieder dorthin gebracht werden, wo sie erstmals europäischen Boden betreten hatten. Dies ist, da fast alle Flüchtlinge über den Landweg einreisen, in der Regel nicht Deutschland. Zwar funktionierte dieses System eher schlecht als recht. So wurden nach einem Urteil des Europäischen Gerichtshofs für Menschenrechte im Jahr 2011 wegen den dortigen Bedingungen EU-weit keine „Dublin-Flüchtlinge" mehr nach Griechenland zurückgeschickt und deutsche Verwaltungsgerichte stoppten Rückführungen nach Ungarn, Bulgarien und selbst nach Italien. Auch ließen die besonders belasteten Staaten Flüchtlinge nicht selten einfach weiterreisen, sodass die Zielstaaten nicht mehr feststellen konnten, über welche Länder die Asylsuchenden in die EU eingereist waren.

Dennoch blieb der Anteil Deutschlands an den europäischen Asylbewerbern nach der Jahrtausendwende meist unter 20 %. Erst ab 2012 begann er zu steigen, dann aber rasch auf einen Anteil von fast zwei Dritteln (Abbildung 20). Im Sommer 2015 entschied die Bundesregierung, das Dublin-Abkommen vorübergehend und ausnahmsweise außer Kraft zu setzen und aus Ungarn kommende

---

21 http://www.unhcr.org/figures-at-a-glance.html

Abbildung 20 Asylantragszahlen EU28 (insgesamt) und Deutschland (1998 bis 2016)

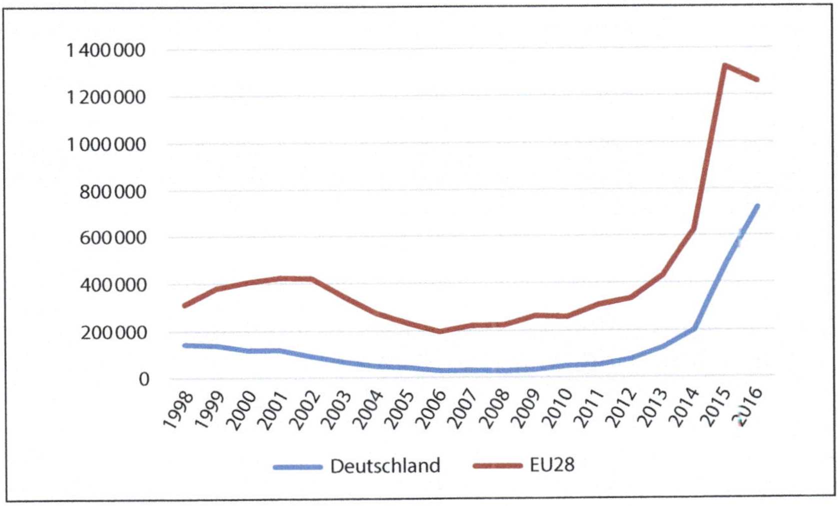

Quelle: Eurostat, eigene Berechnungen.

Flüchtlinge ohne Registrierung und Prüfung des Asylanspruchs nach Deutschland einreisen zu lassen (Diven/Immerfall 2017). Diese „Ausnahme" dauerte vom 13. September 2015, als ein schon formulierter Befehl zur Grenzsicherung nicht unterzeichnet wurde, bis zum 9. März 2016, als die Balkanroute geschlossen wurde (Alexander 2017). Mit der Errichtung von Grenzzäunen durch die Balkanländer Mazedonien, Slowenien, Serbien und Ungarn sowie dem Abkommen der EU mit der Türkei zur Kontrolle der Aegis sank der Zustrom von Flüchtlingen nach Deutschland wieder deutlich, während das Mittelmeer wieder in den Fokus von Fluchtrouten gekommen ist.

Es waren also zunächst (und dann wieder ab 2017) die EU-Grenzstaaten des Mittelmeers, welche die Hauptlast für die einreisenden Asylsuchenden in die Union trugen. Initiativen, die Asylbewerber in einem EU-weiten Verfahren gerecht auf alle Länder zu verteilen, scheitern bis dato (Geddes/Scholten 2016; Luft 2017). Dieses Scheitern wurde vor allem den osteuropäischen Mitgliedsländern angelastet, die sich einer fairen Lastenverteilung verweigerten, andererseits aber gerne EU-Strukturhilfen in Anspruch nähmen.

Dieser Vorwurf ist nur zum Teil gerecht. Unter anderem blendet er aus, dass die Staaten des früheren „Ostblocks" wegen der jahrzehntelangen realsozialistischen Selbstisolation kaum konkrete Erfahrungen im Umgang mit Migranten hatten sammeln können, keine Tradition im Flüchtlingsschutz hatten und auch keine Vertragsstaaten der Genfer Flüchtlingskonvention gewesen waren (Marx 2016: 152; Luft 2017: 79 ff.). Nicht ganz zu Unrecht fühlten sie sich von den westeuropäischen Staaten bevormundet, zumal Kanzlerin Merkel sie in den Krisentagen des September 2015 nicht konsultiert hatte. Es war auch nicht so, dass die (zeitweise) sehr großzügige Aufnahmepolitik Deutschlands (und Schwedens) von der Mehrheit der westeuropäischen Mitgliedsstaaten geteilt worden wäre. Die aufgeheizte politische Debatte über die Flüchtlingskrise hat in Bezug auf die europäische Selbstwahrnehmung schwere Verwerfungen hinterlassen. Es wäre fatal, wenn hieraus eine neue Spaltung Europa in Ost und West erwüchse (Krastew/Schmitt 2017).

8.3 Gemeinsamkeiten, Unterschiede und Lehren aus Euro- und Migrationskrise

Der Umgang der Gemeinschaft und ihrer Mitglieder mit der Euro- und der Migrationskrise weist bemerkenswerte Unterschiede, aber auch gewisse Gemeinsamkeiten auf, die einige Schlussfolgerungen hinsichtlich der Funktionsweise, des Zusammenhalts und der sozialen Grundlagen der Europäischen Union gestatten. Beginnen wir mit den Unterschieden.

1) *Im Gegensatz zur Asylkrise kam es in der Eurokrise zu einer supranationalen Gemeinschaftsbildung.* Vor allem der Europäische Stabilitätsmechanismus sicherte, zusammen mit den EZB-Interventionen gegen drohende Staatsinsolvenzen ab. Als weitere neue, supranationale Institution ist die Bankenunion zu nennen.

2) *Im Gegensatz zur Asylkrise wurden während der Eurokrise umfangreiche Regelwerke errichtet.* Diverse Sparauflagen, Defizit- und Schuldenregeln sollen helfen, künftige Krisen zu vermeiden. Wenngleich, wie erwähnt, gegen die Regeln häufig verstoßen wird, versuchen die Staaten in der Regel doch, die EU-Vorgaben halbwegs einzuhalten. Die nationale Finanzpolitiken werden verstärkt als eine Angelegenheit begriffen, welche Folgen für die ganze Euro-Zone haben.

Nichts dergleichen lässt sich im Zuge der Asylkrise beobachten. Das Prinzip der einzelstaatlichen Verantwortlichkeit ist im Wesentlichen geblieben. Es gibt weder eine EU-weite Angleichung der Leistungen für Asylbewerber, noch einen mit Durchgriffsrechten ausgestatteten, gemeinsamen Grenzschutz, noch konnte die im Ministerrat beschlossene Umverteilung von bis zu 120 000 Flüchtlingen durchgesetzt werden.

Es gibt aber auch eine Reihe bemerkenswerter Gemeinsamkeiten, die zu begründeter Skepsis gegenüber der Möglichkeit gesamteuropäischer Lösungen Anlass geben:

1. *Solidarität lässt sich nicht erzwingen.* Dieser Satz gilt für die Euro- wie für die Migrationskrise. In der Eurokrise wurde die Solidaritätsforderung vor allem auf Deutschland (und die anderen ehemaligen Hartwährungsländer der Eurozone) gemünzt. Sie sollten den Krisenländern stärker beistehen. Deutschland hingegen beharrte auf den Grundlagen der Währungsunion, welche grundsätzlich ausschlössen, dass ein Mitgliedsland für ein anderes hafte (Art. 125 AEU-Vertrag).

In der Flüchtlingskrise waren es andere Länder, die sich hartleibig zeigten. Zunächst wurden die Mittelmeerländer mit dem wohlfeilen Verweis auf Dublin weitgehend allein gelassen. Nachdem die Asylbewerberzahlen auch in den nord- und westeuropäischen Ländern stark gestiegen waren, haben diese wiederum vergeblich Solidarität bei den weniger betroffenen Nachbarn eingefordert. Doch trotz eines (mittlerweile vom EuGH bestätigten) Mehrheitsbeschlusses im Ministerrat zur Umverteilung können die osteuropäischen Mitglieder nicht gegen ihren Willen zur Aufnahme von Flüchtlingen gezwungen werden.

2. Hieran offenbart sich eine weitere Gemeinsamkeit: *Gesamteuropäisch vereinbarte Regeln werden gebrochen, wenn zentrale nationalstaatliche Interessen dagegen stehen.* Das gilt für den Stabilitäts- und Wachstumspakt ebenso wie für die Dublin-Regeln. Diese Tatsache ist in der internationalen Politik nicht ungewöhnlich, aber in der Union, die doch in vielerlei Hinsicht zuallererst eine Rechtsgemeinschaft ist, jedoch fatal (Immerfall 2013a).

3. Für beide untersuchten Fälle gilt ferner: *Integration erzeugt Nebenwirkungen:* Offene Binnengrenzen müssten „eigentlich" an der Außengrenze gesichert werden; eine gemeinsame Währung bedarf der finanzpolitischen Koordination. Die neo-funktionalistische Theorie würde deshalb in beiden Fällen supranationale Lösungen erwarten (siehe 3.1). Im Fall der Migrationskrise geschah dies jedoch gar nicht; im Fall der Eurokrise „halbherzig", d. h. im Wesentlichen außerhalb der Gemeinschaftsregimes. In der Summe tun sich die dominanten politikwissenschaftlichen Ansätze schwer, dieses Ergebnis zu erklären (Börzel/Risse 2017).

Warum stimmten die Mitgliedsstaaten im Fall der fiskalischen und finanzpolitischen Integration einer Übertragung nationaler Rechte auf supranationale Institutionen zu, während sie im anderen Fall sogar Urteil des EuGH missachteten? Scharpf (2015) und Genschel/Jachtenfuchs (2016) haben gezeigt, dass die Übertragung im ersten Fall leichter fiel, da sie als angeblich nur regulative (und vorderhand nicht distributive) Politik entpolitisiert und der demokratischen Zustimmung entzogen werden konnte. Diese wohlbekannte Methode europäischer Integrationspolitik (Schmidt 2016), im „Verborgenen", sozusagen unter dem Radarschirm einer EU-kritischen Öffentlichkeit voranzuschreiten, reicht aber zur Erklärung nicht aus. Mindestens zwei weitere, aufeinander aufbauende Faktoren kommen hinzu, das Ausmaß möglicher Externalisierung und der Schatten der Hierarchie.

Externalisierbarkeit verweist auf die Möglichkeit, einen drohenden Schaden auf andere abzulenken. Wenn sich andere Länder um die Flüchtlinge kümmern (oder kümmern müssen), umso besser. Das war die Haltung der westeuropäischen Staaten vor dem Zusammenbruch der Dublin-Vereinbarungen und ist die Haltung der mittel- und osteuropäischen Staaten. Für die Eurostaaten in der Eurokrise war die Position der Verweigerung weniger plausibel. Selbst Staaten wie die Slowakei mit einem stabilen Haushalt wären von einer Staatspleite ihrer Euro-Nachbarn massiv in Mitleidenschaft gezogen worden. Sich an einer supranationalen Aktion zu beteiligen, konnte unter diesen Umständen die bessere Option sein.

Selbst, wenn alle gemeinsames Handeln präferieren, heißt das noch lange nicht, dass es zu einer einvernehmlichen Lösung kommt. Verhandlungen über die jeweils zu erbringenden Beiträge, den Euro zu erhalten, können selbstredend scheitern. Begünstigt wird eine Einigung, wenn Verhandlungen im Schatten der Hierarchie geführt werden (Scharpf 2000: 323–335): ein Akteur ist vergleichsweise so mächtig, dass sein (glaubwürdig angedrohter) Rückzug die Verhandlungen von vornherein nutzlos machen würde. Zugleich hat dieser Akteur ein starkes Interesse am Fortbestehen des Kollektivgutes, d. h. am „Euro". Dieser zentrale Akteur war bei den Verhandlungen zur Eurorettung Deutschland, während bei der Asylkrise Deutschland selbst der Hilfe bedürftig war.

8.4 Fazit

Der eingangs bemühte Topos vom Fortschritt der europäischen Integration durch ihre Krisen ist so falsch nicht: wie oft wurde beispielsweise dem Euro das Totenglöcklein geläutet, und noch immer gibt es ihn. Und nicht nur das: die Krise der Währungsunion hat eine Fülle neuer europäischer Institutionen, Verfahren und Koordinierungsinstrumente hervorgebracht. Wenn speziell angelsächsische Ökonomen dem Euro kein langes Leben beschieden haben (s. Jonung/Drea 2009), so lagen sie falsch. Doch zu Recht haben sie auf die großen Divergenzen zwischen den Euroländern gepaart mit unzureichenden Ausgleichsmechanismen zwischen ihnen hingewiesen. Wäre somit eine Politische Union die Lösung um die stets drohenden Fliehkräfte in den Griff zu bekommen?

Nicht nur die politische Realisierbarkeit spricht gegen diesen Vorschlag: Hätte eine europäische Obrigkeit genug demokratische Legitimität, die Mitgliedsstaaten zu einer bestimmten Fiskal- und Haushaltspolitik zu zwingen? Wären die Mitgliedsstaaten und ihre Bevölkerungen zu einer deutlichen Ausweitung der (re-)distributiven EU-Politiken oder gar einer Transferunion bereit? Die Erfahrungen Italiens und Deutschlands mit ihren südlichen bzw. östlichen Peripherien zeigen, dass sich selbst mit ausgedehnten Transfers eine Angleichung nicht erzwingen lässt.

Die Frage sollte daher eher lauten: Ist eine fiskalische Integration für die Zukunft der Europäischen Währungsunion unverzichtbar (Matthes/Iara/Busch 2016)? Und aus europasoziologischer Sicht müssen weitere Bedingungen hinzugefügt werden: Tragen die Vorschläge den Unterschieden zwischen den Mitgliedsgesellschaften Rechnung? Ermöglichen sie Kompromisse zwischen den Präferenzen der Mitgliedsländer auch abseits des Schattens der Hierarchie und ohne die Errichtung immer neuer Fiskalregeln, deren Auslegung, wie schon in der Vergangenheit, eine Quelle andauernden Streits und deren Sanktionierung unglaubwürdig wäre?

Es gibt zahlreiche Vorschläge, wie – über die schon ergriffenen Maßnahmen hinaus und unterhalb der Schwelle einer weiteren fiskalische Integration – die Europäische Wirtschafts- und Währungsunion so stabilisiert werden könnte, dass sie künftige Schocks und Krisen besser abfedern könnte (vgl. Enderlein/Letta et al., 2016; Matthes/Iara/Busch 2016; Becker/Fuest 2017; Copelovitch et al. 2017). Dazu zählen größere Kapitalpuffer der Banken, der Einsatz makroprudenzieller Instrumente (v.a. durch die, bei der EZB seit 2014 angesiedelte europäische Finanzmarktaufsicht), um den unterschiedlichen Konjunkturzyklen der Länder Rechnung zu tragen.

Wie beim Platzen jeder Finanzblase wurde in der Eurokrise über die Aufteilung der Verluste zwischen Schuldnern und Gläubigern erbittert gestritten. Eine Besonderheit war jedoch, dass Schuldner und Gläubiger stark nach Ländern angeordnet waren (Frieden/Walter 2017). Im Endeffekt wurden die Lasten hauptsächlich den Bevölkerungen der Defizitländer und den Steuerzahlern der Überschussländer auferlegt. Die Finanzindustrie wurde hingegen für den von ihr mit angerichteten Schaden, an dem sie so glänzend verdient hatte, kaum herangezogen. Eine zentrale Forderung wäre folglich, dass künftig auch Staatsanleihen mit Eigenkapital unterlegt werden müssten. Dies würde das inzestuöse Verhältnis zwischen Regierung und Banken lösen. Zusätzlich müsste ein Rahmen für die Möglichkeit einer geordneten Staatsinsolvenz geschaffen werden. Das würde Kreditgeber veranlassen, unterschiedliche Risikoaufschläge für Staatsanleihen zu fordern. Die Risikoprämien würden Probleme frühzeitig signalisieren und somit Kreditklemmen vermeiden helfen.

Diese letzte Forderung wird auf erbitterten Widerstand der höher verschuldeten Länder stoßen. Als Entgegenkommen konnte man ihnen die Einführung von Eurobonds anbieten, zumal die Stärkung des Eurokapitalmarkts im gemeinsamen Interesse liegt. Allerdings würden die Überschussländer befürchten, dass damit die Marktdisziplin ausgehebelt würde. Nach ihrer Logik brauchen die Schuldnerländer diesen Druck, um bei der Haushaltssanierung nicht nachzulassen. Um diese Unvereinbarkeit aufzulösen, hat Markus Brunnermeier eine interessante Lösung entwickelt, die Emittierung von „European Safe Assets" oder ESBies (Brunnermeier et al. 2016). Nach diesem Konzept würde es zwei Typen von gesamteuropäischen Anleihen geben. Im nachrangigen Teil kann sich jedes Land weiterhin verschulden, wie es will; in den gesamtschuldnerisch haftenden ESBies dürften hingegen aus jedem Land maximal Staatspapiere im Wert von 60 Prozent des BIP enthalten sein.

Ferner müssten die Überschussländer die Kritik an ihrem Leistungsbilanzüberschuss ernster nehmen. Die EU hält in ihrem Makroökonomischen Ungleichgewichtsverfahren (ein Teil des „Sixpack"), ein Leistungsbilanzdefizit von maximal 4 Prozent sowie einen Überschuss von höchstens 6 Prozent des Bruttoinlandsprodukts für akzeptabel. Letzteren Grenzwert hat Deutschland in den letzten Jahren deutlich überschritten. Kaum noch jemand in Deutschland erinnert sich an eigene Stabilitäts- und Wachstumsgesetz aus dem Jahr 1967, das auch auf ein außenwirtschaftliches Gleichgewicht abzielt.

Auch hinsichtlich des europäischen Asylregimes lassen sich Möglichkeiten ausmachen, die den genannten Kriterien – Heterogenität anerkennen, keine Konvergenz erzwingen, zwischen nationalstaatlichen Präferenzen vermitteln – nahekommen. Dies umso mehr als mit dem Schließen der Balkanroute auch die Mitgliedsstaaten an den Außengrenzen gezwungen sind, sich stärker mit gemeinschaftlichen Lösungen zu befassen. Zunächst sollte von der Idee eines umfangreichen Umverteilungsmechanismus Abstand genommen werden. Schon allein deswegen, weil die Fluchtmigranten wohl kaum in dem ihnen zugewiesenen Land bleiben, wenn sie in ein anderes mit höheren Standards und besseren wirtschaftlichen Perspektiven weiterziehen können. Vielmehr sollte das Angebot der osteuropäischen Länder, sich an der Lastenteilung anderweitig zu beteiligen, beim Schopf gepackt werden. Dies könnte mehr Engagement beim Schutz der Außengrenzen oder bei der Zusammenarbeit mit den Herkunftsländern bedeuten.

In diese Richtung gehen mittlerweile auch die Vorschläge der Kommission zur Reformierung des Gemeinsamen Europäischen Asylsystems[22]. Darin benennt sie

---

22 COM(2016) 197 final [https://ec.europa.eu/transparency/regdoc/rep/1/2016/DE/1-2016-197-DE-F1-1.PDF; 26. 08. 2017] und Europäische Kommission – Factsheet, Fragen & Antworten: Reform des Gemeinsamen Europäischen Asylsystems, Brüssel, 4. Mai 2016 [http://europa.eu/rapid/press-release_MEMO-16-1621_de.htm; 15. 09. 2017]

die strukturellen Defizite und Unzulänglichkeiten der Konzeption und der Umsetzung der europäischen Asyl- und Migrationspolitik. Zudem eröffnet sie den Mitgliedsstaaten, die sich weigern, am Umverteilungsverfahren teilzunehmen, den Ausweg einer Ausgleichszahlung. Will man denjenigen, zumeist afrikanischen Herkunftsländern, deren Migranten kaum eine Chance auf einen Schutzstatus haben, zur Rücknahme ihrer Staatsbürger bewegen, wird man freilich um eine Erleichterung legaler Wege nach Europa nicht herumkommen.

Die gesellschaftlichen Grenzen Europas und die Grenzen der Union

Nicht viele werden es mitbekommen, aber am 9. Mai ist Europatag. Er erinnert an jenen Tag im Mai 1950, an dem Frankreichs Außenminister Robert Schuman die Schaffung einer Produktionsgemeinschaft für Kohle und Stahl als erste Etappe auf dem Weg zu einer europäischen Föderation vorschlug[23]. Der Europatag ist ein Bestandteil im nicht gerade reich bestückten Symbolhaushalt der EU, mit dem Europa seinen Bürgern und die Völker der Union einander näher gebracht werden sollen. Was kaum jemandem auffällt, bewerten die einen als armseligen Kommunikationsdiskurs (Menéndez-Alarcón 2004), loben andere als „unwaved flags" (Cram 2001: 243): Entscheidend sei, dass die alltägliche Präsenz von EU-Symbolen als selbstverständlich hingenommen werde und keinen Widerstand hervorrufe.

Nun wurden zwar auch schon EU-Flaggen in Protestaktionen verbrannt[24], wenngleich wenige im Vergleich zu den weitaus beliebteren Nationalfahnen. Ein Nationalstaat ist die EU nicht und wird es nach allgemein geteilter Auffassung auch nicht werden. Die EU ist ein netzwerk-basiertes, supranationales Regime. Das mag sich harmlos anhören, ist aber dennoch ein Herrschaftssystem. Denn im Unterschied zu anderen supranationalen Regelungssystemen kann die EU eigenständig Entscheidungen mit unmittelbarer Bindungskraft für die Mitgliedsstaaten treffen. Ungleich stärker als z. B. die Welthandelsorganisation beeinflusst sie die Lebenswirklichkeit der Bürger. An Zeitungsmeldungen eines einzigen Tages (FAZ vom 14.01.06) wurde in der ersten Auflage deutlich gemacht, wie sehr die EU bereits die nationale Wirtschafts- und Gesellschaftpolitik mitbestimmt:

---

23 http://europa.eu/abc/symbols/9-may/index_de.html; 15.10.2017.
24 Dies scheint, wenn die Flagge der EU-Richtlinie zu entflammbaren Materialien entspricht, gar nicht so einfach zu sein (http://www.independent.co.uk/news/uk/home-news/british-nazi-filmed-spectacularly-failing-to-burn-eu-flag-in-protest-against-forced-immigration-10141197.html; 15.10.2017).

- Mitbestimmungsgesetzgebung: Die Mitbestimmung von Arbeitnehmervertretern im Aufsichtsrat von Kapitalgesellschaften gilt als Stück „deutsche Nationalkultur", das es in dieser Form nirgends anders gibt. Der Europäische Gerichtshof hat nun deutschen Unternehmen die Möglichkeit eröffnet, den nationalen Mitbestimmungsregeln auszuweichen, indem sie (unternehmensrechtlich) europäische Gesellschaftsformen annehmen.
- Riester-Rente: Die nach dem früheren Arbeitsminister Walter Riester benannte Zulage soll die Bürger bewegen, neben der staatlichen Rente zusätzlich eine kapitalgedeckte Vorsorge für das Alter aufzubauen. Nun droht die EU-Kommission mit einer Klage vor dem Gerichtshof in Luxemburg, da ihre Regelungen die Bürger aus anderen EU-Staaten benachteiligten. Denn die Zulage bekommt nur, wer in Deutschland unbeschränkt steuerpflichtig ist. Die Kommission fordert die Bundesregierung auf, das Gesetz zu ändern, damit es nicht länger gegen die einschlägigen EG-Bestimmungen u. a. über die Personenfreizügigkeit verstoße.
- Autobahnmaut: Seit 1. Januar 2005 müssen Lastwagen eine entfernungsabhängige Gebühr für die Nutzung von Autobahnen entrichten. Damit sollen ausländische LKWs an der Finanzierung der von ihnen mitbenutzten deutschen Verkehrs-Infrastruktur beteiligt werden. Ursprünglich war vorgesehen, dass sich deutsche Fuhrunternehmer einen Teil der Maut wieder hätten zurückholen können, indem sie Tankquittungen einreichen. Die Mineralölsteuer hätte dann gegen die Maut verrechnet werden können. Nach Auffassung der EU-Kommission benachteiligt diese Regelung ausländische Spediteure, da sie in Deutschland seltener tankten.

Aufschlussreich ist ein erneuter Blick auf die genannten Beispiele zehn Jahre später:

- Mitbestimmungsgesetzgebung: Zumindest im Fall der Klage eines TUI-Aktionärs hat der EuGH die Befürchtung nicht bestätigt, das europäische Wettbewerbsrecht und die Binnenmarktfreiheiten könnten die Arbeitnehmermitbestimmung aushebeln. Die Klage wurde abgewiesen; das deutsche Mitbestimmungsgesetz verstoße nicht gegen Unionsrecht (Rechtssache C-566/15)[25].
- Riester-Rente: Riester-Altersvorsorge ist mittlerweile EU-konform. Zulagenberechtigt sind rentenversicherungspflichtige Personen, die in Deutschland arbeiten, auch wenn sie im Ausland wohnen. Und Rentner müssen Förderungen nicht zurückzahlen, wenn sie ihren Lebensabend im Ausland verbringen.

---

25 https://curia.europa.eu/jcms/upload/docs/application/pdf/2017-07/cp170081de.pdf; 15.10.2017.

- Autobahnmaut: Bei der LKW-Maut musste die Bundesregierung ihr Vorhaben aufgeben, deutsche Verkehrsunternehmen über die Vorlage von Tankrechnungen zu entlasten. Straßenbenutzungsgebühren bleiben aber ein Streitpunkt. Alexander Dobrindt (CSU), ehemaliger Verkehrsminister der Großen Koalition, legte 2014 einen finanziell und ökologisch umstrittenen Plan zur Einführung einer streckenunabhängigen Autobahngebühr vor. Da Halter von in Deutschland Kfz-steuerpflichtigen Pkws über einen Freibetrag in der Kfz-Steuer kompensiert werden sollen, war auch hier Widerstand der Europäischen Kommission erwartet worden. Überraschenderweise hat die Kommission ihr Vertragsverletzungsverfahren gegen die nun „Infrastrukturabgabe" genannte „Ausländer-Maut" jedoch eingestellt, während ausgerechnet Österreich – Erfinder der Vignettenpflichtigkeit auf Autobahnen und Schnellstraßen – vor dem Europäischen Gerichtshof gegen sie klagen will.[26]

Die Haltung der Kommission im Mautstreit nährt einmal mehr den Verdacht der kleineren Mitgliedsländer, dass in der EU mit zweierlei Maß gemessen wird. An diesem Verdacht ist Kommissionspräsident Jean-Claude Juncker nicht unschuldig. Auf die Frage, warum Länder wie Frankreich ungestraft gegen die Stabilitätskriterien der EU verstoßen dürfen, ließ er sich zu der Antwort hinreißen, „weil es Frankreich ist"[27]. Die Hoffnung, mit der Ernennung Junckers im Anschluss an die Europawahlen 2014 könnte sich so etwas wie ein demokratischer Sprung nach vorn anbahnen (s. o. Kap. 3.2), hat getrogen. Juncker wollte mit einer „politischeren" Kommission die Agonie der Barroso-Jahre überwinden und die Kommission wieder zum zentralen Akteur der europäischen Politik machen, nachdem sie in der Euro-und Flüchtlingskrise nur die zweite Geige gespielt hatte. Sein Vorschlag, der künftige Kommissionspräsident solle in Personalunion EU-Ratspräsident werden und damit zur zentralen Führungsfigur der Gemeinschaft aufsteigen, entspricht jedoch in keiner Weise der delikaten Machtbalance der EU: Während der Rat versuchen muss, eine europäische Lösung auf Basis der einzelnen nationalen Interessen zu finden, kommt der Kommission die Rolle zu, möglichst ausgleichend die EU-Interessen zu vertreten. Ihre Rolle als neutrale Hüterin der Verträge (Art. 211 EGV) ist jedoch nur glaubwürdig, wenn sie gegenüber den nationalen Interessen eine gewisse Distanz wahrt und keine eigene Agenda verfolgt.

---

26 Österreich und Niederlande klagen Deutschland wegen Auto-Maut an (https://www.nzz.ch/wirtschaft/oesterreich-bringt-klage-gegen-deutschland-wegen-maut-ein-ld.1321499; 15.10.2017).
27 http://uk.reuters.com/article/uk-eu-deficit-france/eu-gives-budget-leeway-to-france-because-it-is-france-juncker-idUKKCN0YM1N0; 15.10.2017.

Positiv ist, dass Kommissionpräsident Juncker verschiedene Vorschläge zur Zukunft der EU konkretisiert hat[28]. Alle Debattenbeiträge müssen sich mit der „ärgerlichen Tatsache" (Dahrendorf) auseinandersetzen, dass der europäische Staatenverbund nicht über die scheinbar natürliche Legitimität vieler Nationalstaaten verfügt. Daran hat sich bislang nichts geändert (vgl. Kapitel 6 und 7). Im Gegenteil: Während die Idee eines eigenen Nationalstaates weiterhin fröhliche Urstände feiert, hat die nun eingetretene Politisierung des europäischen Integrationsprozesses gerade nicht zu mehr Zustimmung für die EU geführt, wie von den Befürwortern eigentlich erwartet worden war (Abschnitte 6.3 und 7.2). Mehr als über demokratische Legitimität, muss sich die Gemeinschaft durch ihren Erfolg und ihre Koordinationsleistungen legitimieren.

Die Geschichte der Europäischen Gemeinschaft ist eng mit der Friedensordnung nach der Selbstzerstörung Europas, speziell mit der Versöhnung zwischen Deutschen und Franzosen verbunden. Darauf wurde immer wieder verwiesen, z. B. als Bundeskanzler Kohl die Einführung des Euros gegen eine skeptische Bevölkerung verteidigen musste. Oder in den Worten des ehemaligen österreichischen Bundeskanzlers Schüssel: „Die Kernbotschaft Europas finden Sie auf jedem Dorffriedhof" (FAZ vom 13.06.2006). Die Einhegung Deutschlands als Legitimation der EU wurde nochmals bei der deutschen Wiedervereinigung beschworen. Heute glauben aber immer weniger Menschen, dass ohne die EU Deutschland (oder andere europäische Länder) den Frieden in Europa bedrohen würden. Selbst im Zuge der Finanzkrise, in der alte Vorurteile aktualisiert wurden, ist das generelle Vertrauen zwischen den Ländern der EU nur wenig gesunken (Klingemann/Weldon 2013; Westle/Kleiner 2016; Natorski/Pomorska 2017).

In den Zeiten der Unsicherheit und der Bedrohung steigt die Zustimmung zur Europäischen Union (Pew 2017). Dort, wo die EU als friedenssichernde Macht gefragt war, vor allem im Jugoslawien-Krieg, war ihre Rolle allerdings wenig rühmlich. Das gilt, in abgeschwächter Form, auch für ihre Rolle im Ukraine-Konflikt (Wirsching 2015: 208–220). Die Vermeidung von Krieg im Zentrum Europas als Grund für Europaengagement ist nicht mehr, die von vielen Bürgern gewünschte, gemeinsame Sicherheits- und Verteidigungspolitik noch nicht plausibel (Schweiger 2017: 203). Zu würdigen ist hingegen die Rolle der EU bei der Konsolidierung der Demokratie im Rahmen der Erweiterungen nach Südeuropa und nach Osteuropa (Immerfall/Wichard 2014). Beide Erweiterungsrunden waren erfolgreiche Mechanismen der Stabilisierung, wenngleich die EU der Klientelwirtschaft und der Renaissance des Nationalismus einigermaßen hilflos gegenüber steht. Gerade auf dem Balkan erweist sich die EU als Stabilitätsanker, indem – wie in Maze-

---

28 Europaübergreifende Debatten können gut auf der mehrsprachigen Presseschau *eurotopics* (www.eurotopics.net) verfolgt werden.

donien – verfeindete Volksgruppen durch die Hoffnung auf Aufnahme befriedet werden. Dieser Anreiz hat sicher auch bei der Türkei eine Rolle gespielt, die lange Zeit wirtschaftlich und politisch gefestigt schien. Damit steht die EU allerdings vor einem Erweiterungsparadoxon (Vobruba 2005): Erweiterungen sind Mittel der Wohlstandssicherung, gleichzeitig wächst mit jeder Erweiterung die zu bewältigende Heterogenität. Die EU kann sich sozusagen „zu Tode" erweitern.

Neben der Friedenssicherung steht als zweiter Gründungsmythos die Verheißung wirtschaftlichen Wohlstands. Danach verkörpert die Europäische Union eine überlegene, ökonomisch-technokratische Rationalität. Dieser Anspruch steht spätestens seit dem Binnenmarktprogramm im Zentrum ihrer Sinnzuschreibung (Lepsius 1997, 2000) und drückt sich in vollmundigen Versprechungen aus. So verhieß der Ceccini-Bericht im Zusammenhang mit der Vollendung des einheitlichen Binnenmarkts einen zusätzlichen Wachstumsimpuls von 2,5 bis 6,5 Prozent des EG-BIP und bis zu 5,7 Millionen neuer Arbeitsplätze (Ceccini 1988); im Weißbuch von 1993 war zu lesen, dass die EU-Arbeitslosigkeit von damals elf Prozent bis 2000 halbiert würde, und die Erklärung von Lissabon (2000: 3) kündigte an, den „wettbewerbsstärksten und dynamischsten Wirtschaftsraum der Welt" zu schaffen. Die schrankenlose Vollendung des Binnenmarktes sollte Europa aus seiner Stagnation herausführen und wieder zu einem eigenständigen und ernstzunehmenden Akteur auf dem Weltmarkt und in den internationalen Beziehungen machen (Bornschier 2000).

Wie immer man die wirtschaftlichen Erfolge der EU in der Summe beurteilt, die Kluft zwischen den vollmundigen Versprechungen und ihrer Fähigkeit, Probleme zu lösen, wurde nicht erst mit der Eurokrise offenkundig. Viele Bürger glauben nicht länger, dass Wohlstand sich automatisch durch mehr wirtschaftliche Verflechtung einstellt. Die Maßnahmen der Kommission und die Urteile des Europäischen Gerichtshofs, die freie Bewegung von Waren, Dienstleistungen, Personen und Kapital weiter zu forcieren, werden zum öffentlichen Zankapfel. Das Scheitern der Dienstleistungsrichtlinie in ihrer ursprünglichen Form im Jahr 2004 stellte hier womöglich einen Wendepunkt dar. Ziel des damals zuständigen Kommissars Bolkestein war es, konsequent alle Hindernisse für grenzüberschreitende Dienstleistungen selbst auf die Gefahr hin zu beseitigen, dass nationale Lohn-, Sozial- und Umweltstandards auf der Strecke bleiben. Aufgrund starker öffentlicher Proteste konnte seine Dienstleistungsrichtlinie nur in einer stark entschärften Form durchgesetzt werden. Es scheint, dass sogar die Richter am EuGH sich als „Motor der Integration" zuletzt etwas zurückgenommen haben.[29]

---

29 S. o. zur Mitbestimmungsgesetzgebung; ferner wurde bestätigt, dass arbeitslose EU-Ausländer erst nach drei Monaten Anspruch auf Sozialhilfeleistungen haben (EuGH, 25.02.2016 – C-299/14). Überdies wird aktuell die Entsenderichtlinie, welche grenzüberschrei-

Wie sieht es nun, im Lichte der Befunde der vorangegangenen Kapitel, mit Antworten auf die eingangs gestellten Fragen der soziologischen Integrationsforschung aus? Haben sich die europäischen Gesellschaften in den letzten Jahrzehnten einander angenähert? Bremst oder fördert der gesellschaftliche Einigungsprozess die politische Integration? Welche Hinweise können die Befunde der vorangegangenen Kapitel hierzu liefern?

1. Es scheint, dass Europa als sozial konstruierte und subjektiv erfahrene Größe tatsächlich existiert. Unabhängig von der EU-Mitgliedschaft und im Unterschied zu anderen Kontinenten teilen Europäer das Bewusstsein einer historischen Identität. Die allgemeinen Werte von Frieden und Demokratie werden als „europäisch" in Schulbüchern gelehrt, während auftrumpfend nationalistische Darstellungen selten geworden sind. Dies wird vielen Europäern wieder bewusst, wenn sie sich mit einem amerikanischen Präsidenten konfrontiert sehen, der ostentativ nationalistisch auftritt oder, wenn im Osten Europas Krieg wieder zu einem Mittel der Politik wird.

2. Zu den Gemeinsamkeiten in der historischen Identität kommen gesellschaftliche Gemeinsamkeiten hinzu. Europa überwiegend gemeinsam ist der bürokratische Anstaltsstaat, sind sozial gebundene Formen des Kapitalismus und nationale Konfliktstrukturen, die vergleichbaren Mustern folgen. Diese Gemeinsamkeiten sind allerdings zu unspezifisch und die „europäischen Werte" zu diffus, als dass die EU hieraus Legitimation schöpfen könnte. Europa ist keine fest gefügte Größe. Nach außen sind die Grenzen unscharf, im Innern die sozialen Räume inhomogen.

3. Die Nationalstaaten[30] sind weiterhin die wichtigsten Bezugspunkte für die kulturelle Identität ihrer Bürger. Der EU ist eine Verankerung jenseits von Nützlichkeitsmotiven ebenso wenig gelungen, wie eine auf verfassungsrechtlichen Zustimmungsmotiven beruhende. Auf eine Unterstützung um ihrer selbst willen kann die EU im Zweifelsfall nicht bauen. Gleichfalls aber gilt, dass – ungeachtet aller

---

de Mobilität von Arbeitskräften regelt, überarbeitet, um Lohn- und Sozialdumping besser zu verhindern [Entsenderichtlinie: Parlament bereit für Verhandlungen mit den Mitgliedstaaten: Pressemitteilung zur Plenartagung vom 25.10.2017 [http://www.europarl.europa.eu/news/de/press-room/20171020IPR86571/entsenderichtlinie-parlament-bereit-fur-verhandlungen-mit-den-mitgliedstaaten; 20.12.2017].

30 Dies schließt substaatliche Nationen wie Katalonien oder das Baskenland ein. Vermutlich trägt das Vorhandensein eines institutionellen europäischen Rahmens dazu bei, dass die Kosten für kleinere territoriale Gemeinschaften sinken, sich als selbstständige Staaten zu konstituieren. Insofern fördert die europäische Integration die staatliche Desintegration.

Krisen – der Anteil der „harten" EU-Gegner, also jener Personen, die Europäische Union im Grundsatz und jenseits aller kritikwürdigen Entwicklungen ablehnen, gering ist. Er beträgt um die 10 Prozent. Allerdings gelingt es, wie der Brexit gezeigt hat, unter besonderen Umständen eine aus verschiedenen Gründen unzufriedene Mehrheit zu mobilisieren.

4. Zum emotionalen kommt das Repräsentationsdefizit. Zwar ist mit der Alltagswirksamkeit und Sichtbarkeit der EU auch ihre Politisierung vorangeschritten. Das galt bereits vor der Finanz- und Asylkrise, hat aber durch diese nochmals einen deutlichen Schub bekommen. Ereignisse in den Nachbarländern werden intensiver verhandelt als früher: in Griechenland ist der deutsche Finanzminister bekannter als der eigene, in Deutschland verfolgt man die Wahlen in Holland und ganz Europa blickt auf die französischen Präsidentschaftswahlen. Dessen ungeachtet bleibt der europäische Repräsentationskanal defizitär. Europa ist kein Elitenprojekt mehr und noch kein Bürgerprojekt. Zu einer breitenwirksamen Europäisierung der parteipolitischen Konfrontation und der massenmedial vermittelten Konfliktaustragung ist es bislang nicht gekommen. Europäische Themen werden zwar verstärkt erörtert, aber überwiegend durch die national gefärbte Brille. Insofern gibt es eine transnationale, aber keine europäische Öffentlichkeit: Es stehen sich nicht länderübergreifend etliche Positionen zur europäischen Integration gegenüber, sondern national gefärbte Vorstellungen. Anders gesagt: Länderzugehörigkeit bestimmt die Haltung zu Integrationsfragen meist stärker, als die von ihr unabhängige, politische Einstellung. Beispielsweise wird die europäische Reaktion auf die Flüchtlingskrise überall kritisch gesehen. (Pew 2017). Je nach nationaler Herkunft geben die Befragten aber ganz unterschiedliche Gründe für ihren Missmut an und fordern dementsprechend von der EU Gegensätzliches. Die politischen Konfliktstrukturen sind weiterhin den Nationalstaaten verhaftet. Dies benachteiligt jene, die auf „normale" politische Kanäle angewiesen sind, die „einfachen Bürger" also und begünstigt starke Interessenorganisationen, die sich direkt an Brüssel wenden können. Im Europaparlament ist der Anteil von Gruppierungen, die einer stärkeren europäischen Integration unterschiedlich kritisch gegenüber stehen, auf etwa zwanzig Prozent gestiegen. Die europafreundlichen Mehrheiten haben aber bislang keine Bereitschaft erkennen lassen, moderate EU-Kritiker an der Gestaltung der europäischen Integration einzubeziehen. Die Kluft zwischen dem Europa der Bürger und dem Europa der Eliten wird dadurch größer und die Gefahr eines populistischen Rückschlags gegen die EU ist nicht von der Hand zu weisen. Lange hat der „permissive Konsens" – eine desinteressiert positive Grundstimmung der Bevölkerungsmehrheit – das Alltagsgeschäft der europäischen Eliten erheblich erleichtert. Just in dem Moment, in dem die EU zumindest geographisch dem fast gleichkommt, was sie schon immer

vorgab, nämlich mit dem europäischen Kontinent, werden ihre gesellschaftlichen Grenzen sichtbar. Heute reicht der „permissive Konsens" nicht einmal mehr für die „negative Integration" aus, die auf vollständige Herstellung des freien Binnenmarkts und Beseitigung jeglicher Handelsschranken und Wettbewerbshindernissen gerichtet ist. Wenn sich die Bevölkerung von ihnen betroffen fühlt, erweisen sich EU-Angelegenheiten als politisierbar und mobilisierend – und zwar gegen mehr Integration!

5. In mehreren, integrationspolitisch relevanten Bereichen – vom Armutsrisiko, über die Jugendarbeitslosigkeit bis hin zu den Staatsfinanzen – haben sich die Mitgliedsstaaten in den letzten zwanzig Jahren auseinander entwickelt. Der EU ist es erst in Ansätzen gelungen, auf die nationalen Sicherungssysteme gestalterisch Einfluss zu nehmen. Ihre Macht beruht auf der Kompetenz, Hindernisse für den Waren-, Güter-, Kapital- und Dienstleistungsverkehr zwischen den Mitgliedsstaaten zu beseitigen. Das zu diesem Zweck geschaffene, Regelwerk entfaltet mittlerweile erhebliche distributive Nebenwirkungen, die die soziale und politische Ungleichheit innerhalb und zwischen den Mitgliedsstaaten verändert. Während die Nationalstaaten ihre Fähigkeit einbüßen, die Folgewirkungen zu regulieren, ist die EU auf sozialpolitischem Feld angesichts sich wechselseitig blockierender Interessen der Mitgliedsstaaten nur beschränkt handlungsfähig. Daran dürfte sich angesichts der ausgeprägten Unterschiede im Wohlstandsniveau, in den Wirtschaftsmodellen und nicht zuletzt in der Ausgestaltung und der Leistungsfähigkeit der nationalen Sozialsysteme in absehbarer Zeit wenig ändern.

6. In Teilbereichen kann eine Annäherung der europäischen Gesellschaften beobachtet werden. Überall haben die Wohlfahrtsstaaten soziale Rechte eingeschränkt, wenngleich es zu einem Abbau der europäischen Sozialsicherungssysteme zugunsten eines „Modells Thatcher" nicht gekommen ist. Im Bereich der allgemeinen Bildung hat sich der Einsatz marktähnlicher Steuerungssysteme mit dem Ziel verbreitet, der wachsenden Heterogenität der Schülerschaft Rechnung zu tragen. Berufs- und Hochschulbildung wurden stärker verzahnt und der tertiäre Sektor des Bildungsbereichs auf die Erfordernisse der Massenproduktion höherer Bildung umgestellt. Die EU wirkte zumindest als Katalysator zugunsten der Ökonomisierung nationaler Bildungspolitik und im Dienst ihrer Wettbewerbsfähigkeit.

Soziale Konvergenz in gesellschaftlichen Teilbereichen lässt sich auch bei anderen westlichen Industriestaaten feststellen. Womöglich lässt sie sich eher als eine national gleichartige Reaktion auf sozialen und ökonomischen Wandel, denn als Europäisierung deuten. Eigenständig europäische Lösungen, mit dem zunehmenden Wettbewerb zwischen den nationalstaatlichen Sozialmodellen umzugehen, sind nicht erkennbar. Diese Befunde lassen sich zu der These zusammenziehen, dass die Europäisierung von oben der Europäisierung von unten weit vorausgeeilt ist. Die Europäisierung der Rechtsprechung, der Geldpolitik und der Gütermärkte erweitert die Möglichkeit individueller (Konsumenten und Anbieter marktgängiger Güter und Dienstleistungen) und kollektiver Akteure (Unternehmen und Organisationen), auf Ressourcen und Regulierungen außerhalb ihres Heimatgebietes zuzugreifen. Die Chancen, von den neuen Möglichkeiten zu profitieren, sind aber zwischen den Bevölkerungsgruppen, Sektoren, Regionen und Nationalstaaten höchst ungleich, womöglich sogar zunehmend ungleich verteilt (Heidenreich 2016). Gleichzeitig unterläuft diese Europäisierung die Kapazität der Nationalstaaten zur Regulierung grenzüberschreitender Transaktionen und zur Abfederung unerwünschter Konsequenzen (Bartolini 2005). Die Marktintegration findet weitgehend ohne Sozialintegration statt (Heidenreich 2006: 31; Bach 2015: 21 ff.).

Auch mit den sich bildenden Nationalstaaten ging eine Öffnung innerer Grenzen und in ihrem Gefolge eine Umverteilung von wirtschaftlichen und politischen Möglichkeiten einher. Die Besonderheit von Nationalstaaten bestand nun darin, die daraus entstehenden Konflikte strukturell (v. a. im Parteiensystem) und institutionell (im Wohlfahrtsstaat) auf der Basis verwandter Einstellungsmuster bearbeiten und letztlich einhegen zu können (Rokkan 2002; Flora 2000). Dieser Erfolg[31] wirkt nach; die nationalen Strukturen, Institutionen und Einstellungsmuster sind weiterhin prägend, selbst, wenn sie neuen Herausforderungen womöglich nicht mehr angemessen sind. Zumindest mit Blick auf die hier untersuchten Bereiche von Ausbildung, Wohlfahrtsstaat und Zugehörigkeit muss die Frage verneint werden, ob es zu einer analogen internen Strukturierung von oben zu einer vergleichbaren Europäisierung der Gesellschaften von unten gekommen ist. Dazu fehlt es bereits an einer, der Nationalstaatsbildung vergleichbaren, externen Grenzziehung.

Die Macht der EU beruht auf ihrer Macht zu regulieren, vor allem aber zu deregulieren. Warum aber haben die nationalen politischen Eliten einen Teil dieser Macht aufgegeben? Zum Teil geben sie Möglichkeiten auf, von denen sie faktisch ohnehin nicht mehr Gebrauch machen können. Zum Beispiel hatte 1983 die enorme Kapitalflucht den sozialistischen Präsidenten Frankreichs, François Mitterand, schnell vom Versuch einer eigenständigen Wirtschaftspolitik abgebracht. Zum anderen Teil erhoffen die politischen Eliten durch die gemeinsamen Initiativen handlungsfähiger zu werden. Als in ihrem Sinne positiv bzw. funktional zu be-

---

31 Es versteht sich, dass „Erfolg" hier wertfrei im Sinn der geschichtlichen Wirksamkeit verwendet wird; die dunklen Seiten des Nationalstaates werden keineswegs übersehen.

werten, ist auch die – durch den teilweisen Kompetenztransfer entstehende – Zurechnungslosigkeit: Bei Misserfolgen können sie auf „Brüssel" zeigen (das ja nicht abgewählt werden kann), Erfolge schreiben sie sich natürlich selber zu. Es versteht sich, dass dergleichen Schuldzuweisung dem Vertrauen der Bürger in die Europäische Union nicht förderlich ist.

Auch wenn jeder einzelne Schritt der vertraglichen Ermächtigung der EU politisch rational sein mag, ihre späteren Konsequenzen sind oft nicht vorhersehbar. Das europäische Herrschaftssystem ist das Ergebnis von langwierigen Verhandlungen, in denen die unterschiedlichen Interessen der Staaten zu komplizierten Paketen geschnürt werden. Hinzu kommt der Sperrklinkeneffekt: einmal auf die europäische Ebene übertragene Kompetenzen können in der Regel nicht mehr zurückgeholt werden, selbst wenn dies noch so sinnvoll wäre. Vertragsänderungen erfordern Einstimmigkeit, die nicht zu erwarten ist, solange auch nur ein Mitglied von der alten Regel profitiert. Zudem müsste auch die Kommission zustimmen. Entscheidungen von heute schaffen unabweisbare Handlungszwänge für morgen. Jeder neue Schritt verfestigt einen änderungsfesten Status quo. Damit fehlt der Integrationspolitik weitgehen die „Fähigkeit zur Selbstkorrektur" (Kielmansegg 2015: 31).

José Manuel Barroso, von 2014 bis 2014 EU-Kommissionspräsident und jetzt Chairman bei Goldman Sachs, hat jüngst die Gemeinsamkeiten von Europäischer Kommission und seinem neuen Arbeitgeber betont. Er hatte dabei nicht die vielen Regierungs- und Aufsichtsposten ehemaliger Goldman Sachs-Mitarbeiter im Sinn, beispielsweise den Präsidenten der Europäischen Zentralbank und früheren Gouverneur der italienischen Zentralbank, Mario Draghi. Vielmehr führte er aus, dass beide starke Organisationen mit sehr kompetenten Leuten seien, welche einen Sinn für Meritokratie, eine globale Perspektive und einen kosmopolitischen Blick hätten (Barroso 2017).

Dieser „kosmopolitische Blick" mündet allzu leicht in Herablassung. Man nimmt die „legitimen Sorgen der Menschen, die die das Gefühl haben, dass sie zurückgelassen wurden, ernst" (ebd.) und versucht ihnen dann, „die Dinge vernünftig zu erklären" (ebd.). Für die Befürworter der Globalisierung steht von vornherein außer Frage, dass jeder Widerstand gegen die transnationalen Kräfte, darunter die internationalen Finanzmärkte, zugleich ein Angriff auf die offene Gesellschaft ist. Die Unfähigkeit zur Selbstkorrektur und Selbstreflektion spiegelt sich anschaulich in dem, dem früheren Kommissionspräsidenten und Architekten der Einheitlichen Europäischen Akte, Jacques Delors, zugeschriebenen Satz: „Europa ist wie ein Fahrrad. Es muss ständig rollen, sonst fällt es um."[32] Demnach gilt

---

32 Vermutlich aber schon von Walter Hallstein gebraucht wurde, dem ersten Präsidenten der EWG.

für die europäische Integration was weiland auch für Erich Honecker Gewissheit war: „Vorwärts immer, rückwärts nimmer!"

Gibt es kein Drittes? An der europäischen Integration festzuhalten, ohne stets „mehr Europa" zu fordern? Vor allem dann, wenn die Schlussfolgerung dieser Arbeit stimmt, wonach die Europäisierung von oben der Europäisierung von unten weit vorausgeeilt ist, die europäischen Institutionen den europäischen Bürgern, die transnationalem Verflechtungen den Zugehörigkeitsgefühlen? Dieses Dritte wäre natürlich das Subsidiaritätsprinzip in beiderlei Richtungen ins Recht zu setzen: die Gemeinschaft nur dann tätig werden zu lassen, wenn sie es nachweisbar besser kann als die Mitgliedsländer (oder als eine Ebene unterhalb der Mitgliedsländer!). Ergänzt um vertraglich verankerte Verfahren, dass Politikbereichen auch wieder an eine untere Ebene zurückgeben werden können, wenn sich gezeigt hat, dass der geforderte Nachweis nicht erbracht werden kann.

Literaturverzeichnis

Abelshauser, Werner, 2014: E pluribus unum? Eine alternative Strategie für Europa. Zeitschrift für Staats- und Europawissenschaften: 466–483.
Abelshauser, Werner/Gilgen, David/Leutzsch, Andreas (Hrsg.), 2012: Kulturen der Weltwirtschaft. Göttingen: Vandenhoeck & Ruprecht.
Alber, Jens, 1987: Vom Armenhaus zum Wohlfahrtsstaat. Analysen zur Entwicklung der Sozialversicherung in Westeuropa. (2. Aufl.) Frankfurt a. M /New York: Campus.
Alber, Jens, 2002: Modernisierung als Peripetie des Sozialstaats? Berliner Journal für Soziologie 12, 1: 5–35.
Alber, Jens, 2004: Gehört die Türkei zu Europa? Ein Sozialporträt der Türkei im Licht vergleichender Daten der Umfrageforschung. Leviathan 32, 4: 464–494.
Alexander, Robin, 2017: Die Getriebenen. Merkel und Flüchtlingspolitik: Report aus dem Inneren der Macht. München: Siedler.
Allmendinger, Jutta/Hinz, Thomas, 1997: Mobilität und Lebensverlauf. Deutschland, Großbritannien und Schweden im Vergleich. S. 247–285 in: S. Hradil/S. Immerfall (Hrsg.), Die westeur päischen Gesellschaften im Vergleich. Opladen: Leske + Budrich.
Ambrosius, Gerhard/Hubbard, William H., 1986: Sozial- und Wirtschaftsgeschichte Europas im 20. Jahrhundert. München: C. H. Beck.
Anderson, Benedict, 1988: Die Erfindung der Nation. Zur Karriere eines folgenreichen Konzepts. (engl. 1983) Frankfurt a. M./New York: Campus.
Anderson, Christopher J./Kaltenthaler, Karl C., 1996: The Dynamics of Public Opinion toward European Integration, 1973–1993. European Journal of International Relations 2, 2: 175–199.
Antunes, Fátima, 2006: Globalization and Europeification of Education Policies: Routes, Processes and Metamorphoses. European Educational Research Journal 5, 1: 38–56.
Aust, Andreas/Leitner, Sigrid/Lessenich, Stephan (Hrsg.), 2000: Sozialmodell Europa. Konturen eines Phänomens. Jahrbuch für Europa- und Nordamerika-Studien 4.

Aust, Andreas/Leitner, Sigrid/Lessenich, Stephan, 2002: Konjunktur und Krise des Europäischen Sozialmodells. Ein Beitrag zur politischen Präexplantationsdiagnostik, in: Politische Vierteljahresschrift 43, 2: 272–301.

Bach, Maurizio, 2000: Soziologie der europäischen Integration. Eine Übersicht über theoretische Ansätze. S. 147–173 in: W. Loth/W. Wessels (Hrsg.), Theorien europäischen Integration. Opladen: Leske + Budrich.

Bach, Maurizio, 2005: Europa als bürokratische Herrschaft. Verwaltungsstrukturen und bürokratische Politik in der Europäischen Union. S. 574-EP – 611 in: Gunnar Folke Schuppert/Ingolf Pernice/Ulrich Haltern (Hrsg.), Europawissenschaft. Baden-Baden: Nomos.

Bach, Maurizio, 2015: Europa ohne Gesellschaft: Politische Soziologie der Europäischen Integration (2. Aufl.). Wiesbaden: Springer VS.

Bahle, Thomas/Kohl, Jürgen/Wendt, Claus, 2010: Welfare State. S. 571–628 in: Immerfall, S./Therborn, G. (Hrsg.), Handbook of European Societies. Social Transformations in the 21st Century. New York, NY: Springer.

Bardi, Luciano 2002: Transnational Trends: The Evolution of the European Party System. S. 63–86 in: Bernard Steunenberg/Jacques Thomassen (eds.), The European Parliament: Moving Toward Democracy in the EU. Oxford: Rowan and Littlefield.

Bardi, Luciano, 2004: European Party Federations' Perspectives. S. 309–322 in: Pascal Delwit/Erol Külahci/Cédric van de Walle (eds.), The Europarties. Organisation and Influence. Brussels. Editions de l'Université de Bruxelles.

Barroso, José Manuel, 2017: Podacsts: Exchanges at Goldman Sachs, Episode 72: Flux, Friction and the Next Phase of Globalization [http://www.goldmansachs.com/our-thinking/podcasts/episodes/10-06-2017-jose-manuel-barroso.html; 20.11.2017]

Bartolini, Stefano, 2005: Restructuring Europe: Centre Formation, System Building and Political Structuring Between the Nation-State and the European Union. Oxford: Oxford Univ. Press.

Baumert, Jürgen, o.J., Deutschland im internationalen Bildungsvergleich – Überblicksvortrag anlässlich des dritten Werkstattgespräches der Initiative McKinsey bildet, im Museum für ostasiatische Kunst, Köln [http://www.mpib-berlin.mpg.de/de/aktuelles/bildungsvergleich.pdf; vom 22.01.2006].

Becker, Peter, 2012: Die Europäische Bildungspolitik – Europäisierung und Ökonomisierung eines jungen Politikbereichs. S. 183–198 in: Rudolf Hrbek, Martin Große Hüttmann und Josef Schmid (Hrsg.), Bildungspolitik in Föderalstaaten und der Europäischen Union: does federalism matter? Baden-Baden: Nomos.

Becker, Peter, 2013: Die europäische Bildungspolitik – Entstehung und Entwicklung eines europäischen Politikfeldes. S. 37–61 in Sigrid K. Amos et al. (Hrsg.), Europäischer Bildungsraum. Europäisierungsprozesse in Bildungspolitik und Bildungspraxis. Baden-Baden: Nomos.

Becker, Peter, 2015. Europas soziale Dimension. Die Suche nach der Balance zwischen europäischer Solidarität und nationaler Zuständigkeit. Berlin: SWP-Studien S. 21.

Becker, Johannes/Fuest, Clemens, 2017: Der Odysseus-Komplex. Ein pragmatischer Vorschlag zur Lösung der Eurokrise. München: Hanser.

Becker, Rolf/Lauterbach, Wolfgang, 2007: Vom Nutzen vorschulischer Kinderbetreuung für Bildungschancen. S. 125–155 in: Rolf Becker/Wolfgang Lauterbach (Hrsg.), Bildung als Privileg? Erklärungen und Befunde zu den Ursachen der Bildungsungleichheit. 4., aktualisierte Aufl. Wiesbaden: VS Verlag für Sozialwissenschaften.

Beckfield, Jason, 2016: Langzeittrends zu mehr Ungleichheit und schwächeren Wohlfahrtsstaaten in Europa. WSI-Mitteilungen 01: 14–20.

Beramendi, Pablo/Hausermann, Silja/Kitschelt, Herbert/Kriesi, Hanspeter (Hrsg.), 2015: The Politics of Advanced Capitalism. Cambridge: Cambridge Univ. Press.

Berglund Sten/Ekman, Joakim, 2010: Cleavages and Political Transformations. S. 91–110 in: Immerfall, S./Therborn, G. (Hrsg.), Handbook of European Societies. Social Transformations in the 21st Century. New York, NY: Springer.

Berthold, Norbert, 1997: Der Sozialstaat im Zeitalter der Globalisierung. Tübingen: Walter Eucken Institut, Beiträge zur Ordnungstheorie und Ordnungspolitik.

Bertilotti, Teresa/Mannitz, Sabine/Soysal, Yasemin, 2005: Rethinking the Nation-State. Projections of Identity in French and German History and Civics Textbooks, pp. 25–63 in: Hanna Schissler/Yasemin Soysal (Hrsg.), The Nation, Europe, and the World. Textbooks and Curricula in Transition. Oxford: Berghahn.

Bértoa, Fernando C. 2012. Party systems and cleavage structures revisited. Party Politics 20. 1: 16–36.

Betz, Hans-Georg/Immerfall, Stefan (eds.), 1988: The New Politics of the Right: Neo-Populist Parties and Movements in Established Democracies. New York: St. Martin's Press.

Bilbao-Ubillos, Javier, 2016: Is there still such a thing as the ‚European social model'? International Journal of Social Welfare 25, 2: 110–125.

Binder Tanja/Wüst, Andreas M., 2004: Inhalte der Europawahlprogramme deutscher Parteien 1979–1999. Aus Politik und Zeitgeschichte B 17/04: 38–45.

Börzel, Tanja A./Risse, Thomas, 2017: From the euro to the Schengen crises. European integration theories, politicization, and identity politics. Journal of European Public Policy, published online: 1–26.

Bornschier, Volker (ed.), 2000: Statebuilding in Europe. The Revitalization of West European Integration. Cambridge: Cambridge Univ. Press.

Bornschier, Volker/Ziltener, Patrick/Herkenrath, Mark, 2004: Political and Economic Logic of Western European Integration. A Study of Convergence Comparing Member and Non Member States, 1980–98. European Societies 6, 1: 71–96.

Brady, David/Beckfield, Jason/Seeleib-Kaiser, Martin, 2005: Economic Globalization and the Welfare State in Affluent Democracies, 1975–2001. American Sociological Review 70, 6: 921–948.

Brady, David/Lee, Hang Young, 2014: The rise and fall of government spending in affluent democracies, 1971–2008. Journal of European Social Policy 24, 1: 56–79.

Brunnermeier, Markus Konrad/James, Harold/Landau, Jean-Pierre, 2016: The euro and the battle of ideas. Princeton: Princeton Univ. Press.

Brunnermeier, Markus K., et al. (2016): ESBies: Safety in the tranches. European Systemic Risk Board, Frankfurt/M.: Working Paper Series No 21/September 2016. [https://www.esrb.europa.eu/pub/pdf/wp/esrbwp21.en.pdf; 15.08.2017]

Busch, Berthold, 2016: Finanzielle Beziehungen zwischen den Mitgliedsstaaten der Europäischen Union – Eine Bestandsaufnahme. Köln: IW-Report 21/2016.

Caramani, Daniele, 2004: The Nationalization of Politics. The Formation of National Electorates and Party Systems in Western Europe. Cambridge: Cambridge Univ. Press.

Caramani, Daniele, 2006: Is There a European Electorate and What Does It Look Like? Evidence from Electoral Volatility Measures, 1972–2004. West European Politics 29, 1: 1–27.

Caramani, Daniele, 2015: The Europeanization of politics. The formation of a European electorate and party system in historical perspective. New York: Cambridge Univ. Press.

Castles, Francis G. (ed.), 1993: Families of Nations. Patterns of Public Policy in Western Democracies. Aldershot, Hampshire: Dartmouth Publishing.

Cederman, Lars-Erik, 2001: Nationalism and Bounded Integration: What it Would Take to Construct a European Demos. European Jounal of International Relations 7, 2: 139–174.

Chiaramonte, Alessandro/Emanuele, Vincenzo, 2015: Party system volatility, regeneration and deinstitutionalization in Western Europe (1945–2015). Party Politics, Online first.

Cortina, Kai S./Trommer, Luitgard, 2003: Bildungswege und Bildungsbiographien in der Sekundarstufe I. S. 342–391 in: K. S. Cortina/J. Baumert/A. Leschinsky/K. U. Mayer/L. Trommer (Hrsg.), Das Bildungswesen in der Bundesrepublik Deutschland. Strukturen und Entwicklungen im Überblick. Reinbek: Rowohlt.

Cousins, Mel, 2005: European Welfare States: Comparative Perspectives. London: Sage.

Cram, Laura, 2001: Imagining the Union: A Case of Banal Europeanism?, pp. 233–246 in: H. Wallace (ed.), Interlocking Dimensions of European Integration. Houndsmills: Palgrave.

Crouch, Colin, 2016: Society and Social Change in 21st century Europe. Basingstoke, Hampshire, UK: Palgrave Macmillan.

Dallinger, Ursula, 2016: Sozialpolitik im internationalen Vergleich. Konstanz: UVK/Lucius.

Dannreuther, Charles, 2014: The European Social Model after the crisis: the end of a functionalist fantasy? Journal of Contemporary European Studies 22, 3: 329–341.

de la Porte, Caroline de/Heins, Elke (Hrsg.), 2016: The sovereign debt crisis, the EU and welfare state reform. London: Palgrave Macmillan.

de Wit, Kurt, 2003: The Consequences of European Integration for Higher Education. Higher Education Policy 16: 161–178.

Deflem, Mathieu/Pampel, Fred C., 1996: The Myth of Postnational Identity: Popular Support for European Unification. Social Forces 75, 1: 119–143.

Delanty, George, 1995: Inventing Europe: Idea, Idenitity, Reality. London: Macmillan.

Delhey, Jan, 2005: Das Abenteuer der Europäisierung. Überlegungen zu einem soziologischen Begriff europäischer Integration und zur Stellung zu den Integration Studies. Soziologie 34, 1: 7–27.
Delhey, Jan/Newton, Kenneth, 2005: Predicting Cross-National Levels of Social Trust: Global Pattern or Nordic Exceptionalism? European Sociological Review 21, 4: 311–327.
Detterbeck, Klaus/Schöne, Helmar (Hrsg.), 2018: Europabildung in der Grundschule. Wochenschau Verlag: Schwalbach/Ts., i. E.
Deutsch, Karl W., 1966: Nationalism and Social Communication. An Inquiry into the Foundation of Nationality. (zuerst 1953) Cambridge, Mass.: M. I. T. Press.
Diven, Polly/Immerfall, Stefan, 2017: Hospitality or Hostility? Explaining the German and United States Responses to the Syrian Refugee Crisis. Eingereicht bei: Zeitschrift für Vergleichende Politikwissenschaft (im Druck).
Döbert, Hans/Hörner, Wolfgang/von Kopp, Botho/Mitter, Wolfgang (Hrsg.), 2002: Die Schulsysteme Europas. Baltmannsweiler: Schneider Verlag Hohengehren.
Dörr, Julia, 2016: Die Bedeutung der Kohäsionspolitik für die europäische Integration: Aktuelle Bestandsaufnahme eines unbekannten Politikfeldes. Zeitschrift für Außen- und Sicherheitspolitik 9, 1: 27–37.
Donovan, Mark/Broughton, David (eds.), 1999: Changing Party Systems in Western Europe.
Drewski, Daniel/Gerhards, Jürgen/Silke Hans, 2017: Symbolische Grenzziehungen und nationale Herkunft. Eine explorative Studie über Distinktionsprozesse an einer multinationalen Schule in Brüssel. Berliner Studien zur Soziologie Europas (BSSE) Nr. 36.
Eichenberg, Richard/Dalton, Russel, 1993: Europeans and the European Community: The Dynamics of Public Support for European Integration. International Organization 47: 507–534.
Eine Rokkan'sche Forschungsperspektive. Berliner Journal für Soziologie 10, 2: 151–165.
Eichengreen, Barry, 2011: Exorbitant Privilege: The Rise and Fall of the Dollar and the Future of the International Monetary System. Oxford Univ. Press.
Emanuele, Vincenzo, Chiaramonte, Alessandro, 2016: A growing impact of new parties. Party Politics, Online first.
Enderlein, Henrik/Letta, Enrico/et al., 2016: Repair and Prepare: Growth and the Euro after Brexit. Gütersloh, Berlin, Paris: Bertelsmann Stiftung, Jacques Delors Institut.
Eriksen, Erik Oddvar/Fossum, John Erik, 2004: Europe in Search of Legitimacy: Strategies of Legitimation Assessed. International Political Science Review 25, 4: 435–459.
Esping-Andersen, Gøsta, 1990: The Three Worlds of Welfare Capitalism. Princeton, NJ: Princeton Univ. Press.
Esping-Andersen, Gøsta, 2006: Warum brauchen wir eine Reform des Sozialstaats? Leviathan 34, 1: 61–81.
Esping-Andersen, Gøsta, 2015: The Return of the Family. S. 157–176 in: Beramendi, P./Hausermann, S./Kitschelt, H./Kriesi, H. (Hrsg.), The Politics of Advanced Capitalism. Cambridge: Cambridge Univ. Press.

Eurydice, 2014: Struktur der europäischen Bildungssysteme 2014/15. Brussels: EURY-DICE-Veröffentlichungen zum Bildungswesen [eacea.ec.europa.eu/education/eurydice/documents/facts_and_figures/education_structures_DE.pdf; 24.02.2017]

Fahey, Tony, 2010: Population, pp. 413–437 in: S. Immerfall/G. Therborn (eds.), Handbook of European Societies. New York, NY: Springer.

Falkner, Gerda/Treib, Oliver, 2005: Europäische Sozialpolitik in der nationalen Praxis. Zeitschrift für Sozialreform 51, 2: 139–163.

Farkas, Beáta, 2016: Models of capitalism in the European Union. Post-crisis perspectives. London: Palgrave Macmillan.

Ferrara, Federico/Weishaupt, J. Timo, 2004: Get Your Act Together: Party Performance in Euro pean Parliament Elections. European Union Politics 5, 3: 283–306.

Ferrera, Maurizio, 1996: The Southern Model of Welfare in Social Europe. Journal of European Social Policy 4, 1: 17–37.

Ferrera, Maurizio, 2005: The Boundaries of Welfare: European Integration And the New Spatial Politics of Social Solidarity. Oxford: Oxford Univ. Press.

Flora, Peter, 2000: Externe Grenzbildung und interne Strukturierung. Europa und seine Nationen. Frankfurt a. M.: Campus.

Frieden, Jeffry/Walter, Stefanie, 2017: Understanding the Political Economy of the Eurozone Crisis. Annual Review of Political Science 20/1: 371–390.

Gabel, Matthew/Palmer, Harvey, 1995: Understanding Variation in Public Support for European Integration, in: European Journal of Political Research 27, 1: 3–19.

Gabriel, Jürg Martin, 2000: Die Renaissance des Funktionalismus. Eidgenössische Technische Hochschule Zürich, Zentrum für Internationale Studien: Beitrag Nr. 27, Januar 2000 [http://e-collection.ethbib.ethz.ch/ecol-pool/incoll/incoll_33.pdf, 12.10.2003].

Geddes, Andrew/Scholten, Peter, 2016: The politics of migration and immigration in Europe [2. Auflage]. Thousand Oaks, CA: Sage.

Gehler, Michael. 2010. Europa. Ideen – Institutionen – Vereinigung (erw. Neuaufl.) München: Olzog.

Geiss, Immanuel, 1993: Europa – Vielfalt und Einheit. Eine historische Erklärung. Mannheim: B. I. Taschenbuchverlag.

Genschel, Philipp/Jachtenfuchs, 2016: Conflict-minimizing integration: how the EU achieves massive integration despite massive protest. In The end of the Eurocrats' dream. Adjusting to European diversity, Hrsg. Damian Chalmers, Markus Jachtenfuchs, und Christian Joerges, 166–189. Cambridge, UK: Cambridge Univ. Press.

Gerhard, Dietrich, 1985: Das Abendland 800–1800. Ursprung und Gegenbild unserer Zeit. (engl.1981) Freiburg/Würzburg: Ploetz.

Gerhards, Jürgen, 1993: Westeuropäische Integration und die Schwierigkeiten der Entstehung einer europäischen Öffentlichkeit. Zeitschrift für Soziologie 22, 2: 96–110.

Gerhards, Jürgen, 2010: Culture, pp 157–215 in: in: S. Immerfall/G. Therborn (eds.), Handbook of European Societies. New York, NY: Springer.

Gerhards, Jürgen/Németh, Boróka, 2015: Ökonomisches Kapital der Eltern und Medizinstudium im Ausland. Wie Europäisierungs- und Globalisierungsprozesse die Reproduktion sozialer Ungleichheiten verändern. Berliner Journal für Soziologie 25, 3: 283–301.

Gerhards, Jürgen/Rössl, Jörg, 1999: Zur Transnationalisierung der Gesellschaft der Bundesrepublik. Entwicklungen, Ursachen und mögliche Folgen für die europäische Integration. Zeitschrift für Soziologie 28, 5: 325–344.

Giesen, Bernhard/Schneider, Christoph (Hrsg.), 2004: Tätertrauma. Nationale Erinnerungen im öffentlichen Diskurs. Konstanz: Universitätsverlag Konstanz.

Gingrich, Jane/Häusermann, Silja, 2015: The decline of the working-class vote, the reconfiguration of the welfare support coalition and consequences for the welfare state. Journal of European Social Policy 25: 50–75.

Golder, Matt, 2016: Far Right Parties in Europe. Annual Review of Political Science 19: 477–497.

Gravey, Viviane/Jordan, Andrew, 2016: Does the European Union have a reverse gear? Policy dismantling in a hyperconsensual polity. Journal of European Public Policy 23,8: 1180–1198.

Gries, Jürgen et. al., 2005: Bildungssysteme in Europa. Kurzdarstellungen. Berlin: ISIS Berlin e. V. [http://www.bertelsmann-stiftung.de/bst/de/media/xcms_bst_dms_11327_11328_2.pdf; vom 22.09.2005].

Guiraudon, Virginie/Favell, Adrian (Hrsg.): 2011: Sociology of the European Union. Basingstoke, Hampshire, UK: Palgrave Macmillan.

Habermas, Jürgen, 1990: Strukturwandel der Öffentlichkeit (zuerst 1962, mit einem Vorwort zur Neuaufl.). Frankfurt a. M.: Suhrkamp.

Habermas, Jürgen, 2003: Toward a cosmopolitan Europe. Journal of Democracy 14, 4: 86–100.

Hacker, Björn, 2009: Hybridization instead of Clustering: Transformation Processes of Welfare Policies in Central and Eastern Europe. Social Policy & Administration, 43, 252–169.

Hahlen, Johann, 2005: Die Entwicklung des deutschen Wirtschafts- und Sozialstaates – Daten der amtlichen Statistik. Vortrag des Präsidenten des Statistischen Bundesamtes an der Universität Passau am 8. Juli 2005.

Hailbronner, Kay, 2016: Die Bewältigung großer Migrationsbewegungen und kulturelle Konflikte bei der Integration. Deutschland auf dem Weg zum multikulturellen Staat? Zeitschrift für Staats- und Europawissenschaften 14/3: 314–332.

Hailbronner, Kay/Thym, Daniel, 2016: Grenzenloses Asylrecht? Die Flüchtlingskrise als Problem europäischer Rechtsintegration. JuristenZeitung 71/15: 753–763.

Hall, Peter A./Soskice, David (Hrsg.), 2004: The Varieties of Capitalism: The Institutional Foundations of Comparative Advantage. Oxford: Oxford Univ. Press.

Haller, Max, 1988: Grenzen und Variationen gesellschaftlicher Entwicklung in Europa – eine Herausforderung und Aufgabe für die vergleichende Soziologie. Österreichische Zeitschrift für Soziologie 13, 4: 5–19.

Haller, Max, 2009: Die Europäische Integration als Elitenprozess. Das Ende eines Traums? Wiesbaden: VS Verlag für Sozialwissenschaften.

Hantrais, Linda, 2000: Social Policy in the European Union. (sec. ed.) Houndmills, Basingstoke: Macmillan.

Heidenreich, Martin, 2003: Territoriale Ungleichheiten in der erweiterten EU. Kölner Zeitschrift für Soziologie und Sozialpsychologie 55, 1: 31–58.

Heidenreich, Martin, 2006: Die Europäisierung sozialer Ungleichheiten zwischen nationaler Solidarität, europäischer Koordinierung und globalem Wettbewerb. S. 17–64 in: Heidenreich, Martin (Hrsg.): Die Europäisierung sozialer Ungleichheit. Frankfurt a. M./New York: Campus.

Heidenreich, Martin (eds), 2016: Exploring inequality in Europe. How Europeanisation shapes our daily lives. Cheltenham: Edgar Elgar.

Henningsen, Bernd, 1992: Die schönste Nebensache Europas – Zur Geschichte der EG-Sozialpolitik. Sozialer Fortschritt 41, 9: 203–212.

Hernández, Enrique/Kriesi, Hanspeter, 2016: Turning your back on the EU. The role of Eurosceptic parties in the 2014 European Parliament elections. Electoral Studies 44: 515–524.

Hix, Simon/Noury, Abul G/Roland, Gérard, 2007: Democratic Politics in the European Parliament Cambridge: Cambridge Univ. Press.

Hobolt, Sara B./Vries, Catherine E. de, 2016: Public Support for European Integration. Annual Review of Political Science. Annual Review of Political Science, 19: 413–432.

Hoeglinger, Dominic, 2015: The politicisation of European integration in domestic election campaigns. West European Politics 39, 1: 44–63.

Hooghe, Liesbet, 2003: Europe Divided? Elites vs. Public Opinion on European Integration. European Union Politics 4, 3: 281–304.

Hooghe, Liesbet/Marks, Gary, 2004: Does Identity or Economic Rationality Drive Public Opinion on European Integration? PS: Political Science and Politics 37, 3: 415–20.

Hooghe, Liesbet/Marks, Gary, 2005: Calculation, Community and Cues: Public Opinion on European Integration. European Union Politics 6, 4: 419–43.

Hooghe, Liesbet/Marks, Gary, 2017: Cleavage Theory Meets Europe's Crises: Lipset, Rokkan, and the Transnational Cleavage. Journal of European Public Policy, forthcoming in Special Issue, „Theory Meets Crisis".

Höpner, Martin, 2016: Für ein soziales Europa – ohne den Euro. Blätter für deutsche und internationale Politik 61, 8: 45–53.

Höpner, Martin/Lutter, Mark, 2017: The Diversity of Wage Regimes: Why the Eurozone Is Too Heterogeneous for the Euro. European Political Science Review, in print.

Huber, Evelyne/Stephens, John D., 2001: Development and Crisis of the Welfare State. Chicago, IL: Univ. of Chicago Press.

Hurrelmann, Klaus, 2013: Das Schulsystem in Deutschland. Das „Zwei-Wege-Modell" setzt sich durch. Zeitschrift für Pädagogik 59, 4: 455–468.

Idel, Till-Sebastian/Dietrich, Fabian/Kunze, Katharina/Rabenstein, Kerstin/Schütz, Anna (Hrsg.), 2016: Professionsentwicklung und Schulstrukturreform. Zwischen Gymnasium und neuen Schulformen in der Sekundarstufe. Bad Heilbrunn: Julius Klinkhardt.

Literaturverzeichnis

Immerfall, Stefan, 1995: Einführung in den Europäischen Gesellschaftsvergleich. Ansätze – Problemstellungen – Befunde. (2., überarb. Aufl.) Passau: Rothe.

Immerfall, Stefan, 2000: The State of the European Welfare State – Three Cheers for the Defendant, pp. 81–92 in: Herrmann Peter (ed.), 1999: Challenges For A Global Welfare System. Commack, NY: Nova Science Publishers.

Immerfall, Stefan, 2001: Fragestellungen einer Soziologie der europäischen Integration. Kölner Zeitschrift für Soziologie und Sozialpsychologie, Sonderheft 40 (Die Europäisierung nationaler Gesellschaften, hg. M. Bach): 481–503.

Immerfall, Stefan, 2006: Europeanization, Globalization or what? Changing the European Architecture of Learning, pp. 203–223 in: Maurizio Bach/Christian Lahusen/Georg Vobruba (eds.), Europe in Motion. Social Dynamics and Political Institutions in an Enlarging Europe. Berlin: edition sigma.

Immerfall, Stefan, 2010: Der deutsche Bildungsföderalismus zwischen Aufbruch und Verflechtung – macht sich die „griechische Landschildkröte" auf den Weg? S. 197–215 in: Julia von Blumenthal/Stephan Bröchler (Hrsg.): Föderalismusreform in Deutschland. Bilanz und Perspektiven im internationalen Vergleich. Wiesbaden: VS Verlag für Sozialwissenschaften.

Immerfall, Stefan, 2013: Über die Euro-Krise zur Fiskalunion? Mögliche Lehren für europäische Integration. Zeitschrift für Politik 60, 2: 194–206.

Immerfall, Stefan, 2013a: Was hält die EU-Gesellschaften zusammen? S. 109–121 in: Stefan Köppl (Hrsg.), Was hält Gesellschaften zusammen? Ein internationaler Vergleich. Wiesbaden: Springer VS.

Immerfall, Stefan, 2013b: Wege und Holzwege zum europäischen Bildungsraum. S. 101–109 in: Amos, Sigrid Karin/Schmid, Josef/Schrader, Josef/Thiel, Ansgar (Hrsg.): Kultur, Ökonomie, Globalisierung. Eine Erkundung von Rekalibrierungsprozessen in der Bildungspolitik. Baden-Baden: Nomos.

Immerfall, Stefan, 2016: Mehr Solidarität durch „Mehr Europa"? S. 49–71 in Aschauer, Wolfgang, Elisabeth Donat, und Julia Hofmann, (Hrsg.), Solidaritätsbrüche in Europa: Konzeptuelle Überlegungen und empirische Befunde. Wiesbaden: Springer VS.

Immerfall, Stefan/Boehnke, Klaus/Baier, Dirk, 2010: Identity, pp. 325–353 in: S. Immerfall/G. Therborn (eds.), Handbook of European Societies. New York, NY: Springer.

Immerfall, Stefan/Priller, Eckhard/Delhey, Jan, 2010: Association and Community, pp. 8–37 in: S. Immerfall/G. Therborn (eds.), Handbook of European Societies. New York, NY: Springer.

Immerfall, Stefan/Sobisch, Andreas, 1997: Europäische Integration und Europäische Identität. Die Europäische Union im Bewußtsein ihrer Bürger. Aus Politik und Zeitgeschichte B 10: 25–37.

Immerfall, Stefan/Therborn, Göran (Hsrg.), 2010: Handbook of European Societies. Social Transformations in the 21st Century. New York, NY: Springer.

Immerfall, Stefan/Wichard, Rudolf, 2014: L'Europa dall'Atlantico agli Urali, oppure soltanto fino ai confini orientali dell'UE? [Europa vom Atlantik bis zum Ural oder nur bis zu den Ostgrenzen der EU?] Annali di Sociologia 12: 371–415.

Jamieson, Lynn, 2001: Theorising Identity, Nationality and Citizenship: Implications for European Citizenship Identity. Sociológia 34, 6: 507–32.

Jepsen, Maria/Amparo, Serrano Pascual, 2005: The European Social Model: An Exercise in Deconstruction. Journal of European Social Policy 15, 3: 231–245.

Johnston, Alison/Regan, Aidan, 2016: European Monetary Integration and the Incompatibility of National Varieties of Capitalism. JCMS: Journal of Common Market Studies 54/2: 318–336.

Jonung, Lars/Drea, Eoin, 2009: The euro: It can't happen, It's a bad idea, It won't last. US economists on the EMU, 1989–2002. European Economy – Economic Papers 2008–2015 395, Directorate General Economic and Financial Affairs (DG ECFIN), European Commission. [http://ec.europa.eu/economy_finance/publications/pages/publication16345_en.pdf; 15.09.2017]

Kaelble, Hartmut, 1987: Auf dem Weg zu einer europäischen Gesellschaft. München: C. H. Beck. Kaelble, Hartmut, 1997: Europäische Vielfalt und der Weg zu einer europäischen Gesellschaft.

Kaelble, Hartmut, 2001: Europäer über Europa. Die Entstehung des europäischen Selbstverständnisses im 19. und 20. Jahrhundert. Frankfurt a. M.: Campus.

Kaiser, Robert/Prange, Heiko, 2004: Managing Diversity in a System of Multi-Level Governance: The Open Method of Co-Ordination in Innovation Policy. Journal of European Public Policy 11, 2: 249–266.

Kangas, Olli, 1991: The Bigger the Better? On the Dimensions of Welfare State Development: Social Expenditures versus Social Rights. Acta Sociologica 34, 1: 33–44.

Kapteyn, Paul, 2002: The Stateless Market: The European Dilemma of Integration and Civilization. London/New York: Routledge.

Keeling, Ruth, 2006: The Bologna Process and the Lisbon Research Agenda: the European Commission's Expanding Role in Higher Education Discourse. European Journal of Education 41, 2: 203–223.

Keller, Berndt/Weber, Sabrina, 2011: Sectoral social dialogue at EU level: Problems and prospects of implementation. European Journal of Industrial Relations 17, 3: 227–243.

Kelpanidēs, Michael, 2013: Politische Union ohne europäischen Demos? Die fehlende Gemeinschaft der Europäer als Hindernis der politischen Integration; mit der Revision der Ergebnisse einer Jugendlichenbefragung über die europäische Identität an der Europäischen Schule Luxemburg. Baden-Baden: Nomos.

Kessler, Stefanie/Immerfall, Stefan/Schöne, Helmar, 2015: Die Europäische Union im Unterricht – das Feld der Lehrer/-innen-Fortbildung. Zeitschrift für Didaktik der Gesellschaftswissenschaften 6, 1: 168–182.

Kersbergen, Kees van, 1995: Social Capitalism: A Study of Christian Democracy and the Welfare State. London/New York: Routledge.

Kielmansegg, Peter Graf, 2015: Wohin des Wegs, Europa? Beiträge zu einer überfälligen Debatte. Baden-Baden: Nomos.

Kivinen, Osmo, 2003: Unifying Higher Education for Different Kinds of Europeans. Higher Education and Work: A Comparison of Ten Countries. Comparative Education 39, 1: 83–105.

Literaturverzeichnis

Klein, Esther Dominique/van Ackeren, Isabell, 2016: Bildungsforschung in Europa. S. 1-19 in: Tippelt, R./Schmidt-Hertha, B. (Hrsg.), Handbuch Bildungsforschung. Wiesbaden: Springer VS.

Klingemann, Hans-Dieter/Weldon, Steven, 2013: A Crisis of Integration? The Development of Transnational Dyadic Trust in the European Union, 1954-2004. European Journal of Political Research 52/4: 457-482.

fuchsKnutsen, Oddbjörn, 2004: Social Structure and Party Choice in Western Europe: A Comparative Longitudinal Study. Houndmills, Basingstoke: Palgrave Macmillan.

Korpi, Walter, 1989: Macht, Politik und Staatsautonomie in der Entwicklung der sozialen Bürgerrechte. Soziale Rechte während Krankheit in 18 OECD-Ländern seit 1930. Journal für Sozialforschung 29: 137-164.

Korpi, Walter, 2003: Welfare-state Regress in Western Europe: Politics, Institutions, Globalization, and Europeanization. Annual Review of Sociology 29: 589-609.

Korpi, Walter/Englund, Stefan, 2011: The Two Great Turnarounds in the Rise and Decline of the Full Employment Welfare State in Western Countries, 1920s – 2005: Distributive Conflict, Unemployment and Social Citizenship. Paper presented at the meeting of the American Political Science Association in Seattle, Washington, September 1-3, 2011.

Krastew, Iwan/Schmitt, Oliver, 2017: Die Eingeklemmten. Debatte zur osteuropäischen Identität. Frankfurter Allgemeine Zeitung, 25.5.2016.

Kühl Stefan, 2015. Bologna auf einem Bierdeckel. Forschung & Lehre 22, 5: 345.

Kuhn, Theresa, 2015: Experiencing European Integration. Transnational Lives and European Identity. Oxford: Oxford Univ. Press.

Kuhn, Theresa/Stoeckel, Florian, 2014: When European integration becomes costly. The euro crisis and public support for European economic governance. Journal of European Public Policy 21, 4: 624-641.

Kuhnle, Stein (ed.), 2000: Survival of the European Welfare State. London: Routledge.

Kumpmann, Ingmar, 2004: Der Sozialstaat im Systemwettbewerb. S. 125-146 in: Renate Ohr (Hrsg.), Globalisierung – Herausforderung an die Wirtschaft. Berlin: Duncker & Humblot.

Laffan, Brigid, 2017: The eurozone in crisis: core-periphery dynamics. pp. 131-147 in: Dinan, Desmond/Nugent, Neill/Paterson, William E. (Hrsg.), The European Union in crisis. London: Palgrave Macmillan.

Landfried, Christine, 2004: Die Stunde der EU-Verfassung. Bloß keine Angst vor Referenden! In: Süddeutsche Zeitung, 23.04.2004, Ausgabe Deutschland, S. 17.

Langan, Mary/Ostner, Illona, 1991: Geschlechterpolitik im Wohlfahrtsstaat: Aspekte im internationalen Vergleich. Kritische Justiz 24: 302-317.

Lewis, Michael, 2010: The Big Short. Inside the Doomsday Machine. London: Allen Lane.

Leibfried, Stephan, 2000: National Welfare States, European Integration and Globalization: A Perspective for the Next Century. Social Policy & Administration 34, 1: 44-63.

Leibfried, Stephan/Pierson, Paul (Hrsg.), 1998: Standort Europa. Sozialpolitik zwischen Nationalstaat und europäischer Integration. Frankfurt a. M.: Suhrkamp.

Lepsius, M. Rainer, 1990: Interessen, Ideen und Institutionen. Opladen: Westdeutscher Verlag.

Lepsius, M. Rainer, 1997: Bildet sich eine kulturelle Identität in der Europäischen Union? Blätter für deutsche und internationale Politik 8/97: 948-955.

Lepsius, M. Rainer, 2000: Welche Verfassung für Europa? Gegenwartskunde 49, 3: 269-274.

Lepsius, M. Rainer, 2004: Prozesse der europäischen Identitätsbildung. Aus Politik und Zeitgeschichte B 16/05: 3-5.

Leschinsky, Achim/Roeder, Peter Martin, 1983: Die Schule im historischen Prozeß. Zum Wechselverhältnis von institutioneller Erziehung und gesellschaftlicher Entwicklung. Frankfurt a. M. etc.: Ullstein.

Lichtenberger, Elisabeth, 2005: Europa. Geographie, Geschichte, Wirtschaft, Politik. Darmstadt: Primus.

Lipset, Seymour M./Marks, Gary, 1996: Why Is There No Socialism in the United States? A Comparative Perspective. Cambridge, MA: Belknap.

Lipset, Seymour M./Rokkan, Stein, 1967: Cleavage Structures, Party Systems and Voter Alignments. pp. 1-64 in: S. M. Lipset/S. Rokkan (eds.), Party Systems and Voter Alignments. New York: Free Press.

Luft, Stefan, 2017: Die Flüchtlingskrise: Ursachen, Konflikte, Folgen [2. Auflage]. München: C. H. Beck.

Luijkx, Ruud et al., 2017: European Values in Numbers. Trends and Traditions at the Turn of the Century. Leiden, Boston: Brill

Mair, Peter, 2000, The Limited Impact of Europe on National Party Systems. West European Politics 23, 4: 52-72.

Malmborg, Mikael af/Stråth Bo, 2002: Introduction: The Meanings of Europe, pp. 1-25 in: B. Stråth/M. Malmborg (eds.), The Meaning of Europe. Variety and Contention within and among Nations. Oxford: Oxford Berg Publishers.

Marschall, Stefan, 2005: Europäische Parteien – Phantomorganisationen oder Integrationsbeschleuniger? Gesellschaft Wirtschaft Politik 54, 4: 399-410.

Marshall, Thomas H., 1992: Bürgerrechte und soziale Klassen. Zur Soziologie des Wohlfahrtsstaates. Hg. von Elmar Rieger. Frankfurt a. M./New York: Campus.

Martens, Kerstin, u. a., 2004: Comparing Governance of International Organisations – The EU, the OECD and Educational Policy. Universität Bremen: TranState Working Papers, Nr. 7.

Martinsen, Dorte Sindbjerg, 2005: The Europeanization of Welfare – The Domestic Impact of Intra-European Social Security. Journal of Common Market Studies 43, 5: 1027-1054.

Marx, Reinhard. 2016: Europäische Integration durch Solidarität. Kritische Justiz 49 (2): 150-166.

Matthes, Jürgen/Iara, Anna/Busch, Berthold, 2016: Die Zukunft der Europäischen Währungsunion – Ist mehr fiskalische Integration unverzichtbar? Köln: IW-Analyse Nr. 110.

Mau, Steffen, 2005: Democratic Demand for a Social Europe? Preferences of the European Citizenry. International Journal of Social Welfare 14: 76-85.

Mau, Steffen, 2006: Die Politik der Grenze. Grenzziehung und politische Systembildung in der Europäischen Union. Berliner Journal für Soziologie 16, 1: 115–132.
Menéndez-Alarcón, Antonio V., 2004: The Cultural Realm of European Integration: Social Representations in France, Spain, and the United Kingdom. Westport, CT: Preager.
Merkel, Wolfgang et al., 2005: Reformfähigkeit der Sozialdemokratie. Herausforderungen und Bilanz der Regierungspolitik in Westeuropa. Wiesbaden: VS Verlag für Sozialwissenschaften.
Müller, Walter/Kogan, Irena, 2010: Education. S. 217–289 in: Immerfall, S./Therborn, G. (Hrsg.), Handbook of European Societies. Social Transformations in the 21st Century. New York, NY: Springer.
Müller, Walter/Shavit, Y., 1998: Bildung und Beruf im institutionellen Kontext. Zeitschrift für Erziehungswissenschaft 1, 4: 501–533.
Müller, Walter/Steinmann, Susanne/Schneider, Reinhart, 1997: Bildung in Europa. S. 177–246. Opladen: Leske + Budrich.
Müller-Rommel, Ferdinand/Poguntke, Thomas (Hrsg.), 2002: Green Parties in National Government. London/Portland, OR: Frank Cass. Münster: Lit Verlag.
Murphy, Alexander B./Jordan-Bychkov, Terry G./Bychkova Jordan, Bella, 2014: The European culture area. A systematic geography. Sixth edition. Lanham: Rowman & Littlefield.
Natorski, Michal/Pomorska, Karolina, 2017: Trust and Decision-making in Times of Crisis: The EU's Response to the Events in Ukraine. Journal of Common Market Studies 55/1: 54–70.
Neidhardt, Friedhelm, 1997: Demokratische Öffentlichkeit im Medienbetrieb. Gegenwartskunde 46, 2: 249–270.
Netz, Nicolai/Finger, Claudia, 2016: New Horizontal Inequalities in German Higher Education? Social Selectivity of Studying Abroad between 1991 and 2012. Sociology of Education 89, 2: 79–98.
Niedermayer, Oskar, 1994: Europäisches Parlament und öffentliche Meinung. S. 29–44 in: Oskar Niedermayer/Hermann Schmitt (Hrsg.), Wahlen und europäische Einigung. Wiesbaden: West deutscher Verlag.
Niedermayer, Oskar, 1997: Parteien auf der europäischen Ebene. S. 443–458 in: O. W. Gabriel/O. Niedermayer/R. Stöss (Hrsg.), Parteiendemokratie in Deutschland. Opladen: Westdeutscher Verlag.
Niedermayer, Oskar, 2003: Europäisierung des deutschen Parteiensystems. S. 253–277 in: F. Brettschneider/J. van Deth/E. Roller (Hrsg.), Europäische Integration in der öffentlichen Meinung. Opladen: Leske + Budrich.
Niedermayer, Oskar, 2013: Europäische Integration und nationaler Parteienwettbewerb. Theoretische Überlegungen und empirische Befunde am Beispiel der Eurokrise, in: Zeitschrift für Staats- und Europawissenschaften 11, 3: 413–434.
Nohlen, Dieter, 2004: Wie wählt Europa? Das polymorphe Wahlsystem zum Europäischen Parlament. Aus Politik und Zeitgeschichte B 17: 29–37.
Nóvoa, António/Lawn, M. (eds.), 2002: Fabricating Europe, The Formation of an Education Space. Dordrecht, NL: Kluwer.

O'Connor, Julia, 2005: Policy Coordination, Social Indicators and the Social-Policy Agenda in the European. Journal of European Social Policy 15, 4: 345–361.
Obinger, Herbert/Wagschal, Uwe, 2001: Families of Nations and Public Policy. West European Politics 24, 1: 99–114.
OECD, 2016: Bildung auf einen Blick: OECD-Indikatoren 2016. Paris: OECD.
Oelkers, Jürgen, 2003: Wie man Schule entwickelt. Eine bildungspolitische Analyse nach Pisa.
Offe, Claus, 2001: Gibt es eine europäische Gesellschaft? Kann es sie geben? Blätter für deutsche und internationale Politik 4: 423–435.
Offe, Claus, 2003: Herausforderungen der Demokratie. Zur Integrations- und Leistungsfähigkeit politischer Institutionen. Frankfurt a. M.: Campus.
Offe, Claus, 2005: Soziale Sicherheit im Supranationalen Kontext: Europäische Integration und die Zukunft Des „Europäischen Sozialmodells". S. 189–225 in: Max Miller (Hrsg.), Welten des Kapitalismus. Institutionelle Alternativen in der globalisierten Ökonomie. Frankfurt a. M.: Campus.
Onaran, Özlem/Boesch, Valerie, 2014: The Effect of Globalization on the Distribution of Taxes and Social Expenditures in Europe: Do Welfare State Regimes Matter? Environment and Planning A 46/2: 373–397
Opp, Karl-Dieter, 2005: Decline of the Nation State? How the European Union Creates National and Sub-national Identifications. Social Forces 84, 2: 653–680.
Orloff, Ann Shola, 1993: Gender and the Social Rights of Citizenship: The Comparative Analysis of Gender Relations and Welfare States. American Sociological Review 58, 3: 303–328.
Pedersen, Morgens N., 1996: Euro-parties and European Parties: New Arenas, New Challenges and New Strategies, pp. 15–39 in: Svein Andersen/Kjell A Eliassen (eds.), The European Union: How Democratic Is It? London: Sage.
Peter, Jochen/de Vreese, Claes H., 2004: In Search of Europe. A Cross-National Comparative Study of the European Union in National Television News. Press/Politics 9, 4: 3–24
Petersson, Bo/Hellström, Anders, 2003: The Return of the Kings. Temporality in the Construction of EU Identity. European Societies 5, 3: 235–252.
Pew, 2017: Pew Research Center, June, 2017, „Post-Brexit, Europeans More Favorable Toward EU" (http://assets.pewresearch.org/wp-content/uploads/sites/2/2017/06/06160636/Pew-Research-Center-EU-Brexit-Report-UPDATED-June-15-2017.pdf; 30. 10. 2017)
Pierson, Christopher, 1991: Beyond the Welfare State. The New Political Economy of the Welfare State. Oxford: Polity Press.
Pierson, Paul (Hrsg.), 2001: The New Politics of the Welfare State. Oxford: Oxford Univ. Press.
Platzer, Hans-Wolfgang, 2016: Die soziale Dimension der Europäischen Staatlichkeit. S. 91–112 in: Bieling, H.-J./Große Hüttmann, M. (Hrsg.), Europäische Staatlichkeit: Zwischen Krise und Integration. Wiesbaden: Springer VS.
Polese, Abel/Morris, Jeremy/Kovács, Borbála, 2015: The Failure and Future of the Welfare State in Post-socialism. Journal of Eurasian Studies 6, 1: 1–5.

Polyakova, Alina/Fligstein, Neil, 2016: Is European integration causing Europe to become more nationalist? Evidence from the 2007–9 financial crisis. Journal of European Public Policy 23, 1: 60–83.
Posner, Alan (ed.), 2006: The Euro at Five Ready for a Global Role. Washington, DC: Institute for International Economics.
Puetter, Uwe, 2009: Die Wirtschafts- und Sozialpolitik der EU. Wien: Facultas.wuv.
Ramsteck, Carolin/Muslic, Barbara/Graf, Tanja/Maier, Uwe/Kuper, Harm, 2015: Data-based school improvement. International Journal of Educational Management 29, 6: 766–789.
Raphael, Lutz, 2004: Europäische Sozialstaaten in der Boomphase (1948–1973). S. 51–73 in: H. Kaelble/G. Schmid (Hrsg.), Das europäische Sozialmodell. Auf dem Weg zum transnationalen Sozialstaat. WZB-Jahrbuch 2004. Berlin: edition sigma.
Ritter, Gerhard A., 1991: Der Sozialstaat. Entstehung und Entwicklung im internationalen Vergleich. (2., verb. Aufl.) München: Oldenbourg.
Rohrschneider, Robert/Whitefield, Stephen, 2015: Responding to growing European Union-skepticism? The stances of political parties toward European integration in Western and Eastern Europe following the financial crisis. European Union Politics 17, 1: 138–161.
Rokkan, Stein, 1980: Eine Familie von Modellen für die vergleichende Geschichte Europas. Zeitschrift für Soziologie 9: 118–128.
Rokkan, Stein, 2000: Staat, Nation und Demokratie in Europa. Die Theorie Stein Rokkans aus seinen gesammelten Werken rekonstruiert und eingeleitet von Peter Flora. Frankfurt a. M.: Suhrkamp.
Ross, George, 1995: Jacques Delors and European Integration. Oxford/New York: Oxford University Press.
Ruiz Jimenez, Antonia M., et al., 2004: European and National Identities in EU's Old and New Member States: Ethnic, Civic, Instrumental and Symbolic Components. European Integration. S. 27–68 in: S. Hradil/S. Immerfall (Hrsg.), Die westeuropäischen Gesellschaften im Vergleich. Opladen: Leske + Budrich.
Sackmann, Reinhold, 2003: Wandel der Bildungsstaatlichkeit. Effizienz und Denationalisierung. In: Jutta Allmendinger (Hrsg.), Entstaatlichung und soziale Sicherheit. Verhandlungen des 31. Kongresses der Deutschen Gesellschaft für Soziologie in Leipzig 2002. Opladen: Leske + Budrich. CD-ROM.
Sassatelli, Monica, 2002: Imagined Europe. The shaping of a European cultural identity through EU cultural policy. European Journal of Social Theory 5, 4: 435–451.
Saurugger, Sabine, 2016: Sociological Approaches to the European Union in Times of Turmoil. JCMS: Journal of Common Market Studies 54, 1: 70–86.
Schäfer, Armin, 2005: Verfassung und Wohlfahrtsstaat: Sozialpolitische Dilemmas der europäischer Integration. Internationale Politik und Gesellschaft 4: 120–141.
Schäfers, Bernhard, 1999: Komparative und nicht-komparative Ansätze zur Analyse der Europäisierung der Sozialstrukturen. Wissenschaftszentrum Berlin für Sozialforschung (WZB), Arbeitspapier FS III 99–407.
Scharpf, Fritz W., 1999: Regieren in Europa. Effektiv und demokratisch? Frankfurt a.M: Campus.

Scharpf, Fritz W., 2002: The European Social Model: Coping with the Challenges of Diversity. Journal of Common Market Studies 40, 4: 645–70.

Scharpf, Fritz W., 2000: Interaktionsformen: Akteurzentrierter Institutionalismus in der Politikforschung. Opladen: Leske + Budrich.

Scharpf, Fritz. W., 2009: Weshalb die EU nicht zur sozialen Marktwirtschaft werden kann. Zeitschrift für Staats- und Europawissenschaften 7, 3-4: 419–434.

Scharpf, Fritz W., 2015: Das Dilemma der supranationalen Demokratie in Europa. Leviathan 43/1: 11–28.

Scharpf, Fritz W., 2017: Vom asymmetrischen Euro-Regime in die Transferunion – und was die deutsche Politik dagegen tun könnte. Leviathan 45/3: 286–308.

Schelkle, Waltraud, 2017: The political economy of monetary solidarity. Understanding the euro experiment. Oxford: Oxford Univ. Press.

Schmidt, Vivien A., 2016: Reinterpreting the rules ‚by stealth' in times of crisis. A discursive institutionalist analysis of the European Central Bank and the European Commission. West European Politics 39/5: 1032–1052.

Schmid, Josef, 2010: Wohlfahrtsstaaten im Vergleich. Soziale Sicherung in Europa: Organisation, Finanzierung, Leistungen und Probleme [3. Auflage]. Wiesbaden: VS Verlag für Sozialwissenschaften.

Schmidt, Manfred G., 2004: Die öffentlichen und privaten Bildungsausgaben Deutschlands im internationalen Vergleich. Zeitschrift für Staats- und Europawissenschaften 2, 1: 7–31.

Schmidt, Manfred G., 2016: Europäische und nationale Sozialpolitik. S. 201–227 in: Atkinson, A. B./Huber, P. M./James, H./Scharpf, F. W. (Hrsg.), Nationalstaat und Europäische Union. Eine Bestandsaufnahme. Baden-Baden: Nomos.

Schmitt, Hermann, 2005: The European Parliament Elections of June 2004: Still Second Order? West European Politics 28, 3: 650–679.

Schumpeter, Joseph A., 1980: Kapitalismus, Sozialismus und Demokratie. (5. Aufl.; amerik. 1942) München: Francke.

Schuppan, Norbert, 2014: Die Euro-Krise. Ursachen, Verlauf, makroökonomische und europarechtliche Aspekte und Lösungen. München: Oldenbourg.

Schweiger, Christian, 2017: The legitimacy challenge, pp. 188–211 in: Dinan, Desmond/Nugent, Neill/Paterson, William E. (Hrsg.), The European Union in crisis. London: Palgrave Macmillan.

Scully, Roger/Hix, Simon/Farrell, David, 2012: National or European Parliamentarians? Evidence from a New Survey of the Members of the European Parliament. Journal of Common Market Studies 50, 4: 670–683.

Seeliger, Martin, 2017: Warum die EU aus gewerkschaftlicher Sicht keine Solidargemeinschaft darstellt. Leviathan 45/4: 438–458.

Shore, Cris, 2001: Building Europe. The Cultural Politics Integration. London/New York: Routledge.

Smeby, Jens-Christian/Trondal, Jarle, 2005: Globalisation or Europeanisation? International Contact among University Staff. Higher Education 49, 4: 449–466.

Sobisch, Andreas/Immerfall, Stefan, 1997: The Social Basis of European Citizenship, pp. 141–174 in: Ian Davies/Andreas Sobisch (eds.), Developing European Citizens. Sheffield: Sheffield Hallam Univ. Press.

Soysal, Yasemin Nuhoglu, 2002: Locating Europe. European Societies 4, 3: 265–284.
Soysal, Yasemin, 2003: Kulturelle Standortbestimmung Europas. Aus Politik und Zeitgeschichte B 12: 35–38.
Soysal, Yasemin, 2003a: Lernziel: Europa. Kulturaustausch-online. Zeitschrift für internationale Perspektiven 3/2002 [(http://cms.ifa.de/publikationen/zeitschriftfuer-kulturaustausch/archiv/ausgaben-2002/urbane-welten/soysal/; 21. 03. 2004].
Steiner-Khamsi, Gita, 2002: Reterritorializing Educational Import: Explorations into the Politics of Educational Borrowing, pp. 69–86 in: Antonio Novoa (ed.), Fabricating Europe. The Formation of an Education Space. Hingham, MA, USA: Kluwer.
Steuerwald, Christian. 2016. Die Sozialstruktur Deutschlands im internationalen Vergleich. 3., überarbeitete Auflage. Wiesbaden: Springer VS.
Stoiber, Michael, 1998: Existiert die Chance auf ein europäisches Parteiensystem? Eine Analyse von Parteiwahrnehmungen. S. 245–265 in: Th. König/E. Rieger/H. Schmitt (Hrsg.), Europa der Bürger? Frankfurt a. M./New York: Campus.
Teichler, Ulrich, 2005: Hochschulsysteme und Hochschulpolitik. Quantitative und strukturelle Dynamiken, Differenzierungen und der Bologna-Prozess. Münster: Waxmann.
Therborn, Göran, 2000: Die Gesellschaften Europas 1945–2000. Ein Soziologischer Vergleich.
Therborn, Göran, 2003: Entangled Modernities. European Journal of Social Theory 6, 3: 293–305.
Therborn, Göran, 2013: The World. A Beginner's Guide. Oxford: Wiley.
Thomassen, Jacques (ed.), 2005: The European Voter. Oxford: Oxford Univ. Press.
Tilly, Charles, 1990: Coercion, Capital, and European States. Oxford: Basil Blackwell.
Tomka, Béla, 2013: A social history of twentieth-century Europe. London, New York: Routledge.
Tóth, István János, 2016: Competitive Intensity and Corruption Risks in the Hungarian Public Procurement 2009–2015. Main Findings & Descriptive Statistics. Budapest: Corruption Research Center. Internetquelle: [http://www.crcb.eu/wp-content/uploads/2016/05/hpp_2016_crcb_report1_en_160513_.pdf; 16.09.2017]
Tomusk, Voldemar, 2004: Three Bolognas and a Pizza Pie: Notes on Institutionalization of the European Higher Education System. International Studies in Sociology of Education 14, 1: 75–95.
Treib, Oliver, 2014: The voter says no, but nobody listens. Causes and consequences of the Eurosceptic vote in the 2014 European elections. Journal of European Public Policy 21, 10: 1541–1554.
Trenz, Hans-Jörg, 2005: Die mediale Ordnung des politischen Europas: Formen und Dynamiken der Europäisierung politischer Kommunikation in der Qualitätspresse. Zeitschrift für Soziologie 34, 3: 188–2006.
Trenz, Hans-Jörg, 2016: Narrating European society. Toward a sociology of European integration. Lanham: Lexington Books.

Trenz, Hans-Jörg/Klein, Ansgar/Koopmans, Ruud, 2003: Demokratie-, Öffentlichkeits- und Identitätsdefizite in der EU. Diagnose und Therapiefähigkeit. S. 7-19 in: A. Klein u. a. (Hrsg.), Bürgerschaft, Öffentlich und Demokratie in Europa. Opladen: Leske + Budrich.

van der Eijk, Cees/Franklin, Mark, 2004: Potential for contestation on European matters at national elections in Europe, pp. 33-50 in: Gary Marks/Marco R. Steenbergen (eds.), European Integration and Political Conflict. Cambridge: Cambridge Univ. Press.

van der Eijk, Cess/Franklin, Mark/Marsh, Mark, 1996: What Voters Teach us about Europe-wide Elections: What Europe-wide Elections Teach us about Voters. Electoral Studies 15, 2: 149-166.

van Middelaar, Luuk, 2016: Vom Kontinent zur Union. Gegenwart und Geschichte des vereinten Europa. Berlin: Suhrkamp.

Viry, Gil/Kaufmann, Vincent, 2015: Mobile Europe. High mobility, work and personal life. Basingstoke, Hampshire, UK: Palgrave Macmillan.

Vobruba, Georg, 2004: Globalisation versus the European Social Model? Deconstructing the Contradiction between Globalisation and the Welfare State. Sociologicky Casopis 40, 3: 261-276.

Vobruba, Georg, 2005: Die Dynamik Europas. Wiesbaden: VS Verlag für Sozialwissenschaften.

von Beyme, Klaus, 1984: Parteien in westlichen Demokratien. (2. Aufl.) München: Piper.

Ware, Alan, 2005: Political Parties and Party Systems. Oxford: Oxford Univ. Press.

Wasner, Barbara, 2005: Alterssicherung in Europa: Institutionenwandel durch Europäisierung?. Münster: Lit.

Webber, Douglas, 2017: Can the EU Survive? pp. 336-359 in: Dinan, Desmond/Nugent, Neill/Paterson, William E. (Hrsg.), The European Union in crisis. London: Palgrave Macmillan.

Weber, Eugene, 1976: Peasants into Frenchmen: The Modernization of Rural France, 1870-1914. Palo Alto, CA: Stanford Univ. Press.

Weißbuch 1993: „Wachstum, Wettbewerbsfähigkeit, Beschäftigung: Herausforderungen der Gegenwart und Wege ins 21. Jahrhundert". Weißbuch der Europäischen Kommission. KOM(93) 700, Dezember 1993.

Weisser, Gerhard, 1978: Beiträge zur Gesellschaftspolitik. Göttingen: Otto Schwartz.

Wessels, Wolfgang, 2001: Jean Monnet – Mensch und Methode. Überschätzt und überholt? Institut für Höhere Studien (IHS), Wien, Reihe Politikwissenschaft 74. [http://www.ihs.ac.at/publications/pol/pw_74.pdf; vom 14.06.2005]

Westle, Bettina, 2003: Universalismus oder Abgrenzung als Komponente der Identifikation mit der Europäischen Union. S. 115-152 in: F. Brettschneider/J. van Deth/E. Roller (Hrsg.), Europäische Integration in der öffentlichen Meinung. Leverkusen: Leske + Budrich.

Westle, Bettina/Kleiner, Tuuli-Marja, 2016: Trust Towards Other People: Co-nationals, Europeans, People Outside Europe, pp. 236-271 in: Westle, Bettina/Segatti, Paolo (Eds.): European Identity in the Context of National Identity. Questions of Identity in Sixteen European Countries in the Wake of the Financial Crisis. Oxford: Oxford University Press.

Literaturverzeichnis

Wirsching, Andreas, 2015: Demokratie und Globalisierung. Europa seit 1989. München: C. H. Beck.

Woyke, Wichard, 1998: Europäische Union: Erfolgreiche Krisengemeinschaft. Einführung in Geschichte, Strukturen, Prozesse und Politiken. München/Wies: Oldenbourg.

Wiener, Antje/Diez, Thomas (eds.), 2004: European Integration Theory. Oxford: Oxford UP.

Wilterdink, Nico, 1992: Images of National Character: Five European Nations Compared. The Netherlands' Journal of Social Sciences, 28, 1: 31–49.

Windzio, Michael/Sackmann, Reinhold/Martens, Kerstin, 2005: Types of Governance in Education – A Quantitative Analysis. Universität Bremen: TranState Working Papers, Nr. 25.

Wirsching, Andreas, 2015: Demokratie und Globalisierung. Europa seit 1989. München: C. H. Beck.

Wiss. Beirat, 2016: Mehr Transparenz in der Bildungspolitik. Gutachten des Wissenschaftlichen Beirats beim Bundesministerium für Wirtschaft und Energie. Berlin: Bundesministerium für Wirtschaft und Energie.

Zhelyazkova, Asya/Cansarp, Kaya/Schrama, Reni, 2016: Decoupling practical and legal compliance. Analysis of member states' implementation of EU policy. European Journal of Political Research 55 (4): 827–846.

The manufacturer's authorised representative in the EU is Springer Nature Customer Service Centre GmbH, Europaplatz 3, 69115 Heidelberg, Germany. If you have any concerns regarding our products, please contact ProductSafety@springernature.com

Printed and bound by CPI Group (UK) Ltd, Croydon, CR0 4YY

23/03/2026

02076393-0014